Die Auseinandersetzung der Gesellschaft bürgerlichen Rechts im Spiegel der Typenvielfalt ihrer Erscheinungen

Europäische Hochschulschriften Recht

European University Studies in Law

Publications Universitaires Européennes de Droit

Band/Volume **6101**

Lene Kohl

Die Auseinandersetzung der Gesellschaft bürgerlichen Rechts im Spiegel der Typenvielfalt ihrer Erscheinungen

PETER LANG

Bibliografische Information der Deutschen Nationalbibliothek
Die Deutsche Nationalbibliothek verzeichnet diese Publikation in der Deutschen Nationalbibliografie; detaillierte bibliografische Daten sind im Internet über http://dnb.d-nb.de abrufbar.

Zugl.: Bielefeld, Univ., Diss., 2019

Gedruckt auf alterungsbeständigem, säurefreiem Papier.
Druck und Bindung: CPI books GmbH, Leck

D 361
ISSN 0531-7312
ISBN 978-3-631-78255-2 (Print)
E-ISBN 978-3-631-79614-6 (E-PDF)
E-ISBN 978-3-631-79615-3 (EPUB)
E-ISBN 978-3-631-79616-0 (MOBI)
DOI 10.3726/b15898

Peter Lang – Berlin · Bern · Bruxelles · New York · Oxford · Warszawa · Wien

Diese Publikation wurde begutachtet.

www.peterlang.com

Inhaltsverzeichnis

Abkürzungsverzeichnis

a. A.	anderer Ansicht
a. F.	alte Fassung
Abs.	Absatz
AcP	Archiv für die civilistische Praxis
AG	Aktiengesellschaft; Amtsgericht
AktG	Aktiengesetz
Alt.	Alternative
Aufl.	Auflage
Az.	Aktenzeichen
AO	Abgabenordnung
ARGE	Arbeitsgemeinschaft
BAG	Bundesarbeitsgericht
BayObLG	Bayerisches Oberstes Landesgericht
BB	Betriebs-Berater
Bd.	Band
Begr.	Begründer
BFH	Bundesfinanzhof
BGB	Bürgerliches Gesetzbuch
BGH	Bundesgerichtshof
BGHZ	Entscheidungen des Bundesgerichtshofs in Zivilsachen
BORA	Berufsordnung für Rechtsanwälte
BStBl.	Bundessteuerblatt
BVerfGE	Entscheidungen des Bundesverfassungsgerichts
bzw.	beziehungsweise
d. h.	das heißt
DB	Der Betrieb
DStR	Deutsches Steuerrecht
DStRE	Deutsches Steuerrecht – Entscheidungsdienst
EFG	Entscheidungen der Finanzgerichte
EstB	Ertrag-Steuerberater
etc.	et cetera
e. V.	eingetragener Verein

f., ff.	folgend(e)
FamRZ	Zeitschrift für das gesamte Familienrecht
FG	Finanzgericht
Fn.	Fußnote
FS	Festschrift
GbR	Gesellschaft bürgerlichen Rechts
GebrMG	Gebrauchsmustergesetz
GenG	Gesetz betreffend die Erwerbs- und Wirtschaftsgenossenschaften
GesR	Gesellschaftsrecht
GmbH	Gesellschaft mit beschränkter Haftung
GmbHG	Gesetz betreffend die Gesellschaften mit beschränkter Haftung
GmbHR	GmbH-Rundschau
GRUR	Gewerblicher Rechtsschutz und Urheberrecht
GWR	Gesellschafts- und Wirtschaftsrecht
HGB	Handelsgesetzbuch
h. M.	herrschende Meinung
HRR	Höchstrichterliche Rechtsprechung
Hrsg.	Herausgeber
insb.	insbesondere
InsO	Insolvenzordnung
i. V. m	in Verbindung mit
JR	Juristische Rundschau
JW	Juristische Wochenschrift
JZ	Juristenzeitung
Kfz	Kraftfahrzeug
KG	Kommanditgesellschaft; Kammergericht
KGJ	Jahrbuch für Entscheidungen des Kammergerichts in Sachen der freiwilligen Gerichtsbarkeit, in Kosten-, Stempel- und Strafsachen
Kita	Kindertagesstätte
LG	Landgericht
LM	Lindenmaier-Möhring, Nachschlagewerk des Bundesgerichtshofs

m. Anm.	mit Anmerkung
MarkenG	Gesetz über den Schutz von Marken und sonstigen Kennzeichen
MDR	Monatsschrift für Deutsches Recht
MedR	Medizinrecht
n. F.	neue Fassung
NJW	Neue Juristische Wochenschrift
NJW-RR	NJW-Rechtsprechungs-Report Zivilrecht
Nr.	Nummer
NZG	Neue Zeitschrift für Gesellschaftsrecht
OHG	offene Handelsgesellschaft
OLG	Oberlandesgericht
OLGE	Die Rechtsprechung der Oberlandesgerichte auf dem Gebiete des Zivilrechts, herausgegeben von Mugdan/Falkmann
OLGR	OLG-Report
PartGG	Gesetz über Partnerschaftsgesellschaften Angehöriger Freier Berufe
PatG	Patentgesetz
RG	Reichsgericht
RGZ	Entscheidungen des Reichsgerichts in Zivilsachen
Rn.	Randnummer
S.	Seite
sog.	sogenannte
u. a.	unter anderem
UrhG	Gesetz über Urheberrecht und verwandte Schutzrechte
vgl.	vergleiche
WarnR	Rechtsprechung des Reichsgerichts, herausgegeben von Warneyer
WM	Wertpapier-Mitteilungen, Zeitschrift für Wirtschafts- und Bankrecht
z. B.	zum Beispiel
ZEV	Zeitschrift für Erbrecht und Vermögensnachfolge

ZHR	Zeitschrift für das gesamte Handelsrecht und Wirtschaftsrecht
ZIP	Zeitschrift für Wirtschaftsrecht
ZPO	Zivilprozessordnung
ZUM	Zeitschrift für Urheber- und Medienrecht
ZUM-RD	Zeitschrift für Urheber- und Medienrecht – Rechtsprechungsdienst
ZVG	Gesetz über die Zwangsversteigerung und die Zwangsverwaltung

A. Einführung und Gang der Untersuchung

Die Gesellschaft bürgerlichen Rechts ist „eine äußerst flexible und universell einsetzbare Rechtsform"[1]. Sie entsteht, sobald sich mehrere Personen zur Förderung eines gemeinsamen Zwecks, der nicht im Betrieb eines Handelsgewerbes liegt, zusammenschließen[2], und ist daher im Rechtsalltag besonders häufig. *Schücking*[3] geht davon aus, dass der Gesamtbestand aller BGB-Gesellschaften ständig höher liegt als die Zahl der in der Rechtsform der GmbH bestehenden Gesellschaften. Da es zur Gründung einer Gesellschaft bürgerlichen Rechts weder eines schriftlichen Gesellschaftsvertrages, erst recht keiner notariellen Urkunde, noch eines Eintrags im Handelsregister bedarf, kann das statistisch allerdings nicht belegt werden. Fest steht, dass sich die BGB-Gesellschaft hoher Beliebtheit erfreut, nicht zuletzt aufgrund ihrer besonderen Flexibilität, die darauf gründet, dass die wenigen gesetzlichen Vorschriften zur Gesellschaft bürgerlichen Rechts nahezu vollständig dispositiv sind. In BGB-Gesellschaftsverträgen finden sich daher häufig eine Vielzahl davon abweichender Regelungen, etwa in Bezug auf Geschäftsführung und Vertretung, Buchführung und Rechnungslegung, Beitragspflichten, Gewinn- und Verlustverteilung, Entnahmen sowie Dauer und Kündigung der Gesellschaft[4]. Obwohl die früher oder später anstehende Auseinandersetzung der Gesellschaft erhebliche Bedeutung für den weiteren Verlauf von Berufs- und Privatleben der Gesellschafter haben kann, treffen diese bei ihrem Zusammenschluss hierzu allerdings nur selten Vereinbarungen[5], vielleicht weil sie im Eifer der Gründung die Möglichkeit der Auflösung der Gesellschaft nicht überdenken. Ist es dann soweit, ist eine Einigung der Gesellschafter über Art und Weise der Auseinandersetzung aufgrund von divergierenden Interessen oder gar offenem Streit oftmals nicht (mehr) zu erzielen. Die gesetzlichen Liquidationsvorschriften aus §§ 730 ff. BGB sind daher von erheblicher praktischer

1 MüHdbGesR I/*Schücking*, § 1 Rn. 1.

2 Soergel/*Hadding/Kießling*, Vor § 705 Rn. 41.

3 MüHdbGesR I/*Schücking*, § 1 Rn. 1.

4 Vgl. die Vertragsmuster in BeckFormBBHW/*Blaum/Scholz*, VIII. A.; Fuhrmann/Wälzholz/*Wicke/Ruhwinkel*, Kapitel 19, S. 1750 ff.; Hopt/*Lang*, II.A.; MüVertrhdb I/*Marsch-Barner*, I. 1.-8.

5 Bis auf vereinzelte Ausnahmen, die den Übergang des Gesellschaftsvermögens ohne Liquidation mit Aktiven und Passiven auf einen Gesellschafter vorsehen, enthalten auch die in Fn. 4 genannten Vertragsmuster allenfalls Übernahmerechte, aber keine Regelungen zum Ablauf der Auseinandersetzung.

Relevanz. Sie müssen im heutigen Rechtsalltag für so mannigfaltige wie zahlreiche, sich nach Art, Größe, Personenkreis, Organisation, Zwecken, ideeller und wirtschaftlicher Bedeutung in hohem Grade voneinander unterscheidender, von Gelegenheitsgesellschaften bis hin zu klein- und nichtkaufmännischen Erwerbsgesellschaften reichenden Erscheinungsformen der Gesellschaft bürgerlichen Rechts herhalten[6]. Teilweise haben diese sich erst im Laufe des 20. Jahrhunderts herausgebildet. Bei Schaffung der §§ 705 ff. BGB mit Einführung des BGB im Jahre 1900 konnte der Gesetzgeber also nicht alle heutigen Erscheinungsformen als Anwendungsfall im Sinn haben[7]. Gleichwohl wird im juristischen Schrifttum kaum hinterfragt, ob die gesetzlichen Auseinandersetzungsregelungen zweckmäßig sind. In dieser Arbeit werden sie einer eingehenden Untersuchung unterzogen. Zuvor müssen in Teil B. der Arbeit allerdings die Grundlagen der Auseinandersetzung dargestellt, namentlich die das Verfahren prägenden Begrifflichkeiten definiert, die gesetzlichen Geschäftsführungs- und Vertretungsregelungen und nicht zuletzt der die gesamte Abwicklung bestimmende Grundsatz der Durchsetzungssperre erläutert werden. Die eigentliche Untersuchung der gesetzlichen Liquidationsschritte erfolgt dann in Teil C. der Arbeit nach der durch das Gesetz vorgegebenen Reihenfolge, angefangen bei der Rückgabe der von den Gesellschaftern quoad usum und quoad sortem in die Gesellschaft eingebrachten Vermögensgegenstände nach § 732 BGB, über die Berichtigung der Gesellschaftsschulden gemäß § 733 Abs. 1 BGB und die Einlagenrückgewähr nach § 733 Abs. 2 BGB sowie die für beides erforderlichenfalls in § 733 Abs. 3 BGB vorgeschriebene Vermögensversilberung, bis hin zur Überschussverteilung gemäß § 734 BGB bzw. der Einziehung von Nachschüssen nach § 735 BGB im Falle eines Fehlbetrages und der am Ende der Liquidation nach allgemeiner Ansicht aufzustellenden Schlussabrechnung. Dabei werden einzelne Punkte durch Fallbeispiele veranschaulicht, die in der Praxis vorkommen könnten, einerseits zur Erläuterung und zum besseren Verständnis der gesetzlichen Vorschriften, andererseits um etwaige Schwierigkeiten aufzuzeigen, die sich bei der Auseinandersetzung nach dem Gesetz stellen können, und dadurch schließlich in Teil D. der Arbeit – nach einer Zusammenfassung der gesetzlichen Liquidationsschritte – auf Beratungs- oder Regelungsbedarf im Gesellschaftsvertrag

6 BGHZ 74, 240, 243.

7 Gleichwohl sind die Vorschriften zur Gesellschaft bürgerlichen Rechts seitdem nahezu unverändert. Die wenigen Änderungen des Gesetzes erfolgten im Übrigen nicht aufgrund GbR-spezifischer Reformen, sondern waren der Angleichung der Regelungen, an übergreifende, auch auf die BGB-Gesellschaft ausstrahlende Rechtsänderungen geschuldet.

bzw. Defizite im Gesetz hinzuweisen. BGB-Gesellschaftern und ihren Beratern kann die Arbeit daher nicht nur im Abwicklungsstadium der Gesellschaft als Anleitung zur Auseinandersetzung nach den gesetzlichen Bestimmungen dienen, sondern schon im Gründungszeitpunkt nützlich sein.

B. Grundlagen der Auseinandersetzung

I. Begrifflichkeiten

Das Ende einer Gesellschaft bürgerlichen Rechts tritt aufgrund ihrer organisationsrechtlichen Elemente, insbesondere des Vorhandenseins von Gesellschaftsvermögen,[8] in der Regel nicht von einem Augenblick zum anderen oder von heute auf morgen ein, sondern erfordert einen kürzer oder länger andauernden Zeitraum.[9] Dieser Prozess, der schließlich zum Wegfall der BGB-Gesellschaft führt, ist von verschiedenen Begrifflichkeiten geprägt, die es vorab zu bestimmen gilt. Der Beginn des Zeitraums, der zum Untergang der Gesellschaft führt, wird als Auflösung, sein Ende als Beendigung der Gesellschaft bezeichnet,[10] wobei sich dazwischen die tatsächliche Auseinandersetzung vollzieht[11]. Die zeitliche Abfolge des auf Vollbeendigung der Gesellschaft gerichteten Prozesses wird somit durch die Begriffe „Auflösung", „Auseinandersetzung" und „Beendigung" bestimmt.[12] Aber auch die Begriffe „Liquidation" und „Abwicklung" finden sich in diesem Zusammenhang in Rechtsprechung und Lehre.

1. Auflösung

Aufgelöst ist die BGB-Gesellschaft, wenn sich einer der gesetzlich geregelten oder vertraglich vereinbarten Auflösungsgründe ereignet.[13] So kann die Auflösung infolge Gesellschafterbeschlusses, Zeitablaufs im Falle einer Befristung der Gesellschaft, Kündigung (§§ 723–725 BGB), Erreichens oder Unmöglichwerdens des vereinbarten Gesellschaftszwecks (§ 726 BGB), Tod eines Gesellschafters (§ 727 BGB) sowie durch Eröffnung des Insolvenzverfahrens über das Vermögen der Gesellschaft oder das eines Gesellschafters (§ 728 BGB) eintreten.[14]

---

8 MüKo-BGB/*Schäfer*, § 730 Rn. 1.

9 *Grunewald*, 1. A. Rn. 193; *Kraft/Kreutz*, B. IV. S. 63 f.; *Kübler/Assmann*, § 6 IV. S. 61.

10 *Kraft/Kreutz*, B. IV. S. 63 f.; *Kübler/Assmann*, § 6 IV. S. 61; *Windbichler*, § 11 Rn. 1.

11 *Kübler/Assmann*, § 6 IV. S. 61; MüHdbGesR I/*Gummert*, § 21 Rn. 7; *Wiedemann*, GesR II, § 6 III. S. 552.

12 MüHdbGesR I/*Gummert*, § 21 Rn. 1.

13 *Brandani*, S. 147; *Kraft/Kreutz*, C. IV. S. 152; MüHdbGesR I/*Gummert*, § 21 Rn. 2; *Wiedemann*, GesR II, § 6 III. S. 552.

14 *Eisenhardt*, § 8 Rn. 101; *Kraft/Kreutz*, C. IV. S. 154 ff.; *Kübler/Assmann*, § 6 IV. S. 62 f.; *Schmidt*, GesR, § 59 V. S. 1757 ff.; MüKo-BGB/*Schäfer*, Vor § 723 Rn. 12 ff.; *Windbichler*, § 11 Rn. 2 ff.

Durch die Auflösung wird die Gesellschaft in eine neue Phase überführt; sie leitet den Prozess der Auseinandersetzung ein, der schließlich zum Wegfall der Gesellschaft führt.[15] Dabei wird die Identität der Gesellschaft trotz des missverständlichen Wortlauts des Gesetzes in § 730 Abs. 2 S. 1 BGB, nach dem die Gesellschaft während des Auseinandersetzungsverfahrens „als fortbestehend gilt", nicht berührt; die Gesellschaft besteht nach ihrer Auflösung nicht nur fiktiv, sondern als reale Gesellschaft in Auseinandersetzung fort,[16] wobei alle bisherigen Gesellschafter auch Mitglieder der aufgelösten BGB-Gesellschaft sind[17].

Mit der Auflösung wandelt sich die werbende Gesellschaft in eine „Abwicklungsgesellschaft"[18]. Nach herrschender Meinung ändert sich der von den Gesellschaftern vormals verfolgte gemeinsame Gesellschaftszweck, der nunmehr auf die Auseinandersetzung des Gesellschaftsvermögens unter den Gesellschaftern (§ 730 Abs. 1 BGB) und die Beendigung des Gesellschaftsverhältnisses gerichtet ist.[19]

15 *Kübler/Assmann*, § 6 IV. S. 62; MüHdbGesR I/*Gummert*, § 21 Rn. 2.

16 Erman/*Westermann*, § 730 Rn. 5; *Grziwotz*, DStR 1992, 1365; *Kraft/Kreutz*, B. IV. S. 64, C. IV. S. 153; *Kübler/Assmann*, § 6 IV. S. 62; MüHdbGesR I/*Gummert*, § 21 Rn. 7; MüKo-BGB/*Schäfer*, Vor § 723 Rn. 5, § 730 Rn. 24; *Westermann*, § 41 Rn. 591; *Windbichler*, § 11 Rn. 1.

17 *Schwab*, S. 171.

18 BGH NJW 1982, 170; BGH WM 1986, 1143; 1998, 1020; BGH ZIP 1995, 1085; OLG Brandenburg NZG 2008, 506; *Brandani*, S. 163; Erman/*Westermann*, § 730 Rn. 5; *Grunewald*, 1. A. Rn. 188; *Grziwotz*, DStR 1992, 1365; *Kübler/Assmann*, § 6 IV. S. 62; MüKo-BGB/*Schäfer*, § 730 Rn. 1; Staudinger/*Habermeier*, Vorbem zu §§ 723 ff. Rn. 17, § 730 Rn 9, 21; *Windbichler*, § 11 Rn. 1.

19 RGZ 100, 165, 166; *Eisenhardt*, § 8 Rn. 101; *Grunewald*, 1. A. Rn. 188; *Grziwotz*, DStR 1992, 1365; *Hadding*, S. 81; *Kraft/Kreutz*, B. IV. S. 64, C. IV. S. 153; *Kübler/Assmann*, § 6 IV. S. 62; MüHdbGesR I/*Gummert*, § 21 Rn. 2; MüKo-BGB/*Schäfer*, Vor § 723 Rn. 6, § 730 Rn. 24, 26; *Schwab*, S. 171; Staudinger/*Habermeier*, § 730 Rn. 1; *Wiedemann*, GesR II, § 6 III. S. 552; *Windbichler*, § 11 Rn. 1; a. A. *Schmidt*, der entgegen der Annahme einer Zweckänderung der Ansicht ist, der bisherige gemeinsame Zweck der Gesellschaft bestehe bis zu deren Beendigung fort, werde aber ab Auflösung der Gesellschaft durch den Liquidationszweck insofern überlagert, als dieser die Rechte und Pflichten der Gesellschafter bestimme, vgl. *Schmidt*, GesR, § 11 V. S. 313; MüKo-HGB/*Schmidt*, § 145 Rn. 28, § 156 Rn. 11.

2. Auseinandersetzung

Der Auflösung folgt im Regelfall die Auseinandersetzung der BGB-Gesellschaft (§ 730 Abs. 1 BGB).[20] Auch dieser Begriff wird durch das Gesetz nicht definiert. Durch seine Verwendung in den §§ 730, 731 BGB steht jedoch fest, dass Auseinandersetzung jedenfalls das auf Beendigung der Gesellschaft gerichtete, in den §§ 730–735 BGB gesetzlich geregelte Verfahren, das schließlich zum Wegfall der BGB-Gesellschaft führt, umfasst[21].

Die vom Gesetzgeber verwendeten Formulierungen in den § 731 BGB und §§ 145 Abs. 1, 158 HGB belegen unmissverständlich, dass unter die Begrifflichkeit aber nicht nur das in den §§ 730 ff. BGB normierte Verfahren fällt, sondern Auseinandersetzung generell „die Summe der Rechtsvorgänge, die zur Beendigung der Gesellschaft führt“[22], bezeichnet und als Oberbegriff somit auch diejenigen Verfahren erfasst, bei denen die Gesellschaft unter Abweichung von den grundsätzlich dispositiven Gesetzesvorschriften auseinandergesetzt wird.[23] Auseinandersetzung ist mithin die „Durchführung eines geordneten, gesetzlichen oder vertraglichen Regeln folgenden“[24] Verfahrens zur Herbeiführung des Untergangs einer Gesellschaft.

Einschränkend gilt, dass der Begriff nur auf Gesellschaften mit gesamthänderisch gebundenem Gesellschaftsvermögen abzielt; die Beendigung der BGB-Innengesellschaft im engeren Sinne[25] ohne eigenes Gesellschaftsvermögen wird somit nicht erfasst.[26] *Schmidt*[27] vertritt dagegen die Ansicht, die Auseinandersetzung setze das Vorhandensein eines Gesellschaftsvermögens nicht voraus, weshalb auch die Beendigung der BGB-Innengesellschaft eine Auseinandersetzung darstelle[28]. Gegen diese Auffassung spricht aber der eindeutige Wortlaut des

20 Baumbach/Hopt/*Roth*, § 145 Rn. 1; *Hellmann*, S. 20; MüHdbGesR I/*Gummert*, § 21 Rn. 4.

21 Vgl. *Brandani*, S. 9; *Eisenhardt*, § 8 Rn. 102a; Staudinger/*Habermeier*, § 730 Rn. 5; a. A. Staub/*Habersack*, § 145 Rn. 7, dazu unten Fn. 34.

22 MüHdbGesR I/*Gummert*, § 21 Rn. 88; vgl. auch *Hellmann*, S. 20; Soergel/*Hadding/Kießling*, Vor § 730 Rn. 1.

23 Vgl. *Brandani*, S. 9; *Kraft/Kreutz*, C. IV. S. 157; MüKo-BGB/*Schäfer*, § 730 Rn. 63 ff.; Staudinger/*Habermeier*, § 730 Rn. 1; *Wiedemann*, GesR II, § 6 III. S. 553, 567; *Windbichler*, § 11 Rn. 8.

24 MüHdbGesR I/*Gummert*, § 21 Rn. 4.

25 Vgl. die Unterscheidung bei MüKo-BGB/*Ulmer/Schäfer*, § 705 Rn. 278, 282.

26 *Kraft/Kreutz*, C. IV. S. 153; MüKo-BGB/*Schäfer*, § 730 Rn. 6.

27 *Schmidt*, Gutachten, S. 542.

28 So auch *Brandani*, S. 9; *Wiedemann*, GesR II, § 7 IV. S. 671.

§ 730 Abs. 1 BGB, wonach die Auseinandersetzung „in Ansehung des Gesellschaftsvermögens“ stattfindet. Funktion der Auseinandersetzung ist zudem die Abwicklung des Gesellschaftsvermögens[29], indem die gesamthänderische Verbundenheit des Gesellschaftsvermögens gelöst und den Gesellschaftern die ihren Gesellschaftsanteilen entsprechenden Werte zugeführt werden[30]. Ist bei Auflösung einer BGB-Gesellschaft kein Gesellschaftsvermögen (mehr) vorhanden, findet daher keine Auseinandersetzung statt; die Gesellschaft ist mit der Auflösung automatisch vollbeendet.[31] Gleichgelagert sind die Fälle, in denen sich sämtliche Gesellschaftsanteile im Wege der Gesamtrechtsnachfolge auf einen Gesellschafter oder eine dritte Person vereinigen, da auch dann kein gesamthänderisch gebundenes Gesellschaftsvermögen mehr gegeben ist, das auseinandergesetzt werden könnte.[32]

Die vorstehenden Ausführungen verdeutlichen, dass das Verfahren der Auseinandersetzung zu dem Zeitpunkt endet, an dem infolge vollständiger Verteilung kein Gesellschaftsvermögen mehr vorhanden ist, da für weitere Auseinandersetzungsmaßnahmen dann kein Raum mehr ist[33]. Ein interner schuldrechtlicher Ausgleich unter den Gesellschaftern ist dagegen nach herrschender Meinung nicht mehr Gegenstand der Auseinandersetzung.[34] Das kann aber nur insoweit

---

29 MüKo-BGB/*Schäfer*, § 730 Rn. 1, 3.

30 BAG BB 1987, 2304; *Kraft/Kreutz*, C. IV. S. 153, 157; *Windbichler*, § 11 Rn. 8.

31 BGHZ 24, 91, 93 f. (OHG); BGH NJW 1983, 1188; BGH ZIP 1993, 1307; BGH FamRZ 2003, 1648; BAG BB 1987, 2304; *Kraft/Kreutz*, C. IV. S. 153 f.; MüHdbGesR I/*Gummert*, § 21 Rn. 105; MüKo-BGB/*Schäfer*, Vor § 723 Rn. 10, § 730 Rn. 2, 6; Staudinger/*Habermeier*, § 730 Rn. 6, § 731 Rn. 2.

32 *Kraft/Kreutz*, C. IV. S. 153 f. So auch *Schmidt*, GesR, § 11 V. S. 308; Staub/*Habersack*, § 145 Rn. 7, 39 ff.; *Wiedemann*, GesR II, § 7 IV. S. 671, die dies allerdings auf den Begriff „Abwicklung“ beziehen.

33 BGHZ 24, 91, 93 f. (OHG); BGH WM 1966, 706 (KG); BGH ZIP 1993, 1307; MüKo-BGB/*Schäfer*, § 730 Rn. 2.

34 BGHZ 24, 91, 93 f. (OHG); BGH WM 1966, 706 (KG); MüKo-BGB/*Schäfer*, § 730 Rn. 3; Soergel/*Hadding/Kießling*, Vor § 730 Rn. 3; a. A. *Bunk*, S. 205; Erman/*Westermann*, § 730 Rn. 1. A. A. auch *Habersack*, der entgegen dem eindeutigen Wortlaut der §§ 145 Abs. 1, 158 HGB unter Auseinandersetzung „im richtig verstandenen Wortsinn“ offenbar nur den internen Ausgleich unter den Gesellschaftern verstehen will, Staub/*Habersack*, § 145 Rn. 7. Ähnlich auch *Schmidt*, der dem Begriff „Auseinandersetzung“ verschiedene Bedeutungen beigibt, u. a. „dass sich die Gesellschafter nur untereinander auseinandersetzen und die Gesellschaft ohne Abwicklungsverfahren zur Vollbeendigung bringen“, MüKo-HGB/Schmidt, § 145 Rn. 6 ff. Dies kann für die BGB-Gesellschaft angesichts des Zusatzes in § 730 Abs. 1 BGB „in Ansehung des Gesellschaftsvermögens“ offensichtlich nicht richtig sein.

gelten, als es tatsächlich um wechselseitige Ansprüche der Gesellschafter untereinander und nicht um Ausgleichsansprüche geht, die zum Gesellschaftsvermögen gehören, wie den Nachschussforderungen aus § 735 BGB.[35]

Vereinzelt liest man in der juristischen Literatur, die Auseinandersetzung sei – in Abgrenzung zu dem für die Personenhandelsgesellschaften in den §§ 145 ff. HGB geregelten Verfahren der Liquidation – der Sache nach die „Liquidation" der Gesellschaft bürgerlichen Rechts[36]. Dass von der Begrifflichkeit nur die Verfahren erfasst werden, die zur Beendigung der BGB-Gesellschaft führen, nicht aber der Prozess, an dessen Ende der Wegfall einer offenen Handelsgesellschaft oder einer Kommanditgesellschaft steht, lässt sich angesichts der Art der Verwendung des Begriffs „Auseinandersetzung" in §§ 145 Abs. 1, 158 HGB („andere Art der Auseinandersetzung") seitens des Gesetzgebers allerdings nicht begründen.

3. Liquidation

Der Begriff „Liquidation" wird vom Gesetzgeber im Zusammenhang mit der Beendigung verschiedener Gesellschaftsformen (vgl. §§ 47 ff., 76 BGB, §§ 145 ff. HGB, §§ 60 ff. GmbHG, §§ 83 ff. GenG, § 10 Abs. 1 PartGG), insbesondere für das in den §§ 145 ff. HGB gesetzlich geregelte Auseinandersetzungsverfahren der Personenhandelsgesellschaften, gebraucht. Aber auch in Bezug auf die Gesellschaft bürgerlichen Rechts wird die Begrifflichkeit seitens der Gerichte und Wissenschaft immer wieder verwendet.

Zu unterscheiden ist zunächst die Liquidation der Gesellschaft und die des Unternehmens, welches Gegenstand der Gesellschaft ist.[37] Nur erstere ist von dem Begriff „Liquidation", wie er durch den Gesetzgeber verwendet wird, erfasst, da Regelungsgegenstand des Gesetzes allein die Gesellschaft, nicht aber das von dieser betriebene Unternehmen, ist.[38] Dies ergibt sich auch unmissverständlich aus der amtlichen Überschrift zu den §§ 145 ff. HGB („Liquidation der Gesellschaft"). Wenn *Schmidt*[39] konstatiert, dass Regelungsgegenstand der §§ 146 ff. HGB die „Liquidation des Gesellschaftsvermögens (insb. des Unternehmens)" sei, so vermengt er dabei gerade die Liquidation der Gesellschaft und diejenige des Unternehmens. Möglicherweise wird die Liquidation gewöhnlich

---

35 Siehe hierzu auch unter B. I. 5.

36 Vgl. MüHdbGesR I/*Gummert*, § 21 Rn. 88; Soergel/*Hadding/Kießling*, Vor § 730 Rn. 1.

37 RGZ 123, 151, 155 (OHG); *Wiedemann*, GesR II, S. 567.

38 Baumbach/Hopt/*Roth*, § 145 Rn. 3; *Brandani*, S. 8.

39 MüKo-HGB/*Schmidt*, § 145 Rn. 7.

zwar den Weg über die Liquidation des Unternehmens gehen[40], Zuordnungssubjekt des Gesellschaftsvermögens ist aber allein die Gesellschaft und gerade nicht das von dieser betriebene Unternehmen. Spricht man also von Liquidation des Gesellschaftsvermögens, so kann nur die Liquidation der Gesellschaft gemeint sein, nicht aber die des Unternehmens, das Gegenstand der Gesellschaft ist. Entsprechend ist die Gesellschaft und nicht notwendigerweise das Unternehmen auch dann „liquidiert", wenn das Gesellschaftsvermögen vollständig abgewickelt ist.[41]

Bereits aus dem Wortlaut des § 145 Abs. 1 HGB ergibt sich, dass die Liquidation eine Form der vielgestaltig durchführbaren Auseinandersetzung darstellt, da danach eine „andere Art der Auseinandersetzung" ohne Liquidation stattfindet.[42] Auseinandersetzung umfasst als Oberbegriff auch vom Gesetz abweichende Verfahren[43]; die Liquidation ist dagegen ein engerer Begriff und bezeichnet nur den gesetzlichen „Normalfall"[44], d. h. „das von den Gesetzen selbst vorgezeichnete Auseinandersetzungsverfahren"[45], im Falle der BGB-Gesellschaft mithin das in den §§ 730 ff. BGB normierte Verfahren.[46]

4. Abwicklung

Der Begriff „Abwicklung" wurde vom Gesetzgeber für das Auseinandersetzungsverfahren der Aktiengesellschaft in den §§ 264 ff. AktG eingeführt, weshalb teilweise die Ansicht vertreten wird, die Begrifflichkeit bezeichne auch

---

40 RGZ 123, 151, 155 (OHG).

41 *Grunewald*, 1. A. Rn. 193; *Schmidt*, GesR, § 11 V. S. 312; *Kübler/Assmann*, § 6 IV. S. 62; MüHdbGesR I/*Gummert*, § 21 Rn. 7; MüKo-BGB/*Schäfer*, Vor § 723 Rn. 5, § 730 Rn. 1, 38.

42 KG OLGE 43, 289. Insofern irrt *Hellmann*, wenn sie meint, Auseinandersetzung und Liquidation seien „im Sprachgebrauch der Gesetze synonyme Begriffe, welche die von den Gesellschaftern durchzuführenden Rechtsakte bezeichnen, die zur Vollbeendigung der Gesellschaft und zu deren Wegfall als Rechtsträger führen", *Hellmann*, S. 20.

43 Dazu oben unter B. I. 2.

44 Baumbach/Hopt/*Roth*, § 145 Rn. 2.

45 *Wiedemann*, GesR II, § 6 III. S. 552.

46 Vgl. Baumbach/Hopt/*Roth*, § 145 Rn. 2, 8; *Brandani*, S. 8; *Wiedemann*, GesR II, § 6 III. S. 567; *Windbichler*, § 11 Rn. 8. Anders *Kübler/Assmann*, § 6 IV. S. 61; MüHdbGesR I/*Gummert*, § 21 Rn. 4, die die Begriffe „Auseinandersetzung" und „Liquidation" synonym verwenden; a. A. auch *Habersack*, der unter Liquidation allgemein das auf Beseitigung des aufgelösten Rechtsträgers gerichtete Verfahren versteht, unabhängig davon, ob dies entsprechend der gesetzlichen Vorschriften geschieht, Staub/*Habersack*, § 145 Rn. 7.

nur das in den §§ 265 ff. AktG näher geregelte Verfahren und keine andere Art der Auseinandersetzung[47]. Zur Begründung verweist *Koch*[48] auf einen Vergleich des § 264 Abs. 1 AktG mit § 145 Abs. 1 HGB, der dem entsprechend zum aktienrechtlichen Begriff „Abwicklung" verwendeten Begriff „Liquidation" ausdrücklich andere Arten der Auseinandersetzung gegenüber stellt. Diese Argumentation vermag indes keine zwingende Definition der Begrifflichkeit „Abwicklung" zu begründen. Die Formulierung der aktienrechtlichen Vorschrift musste allein deswegen anders als § 145 Abs. 1 HGB erfolgen, weil das in den §§ 265 ff. AktG geregelte Verfahren für die Beendigung einer Aktiengesellschaft zwingend vorgeschrieben ist[49], eine „andere Art der Auseinandersetzung" somit gar nicht stattfinden kann. Zudem wird in § 290 Abs. 1 AktG auch die Auseinandersetzung der Kommanditgesellschaft auf Aktien als Abwicklung bezeichnet, wobei sich die Abwicklung bei dieser besonderen Gesellschaftsform teilweise nach den Vorschriften des HGB über die Kommanditgesellschaft richtet und die §§ 265 ff. AktG jedenfalls zum Teil durch die Satzung, die abweichende Bestimmungen über die Art der Abwicklung treffen kann,[50] abbedungen werden können.[51] Im Übrigen zeigt ein Vergleich des § 264 Abs. 1 AktG mit dem ebenfalls nahezu gleichlautenden § 730 Abs. 1 BGB, dass der Begriff „Abwicklung" ebenso wie der parallel verwendete Begriff „Auseinandersetzung" durchaus auch andere Verfahren als das für die Aktiengesellschaft gesetzlich geregelte Verfahren erfassen könnte.

Bezogen auf die Gesellschaft bürgerlichen Rechts wird der Begriff „Abwicklung" teils als Synonym zum Begriff „Liquidation" für das jeweilige Auseinandersetzungsverfahren, wie es durch das Gesetz geregelt ist, verwendet[52]. Zum Teil wird dagegen die Ansicht vertreten, die Abwicklung umfasse mehr als das geordnete gesetzliche Verfahren und stelle entsprechend der Auseinandersetzung eine weite Begrifflichkeit dar[53]. Schließlich wird der Begriff „Abwicklung"

---

47 So Hüffer/*Koch*, § 264 Rn. 2; MüKo-AktG/*J. Koch*, § 264 Rn. 4.

48 MüKo-AktG/*J. Koch*, § 264 Rn. 4.

49 Hüffer/*Koch*, § 264 Rn. 2; MüKo-AktG/*J. Koch*, § 264 Rn. 4; Spindler/Stilz/*Bachmann*, § 264 Rn. 2.

50 MüKo-AktG/*Perlitt*, § 290 Rn. 25.

51 MüHdbGesR IV/*Herfs*, § 76 Rn. 47; MüKo-AktG/*Perlitt*, § 290 Rn. 24; dazu ausführlich *Sethe*, ZIP 1998, 1138 ff.; a. A. Spindler/Stilz/*Bachmann*, § 290 Rn. 7 ff.

52 Vgl. Baumbach/Hopt/*Roth*, § 145 Rn. 3; *Brandani*, S. 9; MüKo-BGB/*Schäfer*, § 730 Rn. 63; Staudinger/*Habermeier*, § 730 Rn. 2; *Wiedemann*, GesR II, § 6 III. S. 552, 567.

53 So *Grunewald*, 1. A. Rn. 193; *Hellmann*, S. 20; MüHdbGesR I/*Gummert*, § 21 Rn. 4; MüKo-HGB/*Schmidt*, § 145 Rn. 7; *Wiedemann*, GesR II, § 7 IV. S. 671. Ähnlich auch Staub/*Habersack*, § 145 Rn. 7, § 158 Rn. 1 f., 4 ff., der unter Abwicklung mehr als

auch häufig nur bezogen auf die Verteilung des Gesellschaftsvermögens verwendet, wenn von „Abwicklung des Gesellschaftsvermögens“ die Rede ist[54]. Auf den ersten Blick könnte die Abwicklung dann als Teilschnittmenge der Begrifflichkeit „Auseinandersetzung“ erscheinen. Vertritt man allerdings die Ansicht, dass die Auseinandersetzung entsprechend dem Wortlaut in § 730 Abs. 1 BGB ohnehin nur das Gesellschaftsvermögen betrifft, so bezeichnet „Abwicklung des Gesellschaftsvermögens“ nichts anderes als den Prozess der Auseinandersetzung selbst, da dieser eben in der Abwicklung des Gesellschaftsvermögens, sei es entsprechend den gesetzlichen Vorschriften durch „Versilberung“[55] (vgl. § 733 Abs. 3 BGB), sei es in vom Gesetz abweichender Art und Weise, besteht.[56]

Da es im Zusammenhang mit der BGB-Gesellschaft keine eindeutige gesetzliche Formulierung gibt, aus der sich eine Definition der Begrifflichkeit „Abwicklung“ ableiten ließe, erscheint sowohl die synonyme Verwendung zum Begriff „Liquidation“ als auch zu dem weiter gefassten Begriff „Auseinandersetzung“ vertretbar. Es gibt allerdings keine zwingenden Anhaltspunkte dafür, dass der Begriff „Abwicklung“ neben dem gesetzlichen Verfahren nicht ebenso andere vom gesetzlichen Regelfall abweichende Verfahren zur Verteilung des Gesellschaftsvermögens erfasst. Insofern wird die Begrifflichkeit in der vorliegenden Arbeit entsprechend der oben definierten Begrifflichkeit „Auseinandersetzung“ für das Verfahren verwendet, das durch Verteilung des Gesellschaftsvermögens zur Beendigung der Gesellschaft als Rechtsträger führt, unabhängig davon, auf welche Art und Weise dies geschieht.[57]

5. Beendigung

Endgültig beendet ist die BGB-Gesellschaft erst, wenn ihr Vermögen vollständig abgewickelt und kein Gesellschaftsvermögen mehr vorhanden ist.[58] Dabei soll

---

nur das gesetzlich geregelte Verfahren versteht, den Begriff „Auseinandersetzung“ allerdings völlig anders definiert und darunter nur den Ausgleich unter den Gesellschaftern fasst. Vgl. auch die Verwendung des Begriffs durch den BGH, nach dem die Abwicklung sogar durch bloße Abfindung eines Gesellschafters erfolgen könne, BGH BB 1960, 1074.

54 Vgl. MüKo-BGB/*Schäfer*, Vor § 723 Rn. 5, § 730 Rn. 1, 38; Soergel/*Hadding/Kießling*, Vor § 730 Rn. 3.

55 *Wiedemann*, GesR II, § 7 IV. S. 671; vgl. auch *Kübler/Assmann*, § 6 IV. S. 62.

56 Vgl. auch die Überschrift bei MüKo-BGB/*Schäfer*, § 730 A. „Die Auseinandersetzung unter Abwicklung der Gesellschaft nach §§ 730 bis 735“.

57 Ebenso BGH BB 1960, 1074.

58 BGHZ 24, 91, 93 f. (OHG); OLG Köln NZG 2000, 1171, 1173; Bamberger/Roth/*Schöne*, § 730 Rn. 22; *Grunewald*, 1. A. Rn. 193; *Grziwotz*, DStR 1992, 1365, 1367; *Kraft/Kreutz*,

die Durchführung eines möglicherweise erforderlichen internen schuldrechtlichen Kontenausgleichs unter den Gesellschaftern nach herrschender Meinung für den Zeitpunkt der Beendigung einer Gesellschaft als Rechtsträger grundsätzlich außer Betracht bleiben.[59] Dem kann nicht uneingeschränkt gefolgt werden. Die herrschende Meinung übersieht, dass die internen Ausgleichsansprüche regelmäßig nicht zwischen den Gesellschaftern bestehen, sondern die BGB-Gesellschaft infolge ihrer nunmehr anerkannten Rechtsfähigkeit selbst anspruchsberechtigt bzw. -verpflichtet ist[60]. Solange der Ausgleich zwischen den positiven und negativen Liquidationsanteilen der Gesellschafter aussteht, besitzt die Gesellschaft also zumeist auch noch verwertbares Aktivvermögen in der Form von Ausgleichsansprüchen gegen die Gesellschafter mit negativem Liquidationsanteil.[61] Insofern tritt auch die Beendigung der BGB-Gesellschaft nicht ein, ehe derartige Ansprüche der Gesellschaft, beispielsweise Nachschussforderungen

---

B. IV. S. 65; *Kübler/Assmann*, § 6 IV. S. 62; MüHdbGesR I/*Gummert*, § 21 Rn. 101; MüKo-BGB/*Schäfer*, § 730 Rn. 1; *Ruhkamp/Gerlach*, XV. Rn. 647; Soergel/*Hadding/Kießling*, Vor § 730 Rn. 2. So im Grundsatz auch *Brandani*, S. 147, 164.

59 So BGHZ 24, 91, 93 f. (OHG); BGH WM 1966, 706 (KG); Bamberger/Roth/*Schöne*, § 730 Rn. 22; MüKo-BGB/*Schäfer*, § 730 Rn. 3, 38; Soergel/*Hadding/Kießling*, Vor § 730 Rn. 3; a. A. *Bunk*, S. 205; Erman/*Westermann*, § 730 Rn. 1. Der BGH hat in einer Entscheidung vom 15. November 2011, BGHZ 191, 293, 308, allerdings ausdrücklich offengelassen, ob wegen des engen Zusammenhangs zwischen der Abwicklung des Gesellschaftsvermögens (vgl. § 730 Abs. 1 BGB) und dem internen Ausgleich unter den Gesellschaftern für die Gesellschaft bürgerlichen Rechts daran festzuhalten sei, dass der Kontenausgleich zwischen den Gesellschaftern nicht mehr als Gegenstand der Abwicklung anzusehen sei.

60 Zutreffend *Brandani*, S. 165.

61 So liegt der Fall in dem Beispiel bei Soergel/*Hadding/Kießling*, Vor § 730 Rn. 3: Wenn das Gesellschaftsvermögen aus einem einzigen Grundstück besteht, das einer der Gesellschafter dem Werte nach in die Gesellschaft eingebracht hatte, so ist dieses im Rahmen der Auseinandersetzung zwar gemäß § 732 S. 1 BGB analog an den Einbringenden zurückzugeben, vgl. hierzu unter C. I. 3. d) . Das „Wertrecht“ daran steht jedoch der Gesellschaft zu; im Falle einer Wertsteigerung hat also nur die Gesellschaft einen Ausgleichsanspruch gegen den Grundstückseigentümer, nicht aber die einzelnen Gesellschafter. Dann ist die Gesellschaft auch nicht vermögenslos. Nicht der interne schuldrechtliche Ausgleich zwischen den Gesellschaftern steht mithin noch aus, sondern die Verteilung des letzten Vermögensgegenstands der BGB-Gesellschaft. Diese ist aber natürlich Teil der Liquidation.

gemäß § 735 BGB, nicht eingezogen wurden und der Erlös an die Gesellschafter mit positivem Liquidationsanteil ausgezahlt wurde[62].

Die Anerkennung der Rechtsfähigkeit der BGB-Gesellschaft hat aber nicht zur Folge, dass nunmehr sämtliche auf dem Gesellschaftsverhältnis beruhende Ersatzforderungen der Gesellschaft zustünden, unabhängig davon, bei welcher Rechtsperson ein Schaden eingetreten ist. So kann ein persönlicher Schadensersatzanspruch eines Gesellschafters aus der schuldhaften Verletzung von Gesellschafterpflichten, wie der Pflicht zur sorgfältigen Geschäftsführung oder der gesellschaftsrechtlichen Treuepflicht, seitens eines anderen Gesellschafters resultieren, wenn daraus ein Schaden unmittelbar bei dem Gesellschafter und nicht bei der Gesellschaft erwächst.[63] Dasselbe gilt für Pflichtverletzungen eines Gesellschafters vor oder bei Abschluss des Gesellschaftsvertrages;[64] dann kommen eigene Ansprüche der geschädigten Mitgesellschafter gemäß § 311 Abs. 2, Abs. 3 i. V. m. § 280 Abs. 1 BGB in Betracht.[65] Unabhängig von etwaigen Ausgleichsansprüchen der Gesellschaft sowie etwaigen Nachschusspflichten der Gesellschafter gegenüber der Gesellschaft kann also auch die „Ausgleichung der gegenseitigen Vermögensansprüche der Mitglieder“[66] erforderlich sein. Dieser Ausgleich von Ansprüchen der Gesellschafter untereinander gehört nach dem Wortlaut von § 730 Abs. 1 BGB („in Ansehung des Gesellschaftsvermögens“) nicht zur Auseinandersetzung. Die Beendigung der Gesellschaft tritt also unabhängig davon ein.[67] Das „eigenständige Gebilde“[68] BGB-Gesellschaft

---

62 Etwas anderes gilt nur, wenn von den ausgleichsverpflichteten Gesellschaftern kein Ausgleich erlangt werden kann. Dann müssen die anderen Gesellschafter gemäß § 735 S. 2 BGB dafür aufkommen. Ihre positiven Liquidationsanteile verringern sich also entsprechend und die Gesellschaft ist vermögenslos und damit beendet.

63 BGH NJW 1962, 859; Erman/*Westermann*, § 705 Rn. 63; MüKo-BGB/*Ulmer/Schäfer*, § 705 Rn. 216; Soergel/*Hadding*, § 705 Rn. 54. Diese Pflichten bestehen in erster Linie gegenüber der Gesellschaft

64 BGH WM 1961, 426; Erman/*Westermann*, § 705 Rn. 63.

65 Soergel/*Hadding*, § 705 Rn. 54.

66 MüKo-BGB/*Schäfer*, Vor § 723 Rn. 5.

67 A. A. wohl *Windbichler*, § 11 Rn. 1, die entgegen der herrschenden Meinung (siehe Fn. 53) meint, die Vollbeendigung trete erst ein, wenn alle gemeinsamen Rechtsbeziehungen unter den Gesellschaftern beseitigt sind. Der Streit ist in den meisten Fällen allerdings ohne Bedeutung, denn es ist anerkannt, dass auch die wechselseitigen Ansprüche der Gesellschafter im Rahmen der Schlussabrechnung bei der Berechnung der jeweiligen der jeweiligen Auseinandersetzungsguthaben bzw. -fehlbeträge so weit wie möglich Berücksichtigung finden, vgl. *Bunk*, S. 205 f.; MüKo-BGB/*Schäfer*, § 730 Rn. 4; Soergel/*Hadding/Kießling*, Vor § 730 Rn. 3 und unter C. VII.

68 *Kübler/Assmann*, § 6 IV. S. 62.

erlischt, wenn die Auseinandersetzung durch vollständige Verteilung des Gesellschaftsvermögens durchgeführt ist.[69] Ob noch auf dem Gesellschaftsverhältnis beruhende Ansprüche zwischen den Gesellschaftern bestehen, ist unerheblich. Maßgeblich für die Beendigung ist allein die Vermögenslosigkeit der Gesellschaft.[70]

Mit der Vollbeendigung erlöschen alle bestehenden Gläubigerforderungen gegen die Gesellschaft, da diese als Rechtsträger nun nicht mehr existiert.[71] Noch vorhandene Gesellschaftsverbindlichkeiten sind für den Eintritt der Vollbeendigung mithin grundsätzlich unerheblich.[72] Die Interessen der Gläubiger sind schon durch die persönliche und unbeschränkte Haftung der BGB-Gesellschafter auch nach Beendigung der Gesellschaft (§ 159 HGB analog) gewahrt.[73] Ein weitergehender Schutz der Gläubiger ist nach herrschender Meinung nicht erforderlich.[74] Allerdings ist in diesem Zusammenhang zu beachten, dass die Gesellschaft gemäß § 735 BGB regelmäßig noch Nachschüsse von den Gesellschaftern einziehen kann, solange noch offene Drittgläubigerforderungen gegen sie bestehen. Soweit diese Ansprüche noch realisiert werden können, tritt auch noch keine Beendigung der Gesellschaft ein, da dann noch verwertbares Aktivvermögen der Gesellschaft besteht.[75] In diesem Fall geht die Vollbeendigung der BGB-Gesellschaft mithin grundsätzlich mit der vollständigen Schuldentilgung einher. Etwas anderes gilt nur, wenn die Gesellschafter im Rahmen der Auseinandersetzung von der dispositiven Regelung in § 735 BGB abweichen.

---

69 *Brandani*, S. 147; *Eisenhardt*, § 8 Rn. 102a; *Kraft/Kreutz*, B. IV. S. 65; MüHdbGesR I/*Gummert*, § 21 Rn. 7.

70 Findet sich nach scheinbar vollständiger Abwicklung doch noch Gesellschaftsvermögen, war die Gesellschaft also tatsächlich gar nicht beendet. Die Auseinandersetzung ist dann wiederaufzunehmen, Erman/*Westermann*, § 730 Rn. 14; MüKo-BGB/*Schäfer*, § 730 Rn. 39.

71 *Schmidt*, GesR, § 11 V. S. 312.

72 *Schmidt*, GesR, § 11 V. S. 312; MüKo-BGB/*Schäfer*, § 730 Rn. 38; Soergel/*Hadding/Kießling*, Vor § 730 Rn. 2; a. A. *Wiedemann*, der für die Vollbeendigung der Gesellschaft die Tilgung der Gesellschaftsschulden für erforderlich hält, *Wiedemann*, GesR II, § 6 III. S. 552.

73 RGZ 40, 29, 31 (OHG); *Grunewald*, 1. A. Rn. 191; Soergel/*Hadding/Kießling*, Vor § 730 Rn. 2; Staudinger/*Habermeier*, § 730 Rn. 2; *Windbichler*, § 11 Rn. 8.

74 *Kraft/Kreutz*, B. IV. S. 65; *Windbichler*, § 11 Rn. 8; a. A. *Brandani*, S. 110 f., die daraus entgegen des eindeutigen Wortlauts von § 731 S. 1 BGB folgert, dass die gläubigerschützenden Vorschriften §§ 733 Abs. 1, 734, 735 BGB zwingenden Charakters sind.

75 *Brandani*, S. 165.

II. Grundsätzliches zur Abwicklungsgesellschaft

1. Geschäftsführung und Vertretung

Von dem Zeitpunkt der Auflösung der Gesellschaft an steht die Geschäftsführung gemäß § 730 Abs. 2 S. 2 BGB grundsätzlich allen Gesellschaftern gemeinschaftlich als den „geborenen Abwicklern"[76] der BGB-Gesellschaft zu, auch wenn zuvor in der werbenden Gesellschaft die Geschäftsführung in Abweichung von § 709 BGB einzelnen Gesellschaftern übertragen war.[77] Die Alleingeschäftsführungsbefugnis einzelner oder auch aller Gesellschafter erlischt nach der gesetzlichen Regel mit der Auflösung der Gesellschaft, es sei denn, die Gesellschafter haben ausdrücklich etwas anderes vereinbart. Ohne abweichende Vereinbarung gilt nunmehr Gesamtgeschäftsführung und damit korrespondierend gemäß § 714 BGB auch Gesamtvertretung durch alle Gesellschafter.[78] Die bisherigen Geschäftsführungs- und Vertretungsregelungen der Gesellschafter treten außer Kraft.[79] Solange die bisher alleingeschäftsführungs- und einzelvertretungsberechtigten Gesellschafter allerdings nichts von der Auflösung der Gesellschaft wissen und davon auch keine Kenntnis haben müssen, sie also gutgläubig sind[80], gilt ihre Einzelgeschäftsführungs- und Vertretungsbefugnis nach § 729 S. 1 BGB zu ihren Gunsten als fortbestehend.[81] Gegenüber gutgläubigen Dritten wirkt diese Fiktion ebenfalls. Sie wirkt nach § 169 BGB aber nicht zugunsten eines Dritten, der bei Vornahme eines Rechtsgeschäfts mit einem

---

76 *Brandani*, S. 140; MüHdbGesR I/*Gummert*, § 21 Rn. 93.

77 RGZ 100, 165, 166; OLG Köln WM 1995, 1881; OLG Düsseldorf, Urteil vom 30. Dezember 2008, Az. I-15 U 64/07, Rn. 34 (juris); *Brandani*, S. 140; *Hillers*, S. 22; *Kraft/Kreutz*, C. IV. S. 153; *Lang/Mulansky/Mulansky*, VII. 1.3.3 S. 341; MüHdbGesR I/*Gummert*, § 21 Rn: 93; *Ruhkamp/Gerlach*, XV. Rn. 629; *Windbichler*, § 11 Rn. 9. Vereinbarungen in Bezug auf die Geschäftsführungsbefugnis im Rahmen der werbenden Gesellschaft erstrecken sich im Zweifel gerade nicht auf die Abwicklungsgesellschaft, Staudinger/*Habermeier*, § 730 Rn. 12.

78 OLG Oldenburg NZG 2002, 1056; *Lang/Mulansky/Mulansky*, VII. 1.3.3 S. 342; *Ruhkamp/Gerlach*, XV. Rn. 629. Dass § 714 BGB für die Abwicklungsgesellschaft entsprechend gilt, ist allgemein anerkannt, vgl. Bamberger/Roth/*Schöne*, § 730 Rn. 27; MüKo-BGB/*Schäfer*, § 730 Rn. 43; Staudinger/*Habermeier*, § 730 Rn. 16.

79 Soergel/*Hadding/Kießling*, § 730 Rn. 3.

80 Soergel/*Hadding/Kießling*, § 730 Rn. 3; *Wiedemann*, GesR II, § 7 IV., S. 672.

81 Eine Haftung als „falsus procurator" kommt daher nicht in Betracht, solange der ursprünglich Alleingeschäftsführungs- und -vertretungsbefugte gutgläubig ist, *Brandani*, S. 141; Soergel/*Hadding/Kießling*, § 730 Rn. 3.

bisher alleingeschäftsführungsbefugten Gesellschafter das Erlöschen der Einzelgeschäftsführungsbefugnis mit Auflösung der Gesellschaft kannte oder kennen musste.

Zweck der gesetzlichen Regelung in § 730 Abs. 2 S. 2 BGB ist der Schutz der einzelnen Gesellschafter vor einseitigen und benachteiligenden Auseinandersetzungsmaßnahmen ihrer Mitgesellschafter.[82] Sie gibt allen Gesellschaftern Kontroll- und Mitbestimmungsrechte bei der Abwicklung des Gesellschaftsvermögens.[83] Die wechselseitige Beschränkung und Überwachung wird in der Regel auch dem Wunsch der Gesellschafter entsprechen, denn nach der Auflösung der BGB-Gesellschaft treten oftmals Interessenkollisionen zwischen ihnen auf.[84] Wie bereits das RG[85] ausgeführt hat, will das Gesetz daher die Entscheidung darüber, ob eine Liquidationsmaßregel erforderlich ist, „ersichtlich nicht in die Hände eines einzelnen Gesellschafters legen, dessen Interesse bei der Auseinandersetzung nicht mehr, wie während des Bestehens der Gesellschaft, als mit dem Gesellschaftszwecke und den Interessen der übrigen Gesellschafter parallel laufend vermutet wird, sondern es überläßt die Entscheidung den zur Durchführung der Liquidation berufenen Personen, also den sämtlichen Gesellschaftern in gemeinschaftlichem Handeln". Andererseits sind für den gesetzlichen Regelfall der Gesamtgeschäftsführung und -vertretung durch alle Gesellschafter Blockade und Handlungsunfähigkeit in der Auseinandersetzung vorprogrammiert. Da § 730 Abs. 2 S. 2 BGB dispositiv ist, können die Gesellschafter aber auch eine davon abweichende Regelung treffen und einzelne Gesellschafter zu Liquidatoren bestimmen.[86] Anders als in der werbenden BGB-Gesellschaft können im Auseinandersetzungsstadium auch Nichtgesellschafter von den Gesellschaftern mit der Führung der zur Abwicklung des Gesellschaftsvermögens erforderlichen Geschäfte betraut werden.[87] Man spricht dann von „gekorenen Abwicklern"[88].

---

82 Soergel/*Hadding/Kießling*, § 730 Rn. 3.

83 OLG Oldenburg MedR 2005, 355.

84 Bamberger/Roth/*Schöne*, § 730 Rn. 23; *Brandani*, S. 140; Hk-BGB/*Saenger*, § 730 Rn. 3; Soergel/*Hadding/Kießling*, § 730 Rn. 3; Staudinger/*Habermeier*, § 730 Rn. 12.

85 RGZ 100, 165, 166.

86 OLG Köln WM 1995, 1881; MüHdbGesR I/*Gummert*, § 21 Rn. 94; MüKo-BGB/*Schäfer*, § 730 Rn. 46 f.; *Lang/Mulansky/Mulansky*, VII. 1.3.3 S. 342; *Ruhkamp/Gerlach*, XV. Rn. 629.

87 *Brandani*, S. 141; MüHdbGesR I/*Gummert*, § 21 Rn. 94; MüKo-BGB/*Schäfer*, § 730 Rn. 47; *Lang/Mulansky/Mulansky*, VII. 1.3.3 S. 342; Staudinger/*Habermeier*, § 730 Rn. 13; a. A. *Hillers*, S. 22 f.

88 *Brandani*, S. 141; MüHdbGesR I/*Gummert*, § 21 Rn. 94.

Der Umfang der Geschäftsführungsbefugnis und damit auch der Vertretungsmacht sowohl der „geborenen" als auch der „gekorenen" Abwickler wird, sofern die Gesellschafter nichts anderes vereinbart haben, durch den Abwicklungszweck begrenzt.[89] Geschäfte, die nicht objektiv Liquidationszwecken dienen, sind daher grundsätzlich nicht von der Vertretungsmacht gedeckt.[90] Die Gesellschaft haftet für über den Abwicklungszweck hinausgehende Handlungen, deren Vornahme nicht mit Zustimmung aller Gesellschafter erfolgt, höchstens nach Rechtsscheingrundsätzen.[91] Nach der zur Kommanditgesellschaft entwickelten, auf die BGB-Gesellschaft übertragbaren Rechtsprechung des BGH ist sie an liquidationsfremde Geschäfte aber nicht gebunden, „wenn der Geschäftsgegner wußte oder wissen mußte, daß sich das Geschäft nicht mehr im Rahmen des Liquidationszwecks hielt"[92].

2. Der Grundsatz der Durchsetzungssperre

Bevor die einzelnen Schritte der Auseinandersetzung einer Gesellschaft bürgerlichen Rechts dargestellt werden, soll an dieser Stelle zunächst der Grundsatz der Durchsetzungssperre näher beleuchtet werden. Denn dieser von der Rechtsprechung herausgebildete Grundsatz liegt der gesamten Auseinandersetzung der BGB-Gesellschaft zugrunde und prägt die noch zu erörternden Schritte der GbR-Auseinandersetzung zum Teil maßgeblich.

a) Begründung und Reichweite

aa) Ansprüche zwischen Gesellschaft und Gesellschaftern

Nach ständiger Rechtsprechung[93] und einhelliger Ansicht in der Literatur[94] führt die Auflösung der Gesellschaft bürgerlichen Rechts dazu, dass die auf dem

89 Soergel/*Hadding/Kießling*, § 730 Rn. 3; Staudinger/*Habermeier*, § 730 Rn. 16.

90 BGH NJW 1984, 982 (KG); *Lang/Mulansky/Mulansky*, VII. 1.3.3 S. 342; *Ruhkamp/Gerlach*, XV. Rn. 631.

91 Bamberger/Roth/*Schöne*, § 730 Rn. 27; Erman/*Westermann*, § 730 Rn. 8; MüKo-BGB/*Schäfer*, § 730 Rn. 43; Soergel/*Hadding/Kießling*, § 730 Rn. 3.

92 BGH NJW 1984, 982 (KG).

93 BGHZ 37, 299, 304 (KG); 103, 72, 77; BGH WM 1968, 1086 (OHG); 1970, 280 (KG); 1974, 749; 1976, 789; NJW 1985, 1898; 1998, 376; 1999, 3557; 2000, 2586 (KG); NJW-RR 1988, 1379; 1993, 1187; 2000, 1295; 2003, 1392; 2006, 1268; ZIP 1994, 1846; DStR 2002, 228; 2003, 518.

94 Bamberger/Roth/*Schöne*, § 730 Rn. 20, 30; *Berninger*, Societas, S. 142; *Brandani*, S. 121; Erman/*Westermann*, § 730 Rn. 11; *Hillers*, S. 119; jurisPK-BGB/*Trost*, § 730 Rn. 24; *Kraft/Kreutz*, S. 153; *Lang/Mulansky/Mulansky*, VII. 1.3.4 S. 342; *Messer*, FS Stimpel,

Gesellschaftsverhältnis beruhenden Zahlungsansprüche zwischen der Gesellschaft und den Gesellschaftern nicht mehr selbständig geltend gemacht werden können. Sowohl die den Gesellschaftern gegen die Gesellschaft aus dem Gesellschaftsverhältnis zustehenden Ansprüche auf Zahlung als auch diejenigen der Gesellschaft gegen die Gesellschafter unterliegen im Abwicklungsstadium der Gesellschaft der sogenannten Durchsetzungssperre, sie sind „liquidationsbefangen" und können nicht mehr isoliert im Wege der Leistungsklage durchgesetzt werden[95]. Stattdessen können diese Ansprüche grundsätzlich nur noch im Rahmen der am Ende der Liquidation aufzustellenden Schlussabrechnung[96] berücksichtigt werden.[97]

Zweck der Durchsetzungssperre ist nach der Rechtsprechung des BGH[98] in erster Linie die Vermeidung unnötiger Hin- und Herzahlungen. „Solange nicht abschließend feststeht, ob und in welcher Höhe die Gesamtabrechnung zugunsten der einen oder anderen Partei einen Überschuss ergibt, soll keine Partei im Vorgriff etwas fordern dürfen, was sie später möglicherweise wieder

---

S. 205 ff.; MüHdbGesR I/*Gummert*, § 21 Rn. 96; MüKo-BGB/*Schäfer*, § 730 Rn. 49; Palandt/*Sprau*, § 730 Rn. 6 ff.; *Ruhkamp/Gerlach*, XV. Rn. 634a; Soergel/*Hadding/Kießling*, § 730 Rn. 9 f.; Staudinger/*Habermeier*, § 730 Rn. 21; *Wiedemann*, GesR II, § 6 III. S. 575.

95 Freilich können die Gesellschafter während des laufenden Auseinandersetzungsverfahrens das Bestehen von Ansprüchen oder Verbindlichkeiten aus dem Gesellschaftsverhältnis gerichtlich feststellen lassen und jederzeit auf Feststellung klagen, dass eine streitige, derzeit nicht isoliert einklagbare Forderung zu ihren Gunsten in die Schlussabrechnung einzustellen ist, BGH NJW 1984, 1455; 1985, 1898; ZIP 1994, 1846; jurisPK-BGB/*Trost*, § 730 Rn. 59; MüHdbGesR I/*Gummert*, § 21 Rn. 96; MüKo-BGB/*Schäfer*, § 730 Rn. 51; *Ruhkamp/Gerlach*, XV. Rn. 634a; Staudinger/*Habermeier*, § 730 Rn. 21; *Wiedemann*, GesR II, § 6 III. S. 575. Eine „derzeit unbegründete" Leistungsklage ist regelmäßig in eine solche Feststellungsklage umzudeuten, denn die während der Auseinandersetzung erhobene isolierte Klage auf Zahlung beinhaltet in dem Leistungsantrag als Minus ohne weiteres den Antrag auf Feststellung, dass der geltend gemachte Betrag als Einzelposten zugunsten der klagenden Partei in die Schlussabrechnung einzustellen sei, BGH NJW 1984, 1455; 1992, 2757; 1995, 2843, 2844; 2000, 2586 (KG); NJW-RR 1988, 1379; 1993, 1187; ZIP 1994, 1846; NZG 2002, 519 (OHG); DStR 2002, 228 m. Anm. *Goette*; 2003, 518 m. Anm. *Goette*; Erman/*Westermann*, § 730 Rn. 13; MüKo-BGB/*Schäfer*, § 730 Rn. 51; NK-BGB/*Hanke*, § 730 Rn. 31; *Ruhkamp/Gerlach*, XV. Rn. 634a; Palandt/*Sprau*, § 730 Rn. 7; Soergel/*Hadding/Kießling*, § 730 Rn. 16; Staudinger/*Habermeier*, § 730 Rn. 21, 29.

96 Zur Schlussabrechnung unter C. VII.

97 BGH NJW 1998, 376; 2000, 2586 (KG); NJW-RR 1988, 1379; 2000, 1295.

98 BGH NJW 1992, 2757; 1995, 188, 189; 1999, 3557; NJW-RR 2000, 1295; ZIP 1994, 1846.

zurückzahlen müsste."[99] Die Liquidationsbefangenheit von im Gesellschaftsverhältnis wurzelnden Einzelansprüchen auf Zahlung beruht also auf dem aus Treu und Glauben folgenden Grundsatz, dass niemand etwas verlangen darf, was er alsbald zurückzugewähren hat („dolo agit qui petit quod statim redditurus est").[100] Kein Gesellschafter soll einen gesellschaftsvertraglichen Zahlungsanspruch einfordern können, wenn die Möglichkeit besteht, dass er am Ende der Auseinandersetzung gegenüber der Gesellschaft nachschusspflichtig ist und das Eingeforderte wieder zurückzahlen muss.[101] Die Forderungen und Verbindlichkeiten der Gesellschafter werden daher, ähnlich wie bei einem Kontokorrent gemäß § 355 HGB, in die Schlussabrechnung eingestellt und zu einem einheitlichen Saldo verrechnet[102], der ergibt, wer von wem noch etwas zu fordern hat[103]. Die Durchsetzungssperre dient somit auch der Vereinfachung und Vereinheitlichung der Abrechnung zwischen den Gesellschaftern.[104] Sie führt dazu, dass am Ende der Liquidation nur ein Zahlungsanspruch hinsichtlich des abschließenden Saldos der Schlussabrechnung besteht[105]. Die wechselseitigen Zahlungsansprüche werden zum „bloß rechnerischen Bestandteil der positiven und negativen Liquidationsanteile"[106] der Gesellschafter, die grundsätzlich erst am Ende der Auseinandersetzung fällig sind[107]. Letztendlich wird an die einzelnen Gesellschafter nur das sich aus dem im Rahmen der Schlussabrechnung nach Verrechnung der gegenseitigen Ansprüche verbindlich festgestellten Saldo jeweils ergebende Auseinandersetzungsguthaben ausgezahlt bzw. im Falle eines negativen Saldos eine Ausgleichszahlung eingefordert. Andere Zahlungsansprüche als hinsichtlich des Guthabens bzw. des Zahlbetrages aus der Schlussabrechnung

---

99 BGH WM 1969, 591; vgl. auch BGH WM 1968, 1086 (OHG); 1971, 931; 1979, 937, 938; NJW-RR 1988, 1249.

100 *Hillers*, S. 133.

101 MüHdb GesR I/*Gummert*, § 21 Rn. 96.

102 *Brandani*, S. 123; *Wiedemann*, GesR II, § 6 III. S. 576.

103 BGH WM 2011, 1372, 1373; NJW-RR 2006, 1268.

104 KG NZG 2001, 556; Bamberger/Roth/*Schöne*, § 730 Rn. 20; Erman/*Westermann*, § 730 Rn. 11; *Hadding/Häusler*, WM 1988, 1585, 1591; jurisPK-BGB/*Trost*, § 730 Rn. 24; *Wiedemann*, GesR II, § 6 III. S. 576.

105 BGH LM Nr. 2 zu § 730 BGB; BGH ZIP 1994, 1846; *Goette*, DStR 2003, 519; NK-BGB/*Hanke*, § 730 Rn. 15.

106 *Brandani*, S. 121.

107 Bamberger/Roth/*Schöne*, § 730 Rn. 33, § 734 Rn. 2; *Brandani*, S. 121; Erman/*Westermann*, § 730 Rn. 15; *Grziwotz*, DStR 1992, 1365, 1366; MüKo-BGB/*Schäfer*, § 730 Rn. 61, § 734 Rn. 10; Palandt/*Sprau*, § 730 Rn. 5; Soergel/*Hadding/Kießling*, § 730 Rn. 28; Staudinger/*Habermeier*, § 730 Rn. 26, § 734 Rn. 5.

können ab dem Zeitpunkt der Auflösung der BGB-Gesellschaft grundsätzlich nicht mehr geltend gemacht werden.[108]

Mit der Auflösung der BGB-Gesellschaft werden grundsätzlich alle auf dem Gesellschaftsverhältnis beruhenden Zahlungsansprüche zwischen Gesellschaft und Gesellschaftern zu unselbstständigen Rechnungsposten der Schlussabrechnung.[109] Von der Durchsetzungssperre sind also zum einen die im Gesellschaftsverhältnis wurzelnden Forderungen der Gesellschaft gegen die Gesellschafter erfasst.[110] Dazu gehören Ansprüche auf Beitragsleistungen[111], Schadensersatz- und Regressansprüche, z. B. auf Rückzahlung unzulässiger Entnahmen[112], sowie der Anspruch auf Verlustausgleich (§ 735 BGB) im Rahmen der Auseinandersetzung.[113] Umgekehrt unterliegen der Durchsetzungssperre auch die Forderungen der Gesellschafter gegen die Gesellschaft, die aus dem Gesellschaftsverhältnis resultieren. Liquidationsbefangen sind zunächst die gesellschaftsvertraglichen Forderungen, die bereits vor der Auflösung der BGB-Gesellschaft entstanden waren, auch wenn sie bis zum Eintritt der Auflösung selbständig durchsetzbar waren[114], insbesondere Gewinn-, Vergütungs- und Aufwendungsersatz-ansprüche sowie Regress- und vertragliche Schadensersatzansprüche[115]. Sogenannte

108 BGH NJW-RR 2007, 245.

109 BGH LM Nr. 2 zu § 730 BGB; WM 1986, 68; NJW 1984, 1455; 1998, 376; 1999, 3557; NJW-RR 2000, 1295, 1296; 2006, 1268; ZIP 1994, 1846; DStR 2002, 228; Bamberger/Roth/*Schöne*, § 730 Rn. 20; *Brandani*, S. 121 f.; jurisPK-BGB/*Trost*, § 730 Rn. 24; *Kraft/Kreutz*, S. 153; *Lang/Mulansky/Mulansky*, VII. 1.3.4 S. 342; MüHdbGesR I/*Gummert*, § 21 Rn. 96; MüKo-BGB/*Schäfer*, § 730 Rn. 49; *Ruhkamp/Gerlach*, XV. Rn. 634a.

110 BGH LM Nr. 2 zu § 730 BGB; NJW 1984, 1455; LG Braunschweig DB 2001, 1663; Bamberger/Roth/*Schöne*, § 730 Rn. 20; *Brandani*, S. 132; *Messer*, FS Stimpel, S. 205, 207; Palandt/*Sprau*, § 730 Rn. 8; Soergel/*Hadding/Kießling*, § 730 Rn. 10; a. A. ohne Begründung BGH DStR 2003, 518. Anders scheinbar auch *Wiedemann*, GesR II, § 6 III. S. 575 f., dessen Ansicht, Sozialansprüche der Gesellschaft könnten jederzeit geltend gemacht werden, soweit das für die Liquidation erforderlich ist, im Ergebnis allerdings der h. M. entspricht, die in diesem Fall eine Ausnahme vom Grundsatz der Durchsetzungssperre annimmt; siehe hierzu unter B. II. 2. b) bb) .

111 BGH NJW 2000, 2586, 2587 (KG); Bamberger/Roth/*Schöne*, § 730 Rn. 20; Palandt/*Sprau*, § 730 Rn. 8.

112 BGH NJW 1999, 2438; LG Braunschweig DB 2001, 1663; Bamberger/Roth/*Schöne*, § 730 Rn. 20; Erman/*Westermann*, § 730 Rn. 11; Palandt/*Sprau*, § 730 Rn. 8.

113 *Brandani*, S. 132; *Messer*, FS Stimpel, S. 205, 207 ff.

114 BGH WM 1981, 487 (KG); *Brandani*, S. 126; *Lang/Mulansky/Mulansky*, VII. 1.3.4 S. 343; MüKo-BGB/*Schäfer*, § 730 Rn. 52; Staudinger/*Habermeier*, § 730 Rn. 21.

115 BGH WM 1957, 1027, 1029; 1976, 789; Bamberger/Roth/*Schöne*, § 730 Rn. 30; *Brandani*, S. 126 f.; Erman/*Westermann*, § 730 Rn. 11; *Hadding/Häusler*, WM 1988, 1585,

Drittgläubigerforderungen der Gesellschafter aus Drittgeschäften mit der Gesellschaft können dagegen auch nach Auflösung der Gesellschaft uneingeschränkt verfolgt werden[116]. Das gleiche gilt in Bezug auf deliktische Schadensersatzansprüche und Ansprüche aus Geschäftsführung ohne Auftrag, da diese außervertraglichen Ansprüche wie Forderungen aus Drittgeschäften nicht den gesellschaftsrechtlichen Bindungen unterliegen.[117] Allein in den gesellschaftsrechtlichen Bindungen findet die Durchsetzungssperre aber ihre Rechtfertigung.[118] Stellt eine deliktische Schädigung zugleich eine gesellschaftsvertragliche Pflichtverletzung dar, so ist der Schadensersatzanspruch freilich liquidationsbefangen, denn dann ergibt sich der Anspruch (auch) aus dem Gesellschaftsverhältnis.[119] Das gilt allerdings nicht für Schadensersatzansprüche bei vorsätzlich begangenen unerlaubten Handlungen. Die Sachlage ist in diesem Fall mit der Konstellation aus § 393 BGB vergleichbar. Danach ist die Aufrechnung gegen eine Forderung aus einer vorsätzlich begangenen unerlaubten Handlung nicht zulässig. Der vorsätzlich deliktisch Geschädigte soll in angemessener Frist ohne Erörterung von Gegenansprüchen entschädigt werden.[120] Die Durchsetzungssperre, die die Saldierung der Ansprüche und damit die Entschädigung zumeist erheblich länger verzögern wird als die einfache Aufrechnung, kann nach diesem Zweck bei Schadensersatzansprüchen aus vorsätzlicher unerlaubter Handlung ebenfalls bzw. erst recht nicht eingreifen. Das muss jedenfalls dann gelten, wenn die unerlaubte Handlung zu einem Zeitpunkt begangen worden ist, in dem die durchzuführende Auseinandersetzung der Gesellschaft bereits feststand, denn anderenfalls könnte ein Gesellschafter, der ein Auseinandersetzungsguthaben erwartet, dieses lange vor Aufstellung der Schlussabrechnung durch die vorsätzliche Entnahme des erwarteten Betrages aus dem Gesellschaftsvermögen zivilrechtlich sanktionslos vorzeitig realisieren.[121] Aufgrund der Durchsetzungssperre

---

1591; jurisPK-BGB/*Trost*, § 730 Rn. 25 f.; MüHdbGesR I/*Gummert*, § 21 Rn. 97; MüKo-BGB/*Schäfer*, § 730 Rn. 52; NK-BGB/*Hanke*, § 730 Rn. 16; Palandt/*Sprau*, § 730 Rn. 7; *Wiedemann*, GesR II, § 6 III. S. 575.

116 Hierzu auch unter C. II. 2. a) .

117 Bamberger/Roth/*Schöne*, § 730 Rn. 30; Erman/*Westermann*, § 730 Rn. 12; MüKo-BGB/*Schäfer*, § 730 Rn. 53; NK-BGB/*Hanke*, § 730 Rn. 18.

118 BGH NJW-RR 2006, 1268, 1270; jurisPK-BGB/*Trost*, § 730 Rn. 30.

119 Soergel/*Hadding/Kießling*, § 730 Rn. 14.

120 BGH NJW 1987, 2997, 2998; Erman/Wagner, § 393 Rn. 1; Palandt/*Grüneberg*, § 393 Rn. 1.

121 OLG Hamm NZG 2003, 677, 678 (KG), das darüber hinaus ebenfalls dazu neigt, „eine Durchsetzungssperre nach dem allgemeinen Sinn des § 393 BGB bei Forderungen aus einer vorsätzlich begangenen unerlaubten Handlung grundsätzlich nicht

nicht mehr selbständig durchsetzbar sind dagegen die Ansprüche der von einem Gesellschafter befriedigten Gesellschaftsgläubiger, wenn man annimmt, dass diese infolge der Tilgung gemäß § 774 Abs. 1 BGB analog auf den Gesellschafter übergegangen sind.[122] Schließlich erfasst die Durchsetzungssperre die liquidationsrechtlichen Zahlungsansprüche der Gesellschafter gegenüber der BGB-Gesellschaft, die erst im Rahmen der Abwicklung entstehen, wie der Anspruch auf Rückerstattung der geleisteten Einlage (§ 733 Abs. 2 BGB) und auf Auszahlung des Überschusses (§ 734 BGB).[123]

Zwar ordnet das Gesetz entgegen dem Grundsatz der Durchsetzungssperre in § 733 BGB an sich an, dass im Rahmen der Auseinandersetzung der Gesellschaft bürgerlichen Rechts unabhängig von der Erstellung einer Schlussabrechnung zunächst auch die Schulden, „für welche einem Gesellschafter die übrigen Gesellschafter als Schuldner haften", aus dem Gesellschaftsvermögen zu berichtigen (§ 733 Abs. 1 BGB) und die Einlagen der Gesellschafter zurückzuerstatten sind (§ 733 Abs. 2 BGB). Die gesetzliche Regelung trägt allerdings dem Gedanken der Einheitlichkeit der Schlussabrechnung nicht hinreichend Rechnung.[124] Um unnötige Hin- und Herzahlungen zwischen Gesellschaft und

---

anzunehmen, damit der durch eine vorsätzliche unerlaubte Handlung Geschädigte in angemessener Frist ohne Erörterung von Gegenansprüchen [...] zu seinem Recht kommt". Ähnlich auch LG Bielefeld MDR 1981, 845, das im Falle schwerwiegender Pflichtverletzungen eines Gesellschafters die einstweilige Wiederherstellung des vorher gegebenen Zustandes für erforderlich erachtet, damit dem Gesellschafter auch nicht vorübergehend die Vorteile seiner unrechtmäßigen Handlungsweise verbleiben.

122 Für einen gesetzlichen Forderungsübergang nach § 774 Abs. 1 BGB analog MüKo-BGB/*Habersack*, § 774 Rn. 2a; a. A. BGH WM 2011, 1658, 1665. Auch *Schäfer* geht unter Hinweis darauf, dass § 426 Abs. 2 BGB mangels Gesamtschuldverhältnisses zwischen Gesellschafter und Gesellschaft ausscheidet, von einem u.a. aus § 774 Abs. 1 BGB abzuleitenden Forderungsübergang aus, MüKo-BGB/*Schäfer*, § 714 Rn. 54. Dennoch nimmt er an anderer Stelle mit der veralteten Rechtsprechung des BGH, BGHZ 103, 72, 77 f., allerdings an, die Durchsetzungssperre erfasse den gemäß § 426 Abs. 2 BGB auf den Gesellschafter übergegangenen Anspruch des Gesellschaftsgläubigers, MüKo-BGB/*Schäfer*, § 730 Rn. 32. Ebenso Bamberger/Roth/*Schöne*, § 730 Rn. 32; *Brandani*, S. 127; vgl. auch Erman/*Westermann*, § 730 Rn. 11, der gegen die Rechtsprechung aber Bedenken äußert. JurisPK/*Trost*, § 730 Rn. 25, und Palandt/*Sprau*, § 730 Rn. 7, lassen offen, wonach der Anspruch übergeht.

123 *Brandani*, S. 127; *Grziwotz*, DStR 1992, 1365; *Hillers*, S. 325 f.; MüKo-BGB/*Schäfer*, § 730 Rn. 52; *Lang/Mulansky/Mulansky*, VII. 1.3.4 S. 343.

124 MüKo-BGB/*Schäfer*, § 730 Rn. 50.

Gesellschaftern im Auseinandersetzungsstadium zu vermeiden[125], hat die Rechtsprechung daher den Grundsatz der Durchsetzungssperre als Bestandteil des gesetzlichen Liquidationsverfahrens entwickelt. Dies führt einerseits dazu, dass die Auseinandersetzung in Abweichung zu § 733 Abs. 1 und 2 BGB vonstatten geht[126], nämlich insofern als entgegen der gesetzlichen Vorgabe die Erfüllung der Sozialansprüche der Gesellschafter und die Rückerstattung der Einlagen nicht vorab isoliert gefordert werden kann[127], und ermöglicht andererseits zugleich die Einhaltung der in §§ 733, 734 BGB festgelegten Verteilungsrangfolge, wonach zunächst die Drittgläubiger der Gesellschaft befriedigt werden und erst anschließend der Ausgleich zwischen den Gesellschaftern selbst stattfindet und etwaige Überschüsse verteilt werden[128]. Denn dass die Gesellschafter ihre Forderungen aus dem Gesellschaftsverhältnis während der Liquidation nicht gesondert verfolgen können, sichert den Erhalt des Gesellschaftsvermögens und damit die Möglichkeit der Drittgläubiger der Gesellschaft, vorrangig auf die Liquidationsmasse zugreifen zu können[129]. Es verwundert daher nicht, wenn ein paar Stimmen[130] im juristischen Schrifttum vor allem den Gläubigerschutz zur Begründung des Grundsatzes der Liquidationsbefangenheit heranziehen. Jedenfalls hat der Grundsatz der Liquidationsbefangenheit auch gläubigerschützenden Charakter, denn die Durchsetzungssperre führt zur Verbesserung der Befriedigungschancen der Gesellschaftsdrittgläubiger und wirkt damit zu ihrem unmittelbaren Vorteil.[131] Ohne ihre Geltung würden die Gesellschafter ab dem Zeitpunkt der Auflösung der BGB-Gesellschaft versuchen, ihre Forderungen gegen die

---

125 BGH NJW 1992, 2757; 1999, 3557; NJW-RR 2000, 1295; ZIP 1994, 1846; KG NZG 2001, 556; Bamberger/Roth/*Schöne*, § 730 Rn. 20; *Brandani*, S. 123; *Lang/Mulansky/Mulansky*, VII. 1.3.4 S. 342; MüKo-BGB/*Schäfer*, § 730 Rn. 49; NK-BGB/*Hanke*, § 730 Rn. 15; Palandt/*Sprau*, § 730 Rn. 6; Soergel/*Hadding/Kießling*, § 730 Rn. 9; *Wiedemann*, GesR II, § 6 III. S. 576.

126 Erman/*Westermann*, § 730 Rn. 11; MüKo-BGB/*Schäfer*, § 730 Rn. 50.

127 Die durch § 733 Abs. 1 und 2 BGB vorgegebene Rangfolge (Vorrang der Tilgung der Sozialverbindlichkeiten vor Einlagenrückerstattung) ist allerdings auch im Rahmen der Schlussabrechnung zu beachten, insbesondere dann, wenn das Gesellschaftsvermögen nicht (mehr) zur Befriedigung aller Sozialansprüche der Gesellschafter und Erstattung der Einlagen ausreicht, MüKo-BGB/*Schäfer*, § 733 Rn. 7; Staudinger/*Habermeier*, § 733 Rn. 6; hierzu ausführlich unter C. II. 2. b) .

128 *Hillers*, S. 141 f.; *Wiedemann*, GesR II, § 6 III. S. 576.

129 *Brandani*, S. 138; *Hillers*, S. 120.

130 *Brandani*, S. 138; *Hillers*, S. 137 ff.; zustimmend *Kellermann*, AcP 190 (1990), 657, 659 f.

131 *Brandani*, S. 122, 138; *Hillers*, S. 141.

Gesellschaft möglichst schnell aus dem Gesellschaftsvermögen zu befriedigen[132]. Dies gilt umso mehr, als sie absehen können, dass das Gesellschaftsvermögen voraussichtlich nicht zur Tilgung aller Gesellschaftsschulden ausreichen wird, die Gesellschafter also einen Verlust oder gar eine Nachschussverpflichtung fürchten müssen. Dieses Argument begründet den Grundsatz der Durchsetzungssperre zugleich noch unter einem anderen Gesichtspunkt, der, soweit ersichtlich, bisher allein von *Messer*[133] und *Wiedemann*[134] gesehen wurde: Auch der Gleichbehandlungsgrundsatz[135] erfordert, dass die Gesellschafter ihre Ansprüche aus dem Gesellschaftsverhältnis nicht einzeln verfolgen können. Denn der Gleichrang der Gesellschafter gebietet es, dass vergleichbare Gesellschafterforderungen gegen die Gesellschaft auch nur gleich berücksichtigt werden und nicht ein Gesellschafter durch eine Vorzugsbefriedigung besser gestellt würde. Dies kann nur durch eine einheitliche Schlussabrechnung erreicht werden, in die alle gegenseitigen Forderungen eingestellt und verrechnet werden. Ansonsten hätte derjenige Gesellschafter einen Vorteil, der seine wirklichen oder vermeintlichen Ansprüche möglichst schnell geltend machen würde.

bb) Ansprüche zwischen den Gesellschaftern

Ansprüche aus dem Gesellschaftsverhältnis können auch zwischen den Gesellschaftern untereinander bestehen. In Betracht kommen insbesondere persönliche Schadensersatzansprüche, wenn ein Gesellschafter seine Pflichten aus dem Gesellschaftsvertrag verletzt, dadurch aber nicht das Gesellschaftsvermögen, sondern einen Mitgesellschafter persönlich schädigt.[136] Sofern die Pflichtverletzung nicht der Gesellschaft zugerechnet werden kann, besteht dann nur ein Individualanspruch des geschädigten Gesellschafters gegen den Schädiger selbst. Darüber hinaus sind individuelle Schadensersatzansprüche einzelner Gesellschafter aufgrund Pflichtverletzung eines Mitgesellschafters bei Abschluss oder

---

132 *Wiedemann*, GesR II, § 6 III. S. 576.

133 *Messer*, FS Stimpel, S. 205, 213.

134 *Wiedemann*, GesR II, § 6 III. S. 576.

135 Der Grundsatz der gleichmäßigen Behandlung der Gesellschafter gehört zu den zentralen Regeln des Gesellschaftsrechts, insbesondere auch des Rechts der BGB-Gesellschaften, MüHdbGesR I/*Schücking*, § 1 Rn. 46; MüKo-BGB/*Ulmer/Schäfer*, § 705 Rn. 244; Soergel/*Hadding/Kießling*, § 705 Rn. 65.

136 Vgl. BGH WM 1967, 275; NJW 1962, 859; OLG Düsseldorf WM 1983, 1320; Bamberger/Roth/*Schöne*, § 705 Rn. 132; Erman/*Westermann*, § 705 Rn. 63; jurisPK-BGB/*Bergmann*, § 705 Rn. 55; MüKo-BGB/*Ulmer/Schäfer*, § 705 Rn. 216; Soergel/*Hadding/Kießling*, § 705 Rn. 54.

im Vorfeld des Gesellschaftsvertrages denkbar.[137] Schließlich können Regress- und Aufwendungsersatzansprüche gegen die Mitgesellschafter bestehen, wenn ein Gesellschafter einen Gläubiger der Gesellschaft aus eigener Tasche befriedigt hat. Dann haften die Mitgesellschafter nach § 426 Abs. 1 BGB pro rata in Höhe ihrer jeweiligen Verlustbeteiligung, sofern aus dem Innenverhältnis nicht etwas anderes folgt.[138]

Bei der Untersuchung, inwieweit auch die Ansprüche gegen Mitgesellschafter liquidationsbefangen sind, ist zunächst zu bedenken, dass gesellschaftsvertragliche Ansprüche, die nicht nur gegen die anderen Gesellschafter, sondern auch und in erster Linie gegen die BGB-Gesellschaft selbst bestehen, wie insbesondere Aufwendungsersatz- und Regressansprüche infolge der Befriedigung von Gesellschaftsdrittgläubigern, nur subsidiär gegen die Mitgesellschafter verfolgt werden können[139]. Diese Ansprüche sind primär gegenüber der Gesellschaft geltend zu machen; nur wenn aus dem Gesellschaftsvermögen keine (vorrangige) Befriedigung erlangt werden kann, können die Mitgesellschafter in Anspruch genommen werden.[140] Da die Ansprüche gegen die Gesellschaft aber liquidationsbefangen sind, kann für die subsidiären Ansprüche gegen die Mitgesellschafter nichts anderes gelten. „Muß der Gesellschafter mit der Geltendmachung des Anspruches gegen die Gesellschaft zuwarten, gilt dies erst recht für die Ansprüche gegen die Mitgesellschafter, die erst nach Inanspruchnahme des Gesellschaftsvermögens durchgesetzt werden können."[141] Insofern steht fest, dass jedenfalls die Ansprüche gegen die Mitgesellschafter, die primär auch gegen die BGB-Gesellschaft bestehen, der Durchsetzungssperre unterliegen[142].

---

137 Vgl. BGH WM 1961, 426; Erman/*Westermann*, § 705 Rn. 63; Soergel/*Hadding/Kießling*, § 705 Rn. 54.

138 RGZ 40, 29, 33 (OHG); BGHZ 37, 299, 302 f. (KG); 103, 72, 76; BGH WM 1974, 749, 751; 1979, 1282; 1988, 446, 448; BGH NJW-RR 2008, 256; *Kraft/Kreutz*, C. II. S. 129; MüKo-BGB/*Ulmer/Schäfer*, § 705 Rn. 217; § 707 Rn. 5, § 713 Rn. 15; *Schmidt*, GesR, § 59 III. S. 1743; Soergel/*Hadding*, § 705 Rn. 52; *Wiedemann*, GesR I, § 5 III. S. 270 f.

139 BGHZ 37, 299, 303 (KG); 103, 72, 76; BGH WM 1974, 749; 1988, 446, 448; NJW 1980, 339, 340; *Ensthaler*, S. 16; *Hadding/Häuser*, WM 1988, 1585, 1592; *Hillers*, S. 369; *Messer*, FS Stimpel, S. 205, 206; vgl. auch MüKo-BGB/*Ulmer/Schäfer*, § 705 Rn. 217; Soergel/*Hadding/Kießling*, § 730 Rn. 11; Staudinger/*Habermeier*, § 705 Rn. 45.

140 BGHZ 37, 299, 303 (KG); 103, 72, 76; BGH WM 1981, 139, 140; NJW 1980, 339, 340; *Ensthaler*, S. 16; *Hillers*, S. 364 ff.; *Nicknig*, S. 75 ff.

141 *Hillers*, S. 369.

142 So auch *Messer*, FS Stimpel, S. 205, 206.

Nach ständiger Rechtsprechung[143] und herrschender Literaturmeinung[144] gilt die Durchsetzungssperre darüber hinaus für aus dem Gesellschaftsverhältnis resultierende Ansprüche der Gesellschafter untereinander, auch soweit ihnen kein Anspruch gegen die Gesellschaft entspricht. Zwar ist der Ausgleich solcher Ansprüche zwischen den Gesellschaftern nicht Bestandteil des Liquidationsverfahrens[145], sodass die Liquidationsbefangenheit der wechselseitigen Ansprüche unter den Mitgesellschaftern auf den ersten Blick nicht einleuchten mag. Um sicherzustellen, dass über die Geltendmachung von Einzelforderungen gegen Mitgesellschafter nicht einem künftigen Verlustausgleich vorgegriffen wird, und so letztlich unnötige Hin- und Herzahlungen zu verhindern, ist die Durchsetzungssperre dieser Ansprüche aber geboten. Sonst könnte ein Gesellschafter von einem Mitgesellschafter im Vorgriff etwas erhalten, das er im Wege der Verlustausgleichspflicht möglicherweise doch wieder in das Gesellschaftsvermögen einzahlen müsste. Der II. Senat des BGH[146] hat in diesem Zusammenhang zutreffend ausgeführt, „es wäre mit Rücksicht auf die Aufgabe, die der Auseinandersetzungsrechnung für das Verhältnis zwischen den Gesellschaftern zukommt, nicht gerechtfertigt, dass der eine Gesellschafter einen einzelnen auf dem Gesellschaftsverhältnis beruhenden Anspruch gegen einen Mitgesellschafter geltend machen könnte, wenn es noch offen ist, ob dieser Gesellschafter am Ende der Auseinandersetzung überhaupt noch einen Ausgleichsanspruch gegen seinen Mitgesellschafter hat“. Der vor Feststellung der Schlussabrechnung in Anspruch genommene Mitgesellschafter würde so außerdem Gefahr laufen, doppelt zu zahlen, wenn nämlich der andere Gesellschafter letztlich ausgleichspflichtig ist,

143 BGH WM 1968, 1086 (OHG); 1984, 1605, 1607 (KG); 1986, 68; 1988, 446, 448; 2011, 1372, 1373; NJW 1980, 1628; 1985, 1898; 1995, 2843, 2844; 1999, 3557; NJW-RR 2006, 1268; ZIP 1994, 1846; DStR 2003, 518; KG NZG 2001, 556, 557; OLG Hamm DB 2003, 937. A. A. noch BGH NJW 1962, 859 und BGH WM 1967, 275 in Bezug auf Schadensersatzansprüche gegen einen Mitgesellschafter wegen der Verletzung von Pflichten aus dem Gesellschaftsverhältnis.

144 Bamberger/Roth/*Schöne*, § 730 Rn. 32; Erman/*Westermann*, § 730 Rn. 11; jurisPK-BGB/*Trost*, § 730 Rn. 24; *Lang/Mulansky/Mulansky*, VII. 1.3.4 S. 342; *Messer*, FS Stimpel, S. 205; MüKo-BGB/*Schäfer*, § 730 Rn. 49, 52; NK-BGB/*Hanke*, § 730 Rn. 15 f.; Palandt/*Sprau*, § 730 Rn. 7; *Ruhkamp/Gerlach*, VII. Rn. 259, XV. Rn. 634a; *Windbichler*, § 11 Rn. 9; so im Ergebnis wohl auch Soergel/*Hadding/Kießling*, § 730 Rn. 11. Differenzierend *Hillers*, S. 364 ff., der vertritt, dass nur die Ansprüche, die sich primär gegen das Gesellschaftsvermögen und nur subsidiär gegen die Mitgesellschafter richten, liquidationsbefangen seien.

145 Dazu unter B. I. 5.

146 BGHZ 37, 299, 305 (KG).

dieser Anspruch aber nicht realisiert werden kann und der Mitgesellschafter daher den Ausfall nach § 735 S. 2 BGB ebenfalls zu tragen hat. Auch aus diesem Grund müssen alle zwischen den Gesellschaftern bestehenden wechselseitigen Ansprüche aus dem Gesellschaftsverhältnis bis zur Feststellung der jeweiligen positiven oder negativen Liquidationsanteile grundsätzlich der Durchsetzungssperre unterliegen. Solange also nicht durch die Schlussabrechnung feststeht, dass einem Gesellschafter überhaupt etwas zukommt und er seinerseits nichts auszugleichen hat, kann dieser von einem anderen Gesellschafter im Vorgriff grundsätzlich keinen Ausgleich seiner im Gesellschaftsverhältnis gründenden Forderungen verlangen.[147]

Persönliche Individualansprüche der Gesellschafter gegen Mitgesellschafter, die unabhängig von dem Gesellschaftsverhältnis zwischen ihnen bestehen, bleiben natürlich auch im Liquidationsstadium der BGB-Gesellschaft selbständig durchsetzbar.[148] Sie haben mit der Gesellschaft und ihrem Bestand ja ohnehin nichts zu tun. Daher unterliegen sie ebenso wenig der Durchsetzungssperre wie die nach § 128 HGB analog auch gegenüber den Mitgesellschaftern bestehenden Gesellschafterforderungen aus Drittgeschäften mit der Gesellschaft[149].

b) Ausnahmen

aa) Abweichende Vereinbarung der Gesellschafter

Der Grundsatz der Durchsetzungssperre ist insoweit eingeschränkt, als er, wie das gesamte Liquidationsrecht der BGB-Gesellschaft, dispositiv ist. Die Gesellschafter können also die Liquidationsbefangenheit einzelner oder auch aller wechselseitiger Forderungen aus dem Gesellschaftsverhältnis durch Vereinbarung abbedingen.[150] Eine ausdrückliche Vereinbarung ist dafür nicht zwingend erforderlich. Nach der Rechtsprechung können Einzelansprüche bereits dann gesondert verfolgt werden, wenn sich aus dem Sinn und Zweck der gesellschaftsvertraglichen Bestimmungen ergibt, dass sie im Falle der Auflösung der

---

147 BGH WM 1974, 749.

148 BGH NZG 2008, 68, 69; Bamberger/Roth/*Schöne*, § 730 Rn. 32; Erman/*Westermann*, § 730 Rn. 12; NK-BGB/*Hanke*, § 730 Rn. 17; Soergel/*Hadding/Kießling*, § 730 Rn. 14.

149 BGH NJW-RR 2006, 1268, 1270; MüKo-BGB/*Schäfer*, § 730 Rn. 53; Palandt/*Sprau*, § 730 Rn. 7; Staudinger/*Habermeier*, § 730 Rn. 22; *Windbichler*, § 11 Rn. 9.

150 KG NZG 2001, 556, 557; Erman/*Westermann*, § 730 Rn. 11; Soergel/*Hadding/Kießling*, § 730 Rn. 12.

Gesellschaft ihre Selbstständigkeit behalten sollen[151]. Dies hat das Kammergericht[152] beispielsweise in Bezug auf eine Regelung, wonach die Gesellschafter einer zweigliedrigen BGB-Gesellschaft verpflichtet waren, im Falle einer gesamtschuldnerischen Inanspruchnahme des anderen Gesellschafters durch Dritte diesen in Höhe von 50 % freizustellen, mit der Begründung angenommen, dass diese Regelung für schnellstmögliche (Wieder-)Herstellung der erstrebten gleichen Liquiditätsbelastung der beiden Gesellschafter sorgen sollte.

In Betracht kommt eine vertragliche Abweichung vom Grundsatz der Durchsetzungssperre auch für den Fall, dass ein Gesellschafter im Gesellschaftsvertrag von der Verlustteilnahme freigestellt ist. Ergibt die Auslegung des Gesellschaftsvertrages, dass dies auch für einen Auseinandersetzungsverlust gelten soll, so kann der nicht am Verlust teilnehmende Gesellschafter die Rückzahlung der von ihm geleisteten Einlage sofort und unabhängig von der aufzustellenden Schlussabrechnung geltend machen[153].

bb) Leistungen, die zur Auseinandersetzung benötigt werden

Die BGB-Gesellschaft kann Geldforderungen aus dem Gesellschaftsverhältnis gegenüber den Gesellschaftern ausnahmsweise dann selbständig geltend machen, wenn die Einziehung der Forderungen zur Auseinandersetzung erforderlich ist[154]. So können ausstehende Beiträge auch im Abwicklungsstadium noch gesondert eingezogen werden, soweit sie für die Durchführung der Auseinandersetzung von der Gesellschaft benötigt werden.[155] Und auch Regress- und

---

151 BGH WM 2011, 1372, 1373; NJW 1998, 376; NJW-RR 2003, 1392, 1393; jurisPK-BGB/*Trost*, § 730 Rn. 27; MüKo-BGB/*Schäfer*, § 730 Rn. 54; Palandt/*Sprau*, § 730 Rn. 7; *Ruhkamp/Gerlach*, XV. Rn. 634a.

152 KG NZG 2001, 556.

153 BGH WM 1967, 346, 347; NK-BGB/*Hanke*, § 730 Rn. 17. Vgl. auch Soergel/*Hadding/Kießling*, § 730 Rn. 12, die zu Recht die zusätzliche Voraussetzung aufstellen, dass sonstige gegenseitige Ansprüche nicht bestehen. Staudinger/*Habermeier*, § 730 Rn. 22, und MüKo-BGB/*Schäfer*, § 730 Rn. 54, machen den sofortigen Rückzahlungsanspruch von entsprechender Liquidität der Gesellschaft abhängig. Mangelnde Liquidität der Gesellschaft kann aber keinen Einfluss auf die Durchsetzbarkeit des Anspruchs haben, wenn die Durchsetzungssperre dafür nach der Vereinbarung der Parteien nicht gelten soll.

154 Bamberger/Roth/*Schöne*, § 730 Rn. 20; *Hillers*, S. 187; Palandt/*Sprau*, § 730 Rn. 8; vgl. auch *Wiedemann*, GesR II, § 6 III. S. 575 f.

155 RGZ 100, 165, 167; BGH NJW 1960, 433; 1978, 424 (KG); WM 1966, 639; 1977, 617 (KG); 1978, 898 (KG); OLG Düsseldorf NZG 1999, 989, 990; Bamberger/Roth/*Schöne*, § 730 Rn. 20; jurisPK-BGB/*Trost*, § 730 Rn. 21; MüHdbGesR I/*Gummert*, § 21 Rn. 92;

Schadensersatzansprüche der Gesellschaft gegen einzelne Gesellschafter können isoliert beigetrieben werden, wenn dies für die Zwecke der Liquidation geboten ist.[156] Benötigt werden die Leistungen der Gesellschafter in der Regel vor allem zur Beschaffung der für die Tilgung der Gesellschaftsschulden notwendigen liquiden Mittel, wenn das vorhandene Vermögen der Gesellschaft mit Ausnahme der Sozialansprüche gegen die Gesellschafter zur Deckung der fälligen Verbindlichkeiten nicht ausreicht.[157] Erforderlich ist die Einziehung insbesondere dann, wenn Gesellschaftsdrittgläubiger befriedigt werden müssen.[158] Zur Erfüllung von Sozialverbindlichkeiten gegenüber den Gesellschaftern können die Forderungen von der Gesellschaft im Liquidationsstadium natürlich nicht mehr gesondert eingezogen werden; diese Ansprüche sollen nach dem Zweck der Liquidationsbefangenheit ja gerade erst in der Schlussabrechnung gegeneinander verrechnet werden.[159]

MüKo-BGB/*Schäfer*, § 730 Rn. 30; Soergel/*Hadding/Kießling*, § 730 Rn. 8; Staudinger/*Habermeier*, § 730 Rn. 17; *Wiedemann*, GesR II, § 6 III. S. 572; a. A. *Hellmann*, S. 44 f., unter Verweis auf „die von Amts wegen zu beachtende Einwendung der unzulässigen Rechtsausübung aus § 242 BGB in Form des sog. dolo-agit-Grundsatzes".

156 Bamberger/Roth/*Schöne*, § 730 Rn. 20; jurisPK-BGB/*Trost*, § 730 Rn. 21; MüHdbGesR I/*Gummert*, § 21 Rn. 92; Staudinger/*Habermeier*, § 730 Rn. 18. Nach ständiger Rechtsprechung sollen Schadensersatzansprüche der Gesellschaft gegen einen Gesellschafter nur dann nicht mehr selbstständig geltend gemacht werden können, wenn die Schadensersatzleistung zur Befriedigung der Gesellschaftsgläubiger nicht mehr benötigt wird und der ersatzpflichtige Gesellschafter selbst unter Berücksichtigung der ihn treffenden Verbindlichkeit noch etwas aus der Liquidationsmasse verlangen kann, BGH WM 1977, 617, 618 (KG); NJW 1960, 433, 434; NJW-RR 1992, 543, 544; DStR 2003, 518; OLG Köln NZG 2000, 1171, 1173.

157 *Hillers*, S. 187 ff. Dagegen meint *Hellmann*, S. 46, aufgrund der Nachschusspflicht der Gesellschafter aus § 735 S. 1 BGB sei praktisch kein Fall denkbar, in dem die Einforderung von rückständigen Geldbeiträgen zur Durchführung der Auseinandersetzung erforderlich sei. Dabei verkennt sie nicht nur, dass sich die Abwicklung und damit auch die Durchsetzung von Nachschussforderungen der Gesellschaft nicht selten lange hinzieht, die Einziehung rückständiger Beiträge also zur raschen Tilgung von Gesellschaftsschulden und Vermeidung hoher Zinszahlungen erforderlich sein kann, sondern auch, dass die Einforderung von Rückständen der Gesellschafter auch zu anderen Zwecken als nur der Befriedigung von Gesellschaftsgläubigern geboten sein kann, beispielsweise zur Aufbringung der erforderlichen Mittel für die Erhaltung und Verwaltung des Liquidationsvermögens, vgl. dazu ausführlich *Hillers*, S. 195 f.

158 BGH WM 1977, 617, 618 (KG); 1977, 1449 (KG); OLG Köln ZIP 1983, 310 (KG); OLG Düsseldorf NZG 1999, 989, 990; *Brandani*, S. 139; *Hillers*, S. 188 f.; *Messer*, FS Stimpel, S. 205, 209.

159 *Hillers*, S. 188 f.

Nach der Rechtsprechung können die Forderungen gegen einen Gesellschafter, die zur Auseinandersetzung benötigt werden, scheinbar unabhängig von dem künftigen Liquidationsanteil des Gesellschafters eingezogen werden, denn ob der Gesellschafter nach Abschluss der Auseinandersetzung unter Berücksichtigung der ihn treffenden Sozialverbindlichkeit voraussichtlich noch etwas aus der Liquidationsmasse verlangen kann, bleibt stets ungeprüft. Auch wenn noch nicht abzusehen ist, ob der Gesellschafter nach Verrechnung der gegenseitigen Ansprüche überhaupt nachzahlungsverpflichtet sein oder ob ihm nicht im Gegenteil ein Auseinandersetzungsguthaben zustehen wird, ist die isolierte Geltendmachung von Sozialansprüchen durch die Gesellschaft also möglich.[160] Etwas anderes muss aber dann gelten, wenn zu diesem Zeitpunkt bereits feststeht, dass dem von der Gesellschaft vorab in Anspruch genommenen Gesellschafter nach Beitreibung aller Außenstände der Gesellschaft und Tilgung ihrer Verbindlichkeiten ein positiver Liquidationsanteil verbleiben wird, er also das Eingeforderte von der Gesellschaft zurückverlangen können wird.[161] Nimmt man das vom BGH aufgestellte Gebot, Hin- und Herzahlungen zu vermeiden, ernst, so ist nicht einzusehen, warum die Gesellschaft zur Befriedigung ihrer Gläubiger etwas im Vorgriff einfordern können soll, wenn bereits sicher ist, dass sie den geltend gemachten Betrag ohnehin wieder zurückzahlen muss. Der vorab in Anspruch genommene Gesellschafter läuft so Gefahr, mehr zu zahlen als ihm im Ergebnis zur Last fallen würde, wenn seine Sozialverbindlichkeit gegenüber der Gesellschaft erst in der Schlussabrechnung berücksichtigt worden wäre,[162] wie das folgende Beispiel zeigt:

Beispiel 1
A und B wollen gemeinsam ein Rennpferd kaufen und damit an Galopprennen teilnehmen, um möglichst viele Preisgelder zu gewinnen. Da A zu dem Zeitpunkt besser „bei Kasse ist", vereinbaren sie, dass dieser zur Umsetzung ihres Vorhabens zunächst 8.000 € und B 2.000 € investiert. Nach kurzer Suche finden sie ein geeignetes Rennpferd, das sie

---

160 *Brandani*, S. 139; *Messer*, FS Stimpel, S. 205, 209.

161 So wohl auch *Huber*, S. 23; *Hillers*, S. 190; MüKo-BGB/*Schäfer*, § 730 Rn. 30. *Hillers* geht sogar noch weiter und vertritt, Forderungen gegen einen Gesellschafter könnten ausnahmsweise nur dann vorab eingezogen werden, wenn und soweit der künftige Liquidationsanteil des Gesellschafters negativ sein wird. Vgl. auch *Ensthaler*, S. 59 f., der der Ansicht ist, dass die Liquidatoren bei ihrer Ermessensentscheidung, ob und in welchem Umfang rückständige Beitragsforderungen geltend gemacht werden, auch darauf zu achten haben, dass nicht der Gesellschafter in Anspruch genommen wird, dessen Kapitalkonto das geringste Minussaldo ausweist.

162 *Hillers*, S. 191.

für 6.900 € erwerben, wobei B entsprechend der getroffenen Vereinbarung 2.000 € und A 4.900 € des Kaufpreises übernimmt. Mit einem Rennstall schließen sie einen Vertrag über Unterbringung, Verpflegung und Training des Pferdes gegen monatliche Kosten in Höhe von 1.500 €. Nach zwei Monaten nimmt ihr Pferd erstmals an einem Rennen teil. Das Nenngeld in Höhe von 100 € bezahlt A. Im Verlauf des Rennens ereignet sich ein tragischer Unfall, bei dem das Pferd schwer verletzt wird. Es muss noch vor Ort eingeschläfert werden. B verlangt von A unter Verweis auf dessen ursprüngliche Investitionszusage von 8.000 €, an den Rennstall den für die vorausgegangenen zwei Monate geschuldeten Betrag von 3.000 € zu zahlen. A kommt der Aufforderung nach. Da B kurz darauf untertaucht, erleidet A dadurch einen doppelten Verlust. Rechtlich gilt nämlich Folgendes:

Auch wenn ihnen das möglicherweise gar nicht bewusst ist, bilden A und B eine Gesellschaft bürgerlichen Rechts, denn sie haben sich zusammengeschlossen, um einen gemeinsamen Zweck – den Erwerb eines Rennpferdes und die Teilnahme damit an Galopprennen – zu fördern. Seit dem Tod des Pferdes ist die Gesellschaft wegen Unmöglichkeit der Zweckerreichung gemäß § 726 Alt. 2 BGB aufgelöst[163]. Sie ist also auseinanderzusetzen. Die Abwicklung richtet sich mangels abweichender Vereinbarungen nach den gesetzlichen Vorschriften. Bei den von A und B geleisteten Zahlungen über insgesamt 8.000 € bzw. 2.000 € handelt es sich um Einlagen, deren Erstattung die Gesellschaft in Auseinandersetzung nach § 733 Abs. 2 BGB schuldet[164]. Die Gesellschaft verfügt allerdings nicht über Vermögen, womit sie die Einlagen an A und B zurückzahlen könnte. Es besteht somit ein Fehlbetrag in Höhe von 10.000 €. Dafür müssen beide Gesellschafter trotz der unterschiedlich hohen Einlagen gemäß §§ 735 S. 1, 722 Abs. 1 BGB je zur Hälfte aufkommen, da sie keine Vereinbarung hinsichtlich der Verlustbeteiligung getroffen haben.[165] Grundsätzlich müsste B nach folgender Schlussabrechnung also 3.000 € nachzahlen und A 3.000 € erhalten:

Tabelle 1.

Gesellschafter	**A**	**B**
Einlagenerstattungsansprüche	8.000,00 €	2.000,00 €
Nachschusspflichten	-5.000,00 €	-5.000,00 €
Ergebnis	**3.000,00 €**	**-3.000,00 €**

163 Entgegen dem Wortlaut in § 726 BGB („Die Gesellschaft endigt") ist Rechtsfolge der Zweckerreichung bzw. Unmöglichkeit der Zweckerreichung in der Regel nicht die Beendigung, sondern die Auflösung der Gesellschaft, MüKo-BGB/*Schäfer*, § 726 Rn. 7.

164 Siehe zum Einlagenerstattungsanspruch der Gesellschafter unter C. III.

165 Siehe zur Nachschusspflicht der Gesellschafter unter C. VI. 1.

Da aber der Nachzahlungsanspruch gegen B aufgrund dessen dauerhafter Unerreichbarkeit nicht realisiert werden kann, erhöht sich nach § 735 S. 2 BGB der Verlust von A entsprechend[166]. Letztlich hat A durch die isolierte Einziehung seiner rückständigen Beitragsforderung nach Auflösung der Gesellschaft 3.000 € mehr gezahlt, als er im Falle der Verrechnung aller wechselseitigen Ansprüche vor Tilgung der Gesellschaftsschulden gegenüber dem Rennstall eingebüßt hätte, vorausgesetzt B wäre zu diesem Zeitpunkt liquide gewesen.

Um derartige Nachteile für die Gesellschafter zu vermeiden, muss Voraussetzung für die isolierte Einziehung der Sozialansprüche durch die BGB-Gesellschaft vor Aufstellung der Schlussabrechnung neben der Notwendigkeit der Gesellschafterleistung für die Durchführung der Liquidation auch die Feststellung sein, dass der in Anspruch genommene Gesellschafter den vorab von der Gesellschaft eingeforderten Betrag nicht in jedem Fall wieder zurückverlangen können wird, da ihm trotz der Sozialverbindlichkeit gegenüber der Gesellschaft ein positiver Liquidationsanteil verbleibt.

Ob Leistungen der Gesellschafter für die Auseinandersetzung vorab benötigt werden, entscheiden die Liquidatoren.[167] Sie sind für die vorzeitige Geltendmachung der Sozialansprüche der Gesellschaft gegen die Gesellschafter zuständig[168] und haben nach pflichtgemäßem Ermessen auszuwählen, welcher Gesellschafter zu welchem Zeitpunkt in welcher Höhe in Anspruch genommen wird[169]. Die Beweislast hinsichtlich der Erforderlichkeit der vorzeitigen Leistungen soll nach der Rechtsprechung allerdings den in Anspruch genommenen Gesellschafter treffen. Dem Beitragsschuldner soll die Beweislast dafür obliegen, dass der ausstehende Beitrag für die Auseinandersetzung der Gesellschaft nicht benötigt werde[170]. Obiter dictu hatte der II. Senat des BGH in einem Urteil vom 3. Februar 1977[171] bezogen auf die Auseinandersetzung einer Kommanditgesellschaft zwar zunächst die Ansicht vertreten, die Liquidatoren hätten darzulegen und zu beweisen, dass die rückständigen Beiträge im Rahmen der Abwicklung noch zur Berichtigung von Gesellschaftsschulden benötigt würden. Davon ist er mit Urteil vom 3. Juli 1978[172] aber ausdrücklich abgerückt. Er hat darin ausgeführt,

166 Siehe zur subsidiären Ausfallhaftung unter C. VI. 2.

167 RGZ 100, 165, 166 f.; Bamberger/Roth/*Schöne*, § 730 Rn. 28; jurisPK-BGB/*Trost*, § 730 Rn. 21.

168 Bamberger/Roth/*Schöne*, § 730 Rn. 31; *Hadding*, S. 82; NK-BGB/*Hanke*, § 730 Rn. 28.

169 *Ensthaler*, S. 59; *Hillers*, S. 196 f.

170 BGH WM 1978, 898 (KG); NJW 1980, 1522, 1523 (KG); KG GmbHR 1993, 818, 819 (KG); OLG Düsseldorf NZG 1999, 989, 990.

171 BGH WM 1977, 617 (KG).

172 BGH WM 1978, 898 (KG).

dass die Darlegungs- und Beweislast dafür, dass der eingeforderte Betrag für die Durchführung der Abwicklung nicht erforderlich sei, den Gesellschafter treffe[173]. Da dieser zur Nachweisführung allerdings nur dann in der Lage sei, wenn er Kenntnis bezüglich der Verhältnisse der Gesellschaft habe, sollen die Abwickler im Streitfall verpflichtet sein, die Gesellschaftsverhältnisse darzulegen, soweit nur sie dazu im Stande sind. Verweigern sie dies, so müsse der dem nicht selbst an der Abwicklung beteiligten Gesellschafter obliegende Beweis als geführt angesehen werden. Der BGH geht mithin von einer sekundären Darlegungslast der Liquidatoren der Gesellschaft aus.[174] Kommen diese ihrer Verpflichtung nach, soll es Sache des Gesellschafters sein, im Einzelnen nachzuweisen, weshalb der von ihm eingeforderte Betrag von der Gesellschaft dennoch nicht benötigt werde[175].

Diese Rechtsprechung widerspricht nicht nur dem Ausnahmecharakter der Einziehung von Sozialansprüchen der Gesellschaft im Auseinandersetzungsstadium, sondern verkennt zudem, dass die Abwickler aufgrund ihrer besseren Kenntnisse um die wirtschaftlichen Verhältnisse der Gesellschaft zumeist viel leichter zur Beweisführung, dass die Leistungen der Gesellschafter zur Auseinandersetzung benötigt werden, in der Lage sind.[176] Es ist daher nicht einzusehen, dass den Gesellschafter, der, jedenfalls sofern er an der Abwicklung nicht selbst beteiligt ist, regelmäßig nahezu keine Möglichkeit haben wird, den Nachweis zu führen, dass die Gesellschaft einen Beitrag in der Liquidation nicht mehr benötigt, diesbezüglich die Beweislast treffen soll. Den Abwicklern dürfte es dagegen keine besonderen Schwierigkeiten bereiten, die Erforderlichkeit der Beiträge zur Durchführung der Abwicklung zu beweisen. Nicht umsonst erlegt der BGH ihnen die sekundäre Darlegungslast auf. So entsteht nach der Rechtsprechung folgende Situation im Prozess: Der beklagte Gesellschafter behauptet zunächst pauschal, der von ihm geschuldete Beitrag sei für die Abwicklung nicht erforderlich. Sodann müssen die Liquidatoren diese Behauptung mit einer Schilderung der wirtschaftlichen Verhältnisse der Gesellschaft beantworten, damit der in Anspruch genommene Gesellschafter letztendlich darlegen und beweisen kann, dass sein Beitrag von der Gesellschaft trotzdem nicht benötigt wird bzw. die Darstellung der Abwickler unzutreffend ist und insofern bereits keine

173 Ebenso BGH NJW 1980, 1522, 1523 (KG); KG GmbHR 1993, 818, 819 (KG); OLG Düsseldorf NZG 1999, 989, 990.

174 So auch jurisPK-BGB/*Trost*, § 732 Rn. 5.

175 BGH NJW 1980, 1522, 1523 (KG).

176 So auch Bamberger/Roth/*Schöne*, § 730 Rn. 20; *Ensthaler*, S. 59; MüKo-BGB/*Schäfer*, § 730 Rn. 31; Soergel/*Hadding/Kießling*, § 730 Rn. 8.

Notwendigkeit für die Beitragsleistung mehr besteht. Angesichts dieser komplizierten Konstruktion ist die Begründung des BGH für die von ihm vertretene Beweislastverteilung, die Interessen der Gesellschaftsgläubiger erforderten eine möglichst schnelle und ungehinderte Einforderung der zu ihrer Befriedigung erforderlichen Aktiva[177], nicht überzeugend. Würde die Darlegungs- und Beweislast einseitig bei der Gesellschaft liegen, könnten die rückständigen Beiträge mindestens ebenso schnell und ungehindert eingefordert werden, da die Abwickler über die Notwendigkeit der Beiträge im Regelfall ohnehin besser Bescheid wissen als der nicht an der Auseinandersetzung beteiligte Gesellschafter, wovon offenbar auch der BGH ausgeht. Zudem bedarf es angesichts der persönlichen unbeschränkten Haftung aller BGB-Gesellschafter keines besonderen zusätzlichen Gläubigerschutzes.[178] Auch aus diesem Grund vermögen die durch den BGH in Bezug auf die Kommanditgesellschaft aufgestellten Grundsätze für die Gesellschaft bürgerlichen Rechts nicht zu überzeugen. Nach zutreffender, in der juristischen Literatur in Bezug auf die BGB-Gesellschaft heute nahezu einhelliger Ansicht muss der Beweis dafür, dass die geforderten Leistungen der Gesellschafter von der Gesellschaft vorab für die Auseinandersetzung benötigt werden, mithin den Liquidatoren obliegen[179].

Umstritten ist auch, ob die BGB-Gesellschafter, die keine Abwickler sind, ausstehende Beiträge von ihren Mitgesellschaftern im Wege der actio pro socio[180] selbst einklagen können, oder ob dieses Recht nur den Liquidatoren zusteht. Diese Frage ist für die Nicht-Liquidatoren insbesondere dann von besonderer Relevanz, wenn die Abwickler eine Beitragsforderung der Gesellschaft gegen einen Gesellschafter nicht verfolgen, obwohl die Leistung zur Durchführung der Auseinandersetzung benötigt wird. Unter Verweis auf die Entscheidungsbefugnis der Liquidatoren zur Einziehung von Forderungen der Gesellschaft vertrat vor allem das RG die Auffassung, dass im Liquidationsstadium einer BGB-Gesellschaft nur noch die Abwickler rückständige Beiträge der Gesellschafter

---

177 BGH WM 1978, 898 (KG).

178 So auch MüKo-BGB/*Schäfer*, § 730 Rn. 31; vgl. auch Baumgärtel/Laumen/Prütting/*Timme*, § 730 Rn. 2; *Ensthaler*, S. 59.

179 Bamberger/Roth/*Schöne*, § 730 Rn. 20; Baumgärtel/Laumen/Prütting/*Timme*, § 730 Rn. 2; *Ensthaler*, S. 58 f.; Erman/*Westermann*, § 730 Rn. 6; MüKo-BGB/*Schäfer*, § 730 Rn. 31; Soergel/*Hadding/Kießling*, § 730 Rn. 8; a. A. *Hillers*, S. 198 ff.; Palandt/*Sprau*, § 730 Rn. 8; widersprüchlich NK-BGB/*Hanke*, § 730 Rn. 28.

180 Unter actio pro socio versteht man das Recht jeden Gesellschafters, eine Forderung beizutreiben, die allein dem Gesellschaftsvermögen angehört, mithin auch nur der Gesellschaft zusteht, *Schwab*, S. 74.

einfordern könnten, „da die Betätigung einzelner Gesellschafter geeignet sein würde, die Liquidation zu stören"[181]. Der II. Senat des BGH hat die Ansicht des RG in einem Urteil aus dem Jahre 1959[182] scheinbar gebilligt, hatte die Frage letztlich allerdings nicht zu entscheiden, da dort keine rückständigen Beiträge eingeklagt wurden, sondern Schadensersatzansprüche der Gesellschaft gegen einen Geschäftsführer-Gesellschafter wegen schuldhafter Verletzung seiner Geschäftsführerpflichten. Solche Ersatzansprüche gegen einzelne Gesellschafter wegen der schuldhaften Verletzung der Verpflichtungen aus dem Gesellschaftsvertrag sollen nach der Entscheidung des BGH anders als Beitragsforderungen durch einen nicht geschäftsführungs- und vertretungsberechtigten Gesellschafter auch noch im Liquidationsstadium geltend gemacht werden können, wenn er Zahlung an die Gesellschaft verlangt[183].

Die Differenzierung zwischen Schadensersatzforderungen und Beitragsansprüchen ist weder nachvollziehbar noch sachlich geboten und wird in der juristischen Literatur zu Recht kritisiert[184]. Es gibt keinen Grund, warum ein Gesellschafter, der nicht Liquidator ist, noch ausstehende Beiträge seiner Mitgesellschafter nach Auflösung der Gesellschaft nicht mehr einfordern können soll.[185] Im Gegenteil: Wie *Hillers*[186] zutreffend ausführt, würde eine Einschränkung der actio pro socio in diesem Fall „für die Geschäftsführung in der Liquidation einen rechtsfreien Raum, der keinerlei gerichtlicher Kontrolle unterworfen wäre", schaffen. Die Gesellschafter der BGB-Gesellschaft, die nicht Liquidatoren sind, wären so dem Risiko persönlicher Inanspruchnahme durch die Gesellschaftsgläubiger selbst dann hilflos ausgesetzt, wenn die Gesellschaft rückständige Beiträge von anderen Gesellschaftern einziehen, die Inanspruchnahme bei rechtzeitiger Einziehung der für die Gläubigerbefriedigung erforderlichen

181 RGZ 100, 165, 167; a. A. RG JW 1927, 1090 (OHG).

182 BGH NJW 1960, 433. Später hat der II. Senat die Frage, ob bei Personengesellschaften allein die Liquidatoren zur Verfolgung von Einlageansprüchen befugt sind oder ob der einzelne Gesellschafter auf Leistung an die Gesellschaft klagen kann, ausdrücklich offen gelassen, BGH NJW 2003, 2676, 2677 (KG).

183 Dass Schadensersatzansprüche der Gesellschaft gegen die Gesellschafter im Liquidationsstadium auch von den Gesellschaftern, die selbst nicht Liquidatoren sind, im Wege der actio pro socio uneingeschränkt geltend gemacht werden können, ist ständige Rechtsprechung, vgl. neben BGH NJW 1960, 433 auch BGHZ 10, 91, 101 (OHG) und BGH WM 1971, 723, 725 (OHG).

184 So Erman/*Westermann*, § 730 Rn. 9; jurisPK-BGB/*Trost*, § 730 Rn. 56; MüKo-BGB/*Schäfer*, § 730 Rn. 34; Staudinger/*Habermeier*, § 730 Rn. 19.

185 So auch OLG Düsseldorf NZG 1999, 989, 990.

186 *Hillers*, S. 298.

Beiträge also vermieden werden könnte, die Abwickler dies aber dennoch unterlassen. Es muss daher auch den Nicht-Liquidatoren möglich sein, die Leistung von ausstehenden Gesellschafterbeiträgen einzufordern, freilich nicht an sich selbst, sondern grundsätzlich nur an die Gesellschaft.[187]

Auch das den Liquidatoren zustehende Entscheidungsermessen hinsichtlich der Verfolgung von Beitragsansprüchen kann zu keiner abweichenden Beurteilung führen: Die Klage eines nicht geschäftsführungsbefugten Gesellschafters auf Beitragsleistung stellt keinen Eingriff in den Kompetenzbereich der Abwickler, erst recht keine Störung der Liquidation dar, denn materiell-rechtliche Voraussetzung für den Erfolg der Klage ist doch die tatsächliche Notwendigkeit der geforderten Beitragsleistung für die Durchführung der Auseinandersetzung und somit nichts anderes als die pflichtwidrige Unterlassung der Einforderung durch die Liquidatoren. Dass diese Voraussetzung erfüllt ist, hat der im Wege der actio pro socio vorgehende Gesellschafter darzulegen und zu beweisen[188]. Wie im Falle der Beitragseinziehung durch die Liquidatoren kann die Beweislast nicht beim Beitragsschuldner liegen.

cc) Ausnahmen mangels Gefahr von Hin- und Herzahlungen

Weitere Ausnahmen vom Grundsatz der Durchsetzungssperre hat die Rechtsprechung für Fälle herausgebildet, in denen keine Gefahr von Hin- und Herzahlungen und daher auch keine Notwendigkeit für die Liquidationsbefangenheit besteht. So sollen die Gesellschafter ihre Ansprüche gegen Gesellschaft und Mitgesellschafter auch vor Erstellung der Schlussabrechnung gesondert durchsetzen können, wenn ihnen ein Mindestbetrag in der geltend gemachten Höhe in jedem Fall zusteht, mithin bereits zu diesem Zeitpunkt feststeht, dass der geforderte Betrag in keinem Fall zurückgezahlt werden muss[189]. Die Durchsetzungssperre

---

187 So auch OLG Düsseldorf NZG 1999, 989, 990. Die gegen das Urteil des OLG Düsseldorf eingelegte Revision hat der BGH nicht angenommen. Für die Möglichkeit der Geltendmachung von Einlageansprüchen im Wege der actio pro socio auch in der Liquidation wohl ebenfalls KG GmbHR 1993, 818 (KG). Vgl. auch *Hadding*, S. 89, der allerdings annimmt, die Einzelklage eines Gesellschafters während der Abwicklung sei nur dann möglich, wenn die Abwickler zuvor beschlossen haben, dass die ausstehende Beitragsleistung noch notwendig ist, und den Fall der pflichtwidrigen Nichtverfolgung von Beitragsansprüchen durch die Liquidatoren trotz objektiver Notwendigkeit für die Auseinandersetzung gar nicht erörtert.

188 So auch MüKo-BGB/*Schäfer*, § 730 Rn. 34; a. A. OLG Düsseldorf NZG 1999, 989, 990 unter Bezugnahme auf BGH WM 1978, 898 und NJW 1980, 1522.

189 BVerfGE 80, 269; BGHZ 37, 299, 305 (KG); BGH WM 1969, 591, 592; 1974, 749, 751; KG NZG 2001, 556, 558; Bamberger/Roth/Timm/*Schöne*, § 730 Rn. 30;

kann entsprechend ihrem Sinn und Zweck bereits dann nicht eingreifen, wenn schon vor der endgültigen Abrechnung mit Sicherheit feststeht, dass der Gesellschafter jedenfalls einen bestimmten Betrag verlangen kann[190], sei es auch nicht der insgesamt geltend gemachte Betrag. Dieser Betrag, den der Gesellschafter in keinem Fall zurückzahlen muss, müsste ihm im Falle einer Klage vorweg zugesprochen werden[191]. Nur soweit die eingeklagte Forderung darüber hinausgeht, ist sie liquidationsbefangen, denn bezüglich dieses Teilbetrages kann es mangels Schlussabrechnung noch zu ungewollten Hin- und Herzahlungen kommen. In Bezug auf den bestimmten Betrag, der dem Gesellschafter in jedem Fall zusteht, besteht dagegen nicht die Gefahr, dass der Gesellschafter diesen alsbald zurückzahlen müsste.

Nach der Rechtsprechung greift die Durchsetzungssperre auch dann nicht ein, wenn es zwischen den Beteiligten nur noch um die Verteilung des letzten Aktivpostens der BGB-Gesellschaft geht[192]. Das kann nach dem Zweck des Grundsatzes der Durchsetzungssperre allerdings nur gelten, wenn keine Gesellschaftsverbindlichkeiten mehr vorhanden sind oder die Gefahr von unnötigen Hin- und Herzahlungen aus einem anderen Grund nicht gegeben ist[193], beispielsweise wenn der letzte Vermögensgegenstand einer Gesellschaft ein Anspruch auf Nachschuss gemäß § 735 BGB ist, da kein Gesellschaftsvermögen mehr zur Tilgung der Verbindlichkeiten gegenüber einem Gesellschafter vorhanden ist[194]. Dann wird durch die Leistungsklage eines Gesellschafters das Ergebnis der Auseinandersetzung mit den anderen Gesellschaftern in zulässiger Weise vorweggenommen und es werden dadurch weitere Auseinandersetzungsmaßnahmen

---

jurisPK-BGB/*Trost*, § 730 Rn. 27; MüHdbGesR I/*Gummert*, § 21 Rn. 98; MüKo-BGB/*Schäfer*, § 730 Rn. 49; Palandt/*Sprau*, § 730 Rn. 7.

190 BGHZ 37, 299, 305 (KG); 103, 72, 77; BGH WM 1968, 1086, 1087; 1976, 789, 790; 1979, 937, 938 (KG); NJW 1980, 1628 (OHG); 1995, 2843, 2844; 1998, 376; 1999, 3557; NJW-RR 1988, 1379, 1380; 1993, 1187; ZIP 1994, 1846; 1995, 1085.

191 BGH WM 1969, 591, 592; vgl. auch BGH NJW-RR 1993, 1187 f.

192 BGH ZIP 1994, 1846; NJW 1995, 2844; 1999, 3557; vgl. auch BGH WM 1965, 793, 794; 1978, 1205, 1208 (OHG); OLG Saarbrücken DStR 2010, 1759.

193 Das hat der BGH in einem Fall angenommen, in dem noch Steuerrückstände der Gesellschaft in Betracht kamen, allerdings feststand, dass das Finanzamt deswegen nur den Gesellschafter in Anspruch nehmen werde, der ohnehin einen Auszahlungsanspruch gegen die Gesellschaft hatte, sodass das tatsächliche Bestehen der Steuerforderung gegen die Gesellschaft seinen Anspruch nicht schmälern, sondern nur erhöhen konnte, BGH ZIP 1994, 1846.

194 Dieser Sachverhalt lag der Entscheidung BGH ZIP 1993, 1307 zugrunde.

vermieden[195]. Die Ausnahme von der Durchsetzungssperre ist daher im Interesse der Beschleunigung und Vereinfachung der Auseinandersetzung geboten. Zur Vereinfachung der Abwicklung geht die Rechtsprechung sogar noch weiter: Besteht der letzte Vermögensgegenstand der Gesellschaft in einem Sozialanspruch gegen einen Gesellschafter und wird diese Leistung mangels Verbindlichkeiten der Gesellschaft nur noch zur Zahlung des Auseinandersetzungsguthabens an den Mitgesellschafter benötigt, kann dieser im Wege der actio pro socio ausnahmsweise unmittelbar auf Leistung an sich selbst klagen.[196] Wie der BGH zutreffend ausführt, würde es „jeden vernünftigen Sinnes entbehren, wenn in einem Fall dieser Art der berechtigte Gesellschafter zunächst Leistung an die Gesellschaft verlangen müßte und dann erst im Wege der Auseinandersetzung die Auskehrung dieser erbrachten Leistung an sich verlangen könnte“[197].

Eine Ausnahme vom Grundsatz der Durchsetzungssperre gilt mangels Gefahr von Hin- und Herzahlungen auch, wenn kein zu liquidierendes Gesellschaftsvermögen mehr vorhanden ist. Dann können die trotz Beendigung der BGB-Gesellschaft möglicherweise noch bestehenden Ausgleichsansprüche zwischen den Gesellschaftern unmittelbar geltend gemacht werden, ohne dass es einer von den Gesellschaftern festgestellten Auseinandersetzungsrechnung bedarf.[198] Die isolierte Geltendmachung der Gesellschafteransprüche kann allerdings wiederum nur dann zulässig sein, wenn keine Verbindlichkeiten der Gesellschaft mehr bestehen. Die Auffassung des BGH[199], die Gesellschafter einer zweigliedrigen Gesellschaft bürgerlichen Rechts, bei der kein Gesellschaftsvermögen mehr vorhanden ist, könnten ihre Ausgleichsansprüche auch dann gegeneinander geltend machen, wenn Gesellschaftsverbindlichkeiten offen sind, ist nicht nachvollziehbar. Der BGH verkennt dabei nicht nur, dass die Gesellschaft dann schon gar nicht vermögenslos ist, da sie gemäß § 735 BGB von den Gesellschaftern

195 RGZ 158, 302, 314 (KG); BGHZ 10, 91, 102 (OHG).

196 BGHZ 10, 91, 102 (OHG); vgl. auch RGZ 158, 302, 314 (KG); BGH BB 1958, 603; WM 1978, 1205, 1208 (OHG); ZIP 1993, 1307, 1309. Zustimmend *Hadding*, S. 91. Da mit der actio pro socio grundsätzlich nur Leistung an die Gesellschaft gefordert werden kann, handelt es sich bei diesem Sonderfall nach Ansicht von *Schäfer* um eine Ausweitung der Lehre von der actio pro socio, MüKo-BGB/*Schäfer*, § 730 Rn. 35.

197 BGHZ 10, 91, 102 (OHG); BGH BB 1958, 603.

198 BGH NJW-RR 2007, 245.

199 BGH NJW-RR 2006, 468; so auch OLG Hamm DB 2003, 937. Vgl. auch die Entscheidung des BGH, BGHZ 26, 126, 133, auf der diese Rechtsprechung gründet, in Bezug auf eine OHG bestehend aus drei Gesellschaftern; ebenso BGH WM 1966, 706, in Bezug auf eine mehrgliedrige KG.

Nachschüsse verlangen kann, er setzt sich zudem ganz ohne Begründung über seine eigene zutreffende Rechtsprechung zur Liquidationsbefangenheit der wechselseitigen Ansprüche der Gesellschafter untereinander[200] hinweg. Ein triftiger Grund dafür, dass die Durchsetzungssperre nicht gelten soll, wenn noch Gesellschaftsverbindlichkeiten offen sind, besteht nicht. Im Gegenteil, alles spricht in diesem Fall gerade für die Liquidationsbefangenheit: Sonst kann es zu unnötigen Hin- und Herzahlungen kommen, wenn nämlich der Gesellschafter, der von dem Mitgesellschafter zuvor gesondert in Anspruch genommen wurde, später auch von einem Gesellschaftsgläubiger wegen der noch offenen Gesellschaftsverbindlichkeiten belangt wird und daher wiederum (Rück-)Zahlung von dem Mitgesellschafter verlangen kann[201]. Wie oben[202] erörtert, besteht für den vorab auf Ausgleich in Anspruch genommenen Gesellschafter wegen § 735 S. 2 BGB dann außerdem die Gefahr eines doppelten Verlustes. Vor diesem Hintergrund kann der Ansicht, das Vorhandensein oder die Möglichkeit offener Gesellschaftsverbindlichkeiten schlössen den Ausgleich zwischen den Gesellschaftern beim Fehlen weiteren Gesellschaftsvermögens nicht aus, nicht gefolgt werden. Stattdessen kann dann grundsätzlich keine Ausnahme vom Grundsatz der Durchsetzungssperre zugelassen werden[203], es sei denn, es bestünde dennoch keine Gefahr von Hin- und Herzahlungen.

dd) Treuwidrigkeit

Schließlich ist in solchen Fällen eine Ausnahme vom Grundsatz der Durchsetzungssperre geboten, in denen es die gesellschaftsrechtliche Treuepflicht verletzen würde, einen Anspruch nicht gesondert zu befriedigen[204]. Verhält sich ein

---

200 Grundlegend vor allem BGHZ 27, 299, 304 f. (OHG). Zu dieser Rechtsprechung des BGH auch unter B. II. 2. a) bb) .

201 Wenn der BGH in der Entscheidung BGHZ 26, 126, in der es um eine Klage auf Ausgleichszahlung eines OHG-Gesellschafters gegen seine Mitgesellschafter ging, ausführt, im Falle der späteren Inanspruchnahme eines der Beklagten durch einen Gesellschaftsgläubiger könne eben „derjenige von den Beklagten, der einen Gesellschaftsgläubiger befriedigt hat, von den übrigen Gesellschaftern einen anteiligen Ausgleich verlangen", so kann das nur darauf zurückzuführen sein, dass der BGH den Grundsatz der Durchsetzungssperre zum Zeitpunkt dieser Entscheidung noch nicht auf die Ansprüche der Gesellschafter untereinander ausgedehnt hatte.

202 Unter B. II. 2. b) bb) .

203 So auch Soergel/*Hadding/Kießling*, § 730 Rn. 12. Nur dies entspricht auch den in der Entscheidung BGHZ 27, 299 (OHG) aufgestellten und seitdem in ständiger Rechtsprechung vom BGH vertretenen Grundsätzen.

204 BGH NJW 1998, 376; KG NZG 2001, 556, 558; *Ruhkamp/Gerlach*, XV. Rn. 634a.

Gesellschafter treuwidrig, so soll er den anderen Gesellschafter nicht auf die Schlussabrechnung verweisen können. Das ist beispielsweise nach einem Urteil des BGH dann der Fall, wenn ein Gesellschafter die Liquidation absichtlich verzögert[205]. Dann muss dieser Gesellschafter „wegen seines eigenen Verhaltens nach Treu und Glauben in Kauf nehmen, daß er auf diese Weise Gefahr läuft, vielleicht zunächst mehr zu zahlen, als dem anderen im Endergebnis zustehen wird, und daß er deshalb erst später zurückfordern kann, was der andere bei der abschließenden Auseinandersetzung ihm gegenüber möglicherweise noch auszugleichen hat“[206].

205 BGH WM 1968, 1086 (OHG); MüKo-BGB/*Schäfer*, § 730 Rn. 56.
206 BGH WM 1968, 1086, 1087 (OHG).

C. Die Auseinandersetzung nach den §§ 731 ff. BGB

I. Rückgabe von Gegenständen gemäß § 732 BGB

Der erste Schritt der gesetzlich geregelten Auseinandersetzung besteht in der Rückgabe derjenigen Gegenstände, die der BGB-Gesellschaft nur zur Benutzung überlassen wurden und mithin kein Teil des Gesellschaftsvermögens sind, an die Gesellschafter gemäß § 732 S. 1 BGB.[207]

1. Beitragsweise Überlassung von Gegenständen

Voraussetzung des Rückgabeanspruchs ist, dass es sich um Gegenstände handelt, die der Gesellschaft von dem einbringenden Gesellschafter im Rahmen seiner Beitragspflicht zum Gebrauch überlassen wurden.[208] Die Beitragsverpflichtung der BGB-Gesellschafter ergibt sich aus § 705 BGB[209], wonach diese verpflichtet sind, die im Rahmen des Gesellschaftsvertrages vereinbarten Beiträge zu leisten. Darunter versteht man jede zur Förderung des gemeinsamen Zwecks nach dem Gesellschaftsvertrag geschuldete Leistung der Gesellschafter an die Gesellschaft[210], soweit es sich nicht um eine bloße Nebenpflicht handelt.[211] Beitrag können somit alle Arten von materiellen, immateriellen oder auch rein ideellen Leistungen sein[212], sofern diese in irgendeiner Weise zur Zweckförderung geeignet sind, insbesondere Geld-[213],

---

207 Bamberger/Roth/*Timm/Schöne*, § 732 Rn. 1; jurisPK BGB/*Trost*, § 732 Rn. 1; MüHdbGesR I/*Gummert*, § 21 Rn. 109; MüKo-BGB/*Schäfer*, § 730 Rn. 8; Palandt/*Sprau*, § 732 Rn. 1.

208 Bamberger/Roth/*Timm/Schöne*, § 732 Rn. 1 f.; Erman/*Westermann*, § 732 Rn. 1; jurisPK-BGB/*Trost*, § 732 Rn. 2 f.; *Lang/Mulansky/Mulansky*, VII. 1.3.5 S. 343; MüKo-BGB/*Schäfer*, § 732 Rn. 1; Soergel/*Hadding/Kießling*, § 732 Rn. 1; Staudinger/*Habermeier*, § 732 Rn. 1.

209 Erman/*Westermann*, § 706 Rn. 1; jurisPK-BGB/*Bergmann*, § 706 Rn. 3; Palandt/*Sprau*, § 706 Rn. 2.

210 BGH WM 1980, 402; *Berninger*, Societas, S. 19; *Bork*, ZHR 154 (1990), 205, 206; *Ensthaler*, S. 31; *Wiedemann*, GesR II, § 3 II. S. 184.

211 *Schmidt*, GesR, § 20 II. S. 568; Staudinger/*Habermeier*, § 706 Rn. 2 f.

212 MüKo-BGB/*Schäfer*, § 706 Rn. 2; Staudinger/*Habermeier*, § 706 Rn. 3.

213 Bamberger/Roth/*Timm/Schöne*, § 706 Rn. 6; *Eisenhardt*, § 5 Rn. 53; *Kübler/Assmann*, § 6 II. S. 47; MüHdbGesR I/*Weipert*, § 6 Rn. 21; Palandt/*Sprau*, § 706 Rn. 4; *Schmidt*, GesR, § 59 I. S. 1736; *Wiedemann*, GesR II, § 3 II. S. 187; *Wiedemann*, WM 1992, Sonderbeilage Nr. 7, S. 15.

Sach-[214], Dienst-[215] oder Werkleistungen[216], auch wenn die Gesellschaft dafür eine Gegenleistung zu erbringen hat[217], entgeltliche oder unentgeltliche Nutzungsüberlassungen[218], die Verschaffung von Rechten[219], die Gewährung von Darlehen[220], die Offenlegung von besonderem Know-how[221], die Zurverfügungstellung von Kundenstämmen[222], selbst bloße Unterlassungen[223] wie das Unterlassen von Wettbewerb[224].

---

214 Bamberger/Roth/*Timm/Schöne*, § 706 Rn. 6; MüHdbGesR I/*Weipert*, § 6 Rn. 21; Staudinger/*Habermeier*, § 706 Rn. 3; *Wiedemann*, GesR II, § 3 II. S. 187; *Wiedemann*, WM 1992, Sonderbeilage Nr. 7, S. 15.

215 RGZ 142, 13, 21; BGHZ 44, 40 (OHG); BGH NJW 1987, 3124; Bamberger/Roth/*Timm/Schöne*, § 706 Rn. 6; *Berninger*, Societas, S. 19; *Eisenhardt*, § 5 Rn. 53; *Ensthaler*, S. 31; *Kübler/Assmann*, § 6 II. S. 47; MüHdbGesR I/*Weipert*, § 6 Rn. 21; Palandt/*Sprau*, § 706 Rn. 4; *Schmidt*, ZHR 154 (1990), 237, 241; *Schmidt*, GesR, § 20 II. S. 569, § 59 I. S. 1736; Staudinger/*Habermeier*, § 706 Rn. 3; *Wiedemann*, GesR II, § 3 II. S. 188; *Wiedemann*, WM 1992, Sonderbeilage Nr. 7, S. 15.

216 BGH WM 1980, 402; Bamberger/Roth/*Timm/Schöne*, § 706 Rn. 6; *Kübler/Assmann*, § 6 II. S. 47; MüHdbGesR I/*Weipert*, § 6 Rn. 21; Palandt/*Sprau*, § 706 Rn. 4; *Schmidt*, GesR, § 59 I. S. 1736; Soergel/*Hadding*, § 706 Rn. 34, Staudinger/*Habermeier*, § 706 Rn. 3.

217 BGHZ 44, 40 (OHG); BGH ZIP 2001, 515 (KG); OLG München NZG 2000, 1124 (KG); MüKo-BGB/*Schäfer*, § 706 Rn. 2, 5; Palandt/*Sprau*, § 706 Rn. 5; Staudinger/*Habermeier*, § 706 Rn. 3; *Windbichler*, § 6 Rn. 1.

218 OLG Thüringen, Urteil vom 26. April 2006, Az. 6 U 1102/05 (juris); *Bork*, ZHR 154 (1990), 205, 207; MüHdbGesR I/*Weipert*, § 6 Rn. 21; *Schmidt*, ZHR 154 (1990), 237, 241 ff.; *Schmidt*, GesR, § 20 II. S. 569; *Wiedemann*, WM 1992, Sonderbeilage Nr. 7, S. 15.

219 BGH DB 2000, 1395; Bamberger/Roth/*Timm/Schöne*, § 706 Rn. 6; *Berninger*, Societas, S. 19 f.; *Kübler/Assmann*, § 6 II. S. 47; Palandt/*Sprau*, § 706 Rn. 4; Staudinger/*Habermeier*, § 706 Rn. 3.

220 *Schmidt*, GesR, § 20 II. S. 568; *Wiedemann*, WM 1992, Sonderbeilage Nr. 7, S. 15; *Windbichler*, § 6 Rn. 1.

221 BGH DB 2000, 1395; ZIP 2001, 515 (KG); Bamberger/Roth/*Timm/Schöne*, § 706 Rn. 6; *Berninger*, Societas, S. 19; Erman/*Westermann*, § 706 Rn. 7; *Grunewald*, 1. A. III. Rn. 13; Staudinger/*Habermeier*, § 706 Rn. 3.

222 *Berninger*, Societas, S. 19; *Kübler/Assmann*, § 6 II. S. 47; Staudinger/*Habermeier*, § 706 Rn. 3.

223 Palandt/*Sprau*, § 706 Rn. 4; *Schmidt*, GesR, § 20 II. S. 568, § 59 I. S. 1736; *Wiedemann*, GesR II, § 3 II. S. 184; *Wiedemann*, WM 1992, Sonderbeilage Nr. 7, S. 14; *Windbichler*, § 6 Rn. 1.

224 *Schmidt*, GesR, § 20 II. S. 568.

Auch die unter die Rückgabepflicht aus § 732 S. 1 BGB fallenden Vermögensgegenstände können folglich vielfältig sein, solange sie der Gesellschaft beitragsweise zur Nutzung überlassen und ihr nicht übereignet oder abgetreten wurden. Voraussetzung ist daher zunächst, dass der einzubringende Gegenstand zur Gebrauchsüberlassung überhaupt geeignet ist. Das sind alle Sachen und Rechte[225], „die ohne Aufbrauchen der Substanz ge- oder benutzt werden können"[226]. In Betracht kommen in erster Linie bewegliche Sachen und Grundstücke[227] sowie verschiedene Rechte, für die anerkannt ist, dass sie der Rechtspacht gemäß § 581 BGB zugänglich sind,[228] insbesondere gewerbliche Schutzrechte[229] und Urheberrechte[230] sowie Nießbrauch und persönliche Dienstbarkeit[231].

2. Einbringung quoad usum

a) Wesensmerkmale

Die schlichte Gebrauchsüberlassung eines Gegenstands im Rahmen der Beitragspflicht wird als Einbringung quoad usum bezeichnet[232]. Dabei verpflichtet sich der einbringende Gesellschafter, der Gesellschaft die Benutzung eines

---

225 Palandt/*Sprau*, § 732 Rn. 1; Soergel/*Hadding*, § 706 Rn. 25.

226 Soergel/*Hadding*, § 706 Rn. 25.

227 BGH WM 1986, 1109 (KG); OLG Thüringen, Urteil vom 26. April 2006, Az. 6 U 1102/05 (juris).

228 Vgl. zu möglichen Gegenständen des Rechtspachtvertrages MüKo-BGB/*Harke*, § 581 Rn. 5.

229 BGH DB 2000, 1394; Bamberger/Roth/*Timm/Schöne*, § 732 Rn. 5; Soergel/*Hadding/Kießling*, § 732 Rn. 3.

230 Bamberger/Roth/*Timm/Schöne*, § 732 Rn. 5; Soergel/*Hadding/Kießling*, § 732 Rn. 3.

231 Nießbrauch und persönliche Dienstbarkeit können einem Dritten gemäß §§ 1059 S. 2, 1092 Abs. 1 S. 2 BGB zur Ausübung überlassen werden.

232 Vgl. BGHZ 110, 342 (KG); BFH BStBl. 1992 II, 269; BFH DStRE 2004, 1197 (OHG); OLG Hamm OLGR 1995, 245 (KG); OLG Hamburg NJW-RR 1996, 803 (OHG); OLG Köln ZEV 1997, 210 (KG); OLG Düsseldorf NZG 1999, 944 (GmbH); OLG Thüringen, Urteil vom 26. April 2006, Az. 6 U 1102/05 (juris); FG Schleswig-Holstein BB 1988, 1217 (OHG); FG Münster EFG 1999, 678; FG Köln EFG 2001, 125; FG Berlin EFG 2004, 1326 (GmbH); FG Brandenburg EFG 2006, 1475; Bamberger/Roth/*Timm/Schöne*, § 706 Rn. 10; *Berninger*, Societas, S. 21 ff.; *Berninger*, DStR 2010, 874, 875; *Brandani*, S. 173; Erman/*Westermann*, § 706 Rn. 8; *Hillers*, S. 242; jurisPK-BGB/*Trost*, § 732 Rn. 4; MüHdbGesR I/Gummert, § 21 Rn. 109; MüKo-BGB/*Schäfer*, § 706 Rn. 13; NK-BGB/*Heidel*, § 706 Rn. 7; *Piltz*, DStR 1991, 251; *Reimann*, DStR 1991, 154, 155; *Reinhardt*, DStR 1991, 588; *Rupp*, EStB 2007, 225; *Schmidt*, ZHR 154 (1990), 237, 243; *Schmidt*, GesR, § 20 II. S. 569; Soergel/*Hadding/Kießling*, § 732 Rn. 1;

Gegenstands zu ermöglichen.[233] Das Eigentum an der Sache bzw. die Inhaberschaft an dem Recht verbleibt bei dem einbringenden Gesellschafter[234], es findet weder eine Übertragung des Gegenstands selbst noch von dessen Wert auf die Gesellschaft statt.[235] Der Gesellschafter ist weiterhin dinglich berechtigter Eigentümer bzw. Rechteinhaber, die Gesellschaft hat lediglich ein Nutzungs- und Gebrauchsrecht und ist auch unter wirtschaftlichen Gesichtspunkten im Innenverhältnis nicht als Berechtigte anzusehen.[236] Der Umfang der Nutzungsbefugnis seitens der Gesellschaft wird dabei durch den Gesellschaftszweck begrenzt.[237] Für eine über den gestatteten Umfang hinausgehende Benutzung bedarf die Gesellschaft der Zustimmung des berechtigten Gesellschafters.[238] Im Falle eines unzulässigen Gebrauchs oder einer unberechtigten Nutzung besteht ein Unterlassungsanspruch nach § 541 BGB des Gesellschafters gegen die Gesellschaft, im Einzelfall möglicherweise sogar das Recht zur Gebrauchsentziehung analog § 543 Abs. 1 S. 1 BGB.[239] Beruht der vertragswidrige Gebrauch auf einem der Gesellschaft zurechenbaren Verschulden, besteht zudem ein Anspruch auf Schadensersatz.[240]

Als nach wie vor dinglich Berechtigter kann der quoad usum einbringende Gesellschafter trotz der der Gesellschaft eingeräumten Nutzungsbefugnis weiterhin über den Gegenstand wirksam verfügen, ihn insbesondere an Dritte veräußern.[241] Er verletzt dann zwar möglicherweise seine schuldrechtlichen

---

Staudinger/*Habermeier*, § 706 Rn. 7; *Sudhoff*, DB 1974, 842; *Sudhoff*, NJW 1978, 1401; *Wiedemann*, GesR II, § 3 II. S. 185; *Wiedemann*, WM 1992, Sonderbeilage Nr. 7, S. 14.

233 *Piltz*, DStR 1991, 251; Staudinger/*Habermeier*, § 706 Rn. 7.

234 *Piltz*, DStR 1991, 251; *Ruhkamp/Gerlach*, V. Rn. 128.

235 *Berninger*, Societas, S. 23 f.; MüKo-BGB/*Schäfer*, § 706 Rn. 13.

236 *Berninger*, Societas, S. 23 f.; Staudinger/*Habermeier*, § 706 Rn. 7.

237 OLG Hamburg NJW-RR 1996, 803 (OHG); Bamberger/Roth/*Timm/Schöne*, § 706 Rn. 10; *Ensthaler*, S. 19; MüKo-BGB/*Schäfer*, § 706 Rn. 13; *Ruhkamp/Gerlach*, V. Rn. 128; *Schürmann*, S. 44; Soergel/*Hadding*, § 706 Rn. 25; Staudinger/*Habermeier*, § 706 Rn. 7.

238 Bamberger/Roth/*Timm/Schöne*, § 706 Rn. 10; *Gädcke*, S. 24 f.; Soergel/*Hadding*, § 706 Rn. 25; Staudinger[12]/*Keßler*, § 706 Rn. 34.

239 Soergel/*Hadding*, § 706 Rn. 26; Staudinger[12]/*Keßler*, § 706 Rn. 34. A. A. wohl *Bork*, ZHR 154 (1990), 205, 211 Fn. 34, der eine Kündigung des Nutzungsrechts wegen Unzumutbarkeit der Fortsetzung des Nutzungsverhältnisses nur zulassen will, wenn zugleich auch die Gesellschaft gekündigt wird.

240 Staudinger[12]/*Keßler*, § 706 Rn. 34; siehe dazu auch unter C. I. 2. c) .

241 Bamberger/Roth/*Timm/Schöne*, § 706 Rn. 10; *Bork*, ZHR 154 (1990), 205, 216; Erman/*Westermann*, § 706 Rn. 8; MüKo-BGB/*Schäfer*, § 706 Rn. 13; *Piltz*, DStR 1991, 251; *Rupp*, EStB 2007, 225; *Schürmann*, S. 45; Soergel/*Hadding*, § 706 Rn. 26.

Pflichten aus dem Gesellschaftsvertrag, sodass ein Schadensersatzanspruch der Gesellschaft gegen ihn in Betracht kommt, an der Wirksamkeit der Verfügung ändert dies aber nichts. Dann wird für die BGB-Gesellschaft in erster Linie von Bedeutung sein, die Nutzung des eingebrachten Gegenstands aufgrund der Veräußerung nicht aufgeben zu müssen. Es stellt sich mithin die Frage, inwiefern sie die ihr eingeräumten Nutzungsrechte auch gegenüber dem neuen Eigentümer bzw. Rechteinhaber geltend machen kann. Bei der Veräußerung einer ihr zur Benutzung überlassenen beweglichen Sache ist die BGB-Gesellschaft ausreichend geschützt, da sie dem Herausgabeverlangen des Erwerbers die Einwendungen des Besitzers aus § 986 Abs. 2 BGB entgegenhalten kann und damit auch den Einwand, dass sie zum Besitz und zur Nutzung der Sache berechtigt ist.[242] Werden ihr im Wege der Lizenz zur Nutzung überlassene gewerbliche Schutzrechte auf Dritte übertragen, ist die Gesellschaft über die Sondervorschriften § 15 Abs. 3 PatG, § 22 Abs. 3 GebrMG und § 30 Abs. 5 MarkenG geschützt. Das Urheberrecht kann gemäß §§ 28 ff. UrhG nur nach erbrechtlichen Regelungen übertragen werden und für diesen Fall bestimmt § 33 S. 2 UrhG, dass die Nutzungsrechte wirksam bleiben. Persönliche Dienstbarkeit und Nießbrauch sind gemäß §§ 1059 S. 1, 1092 Abs. 1 S. 1 BGB grundsätzlich unübertragbar. Für diese Rechte stellt sich die Frage somit nicht. Bei der Übertragung anderer Rechte ist die BGB-Gesellschaft allerdings ungeschützt.[243] Das gleiche gilt bei Veräußerung des der Gesellschaft zur Nutzung überlassenen Grundstücks, da § 566 BGB in diesem Zusammenhang nicht anwendbar ist.[244] Eine analoge Anwendbarkeit der Vorschrift scheitert jedenfalls mangels Vergleichbarkeit der Sachverhalte, da der Erwerber nicht in die Gesellschafterstellung des Veräußerers einrückt und ihm somit etwaige für die Gebrauchsüberlassung vereinbarte Gegenleistungen einschließlich des Rechts auf Beteiligung an dem von der Gesellschaft erwirtschafteten Gewinn zu keinem Zeitpunkt zugute kommen.[245] Im Übrigen dürfte

---

242 *Boehme*, S. 113, 115; *Bork*, ZHR 154 (1990), 205, 216; MüKo-BGB/*Schäfer*, § 706 Rn. 13; *Piltz*, DStR 1991, 251; *Rupp*, EStB 2007, 225; *Schmidt*, ZHR 154 (1990), 237, 255; Soergel/*Hadding*, § 706 Rn. 26; Staudinger/*Habermeier*, § 706 Rn. 7.

243 Vgl. auch *Schmidt*, ZHR 154 (1990), 237, 256.

244 *Boehme*, S. 138; *Bork*, ZHR 154 (1990), 205, 217 f.; MüKo-BGB[4]/*Ulmer*, § 706 Fn. 33; *Schmidt*, ZHR 154 (1990), 237, 257; wohl auch Soergel/*Hadding*, § 706 Rn. 26; Staudinger/*Habermeier*, § 706 Rn. 7. Auch nach Ansicht des BGH ist § 566 BGB bei der Vereinbarung schuldrechtlicher Besitzrechte, die nicht auf Miet- oder Pachtvertrag beruhen, nicht analog anwendbar, BGH NJW 2001, 2885. A .A. *Berninger*, Societas, S. 91 f.; *Gädcke*, S. 29, beide allerdings ohne Begründung.

245 *Boehme*, S. 128 f.; *Bork*, ZHR 154 (1990), 205, 217 f.; MüKo-BGB[4]/*Ulmer*, § 706 Fn. 33; Soergel/*Hadding*, § 706 Rn. 26; vgl. dazu auch *Schmidt*, ZHR 154 (1990), 237, 257.

auch keine planwidrige Regelungslücke vorliegen, da durchaus die Möglichkeit besteht, die Nutzungsbefugnis der Gesellschaft bereits zum Zeitpunkt der Überlassung des Grundstücks durch Bestellung eines dinglichen Rechts zu sichern.[246]

b) Rechtsgrund

Rechtsgrund für die Überlassung des Gegenstands ist allein der Gesellschaftsvertrag,[247] ein Miet- oder Pachtvertrag kommt daneben nicht zustande.[248] Die Überlassungsverpflichtung bedarf daher auch nicht der in § 550 S. 1 BGB für auf bestimmte Dauer für längere Zeit als ein Jahr geschlossene Mietverträge angeordneten Form.[249] Mangels Mietvertrages kann der einbringende Gesellschafter selbstverständlich auch keine Mietzahlungen verlangen[250], sofern dies zwischen den beteiligten Gesellschaftern nicht ausdrücklich vereinbart wurde. Aus § 733 Abs. 2 S. 3 BGB ergibt sich, dass eine Entschädigung für die Gebrauchsüberlassung grundsätzlich nicht vorgesehen ist.[251]

Bei der Gesellschaft bürgerlichen Rechts handelt es sich nicht um einen sogenannten Austauschvertrag[252], bei dem sich die Parteien zum Austausch von Leistungen verpflichten, die in das Vermögen des jeweiligen Leistungsempfängers fließen sollen,[253] sondern um einen „gemeinschaftsbegründenden"[254] Vertrag.[255] Zwar verpflichten sich die Gesellschafter nach § 705 BGB „gegenseitig" zur Förderung des gemeinsamen Zwecks. Möglicherweise würde sich ein Gesellschafter auch gerade nicht zur Leistung verpflichten, wenn nicht auch der

---

246 *Boehme*, S. 137 f.

247 OLG Thüringen, Urteil vom 26. April 2006, Az. 6 U 1102/05 (juris); *Bork*, ZHR 154 (1990), 205, 226; *Ensthaler*, S. 20; MüKo-BGB/*Schäfer*, § 706 Rn. 13; Staudinger/*Habermeier*, § 706 Rn. 7. Ähnlich Bamberger/Roth/*Timm/Schöne*, § 706 Rn. 6 (gesellschaftsvertragliche Beitragspflicht als Rechtsgrund).

248 FG Brandenburg EFG 2006, 1475; MüKo-BGB/*Schäfer*, § 706 Rn. 13; *Piltz*, DStR 1991, 251; *Ruhkamp/Gerlach*, V. Rn. 128; *Rupp*, EStB 2007, 225; Staudinger/*Habermeier*, § 706 Rn. 7.

249 FG Schleswig-Holstein BB 1988, 1217 (OHG); MüKo-BGB/*Ulmer/Schäfer*, § 705 Rn. 37, § 706 Rn. 13; Soergel/*Hadding/Kießling*, § 706 Rn. 24; Staudinger/*Habermeier*, § 706 Rn. 7.

250 OLG Thüringen, Urteil vom 26. April 2006, Az. 6 U 1102/05; Erman/*Westermann*, § 706 Rn. 8; MüKo-BGB/*Schäfer*, § 706 Rn. 13

251 *Windbichler*, § 11 Rn. 9.

252 Bamberger/Roth/*Timm/Schöne*, § 705 Rn. 28; *Windbichler*, § 6 Rn. 3.

253 BGH NJW 1951, 308.

254 Soergel/*Hadding*, § 705 Rn. 44; *Windbichler*, § 6 Rn. 2.

255 MüKo-BGB/*Ulmer/Schäfer*, § 705 Rn. 162; Soergel/*Hadding*, § 705 Rn. 44.

andere Mitgesellschafter einen Beitrag versprechen würde, sodass auch eine Art Abhängigkeitsverhältnis nicht von der Hand zu weisen ist.[256] Dennoch ist das Gesellschaftsverhältnis kein Synallagma.[257] Die Gesellschafterbeiträge werden gerade nicht als Gegenleistung für die Beiträge der Mitgesellschafter oder für die Gewinnbeteiligung im Rahmen der Gesellschaft versprochen, sondern zur Förderung des vereinbarten gemeinsamen Zwecks.[258] Ein Leistungsaustausch, wie er für einen synallagmatischen Vertrag kennzeichnend ist, findet insofern nicht statt, da die Parteien des Gesellschaftsvertrages ein den eigenen Zwecken übergeordnetes gemeinsames Ziel erreichen wollen[259]; ihre Beiträge sollen nicht dem Vermögen der Beteiligten zufließen, sondern diesem gemeinsamen Zweck dienen[260]. Durch die jeweilige Verpflichtung zur Beitragsleistung soll die Mitwirkung der übrigen Gesellschafter bei der Verfolgung des gemeinsamen Ziels sicher gestellt werden.[261] Auch enden die vertraglichen Bande bei der BGB-Gesellschaft nicht bereits in dem Zeitpunkt, in dem die „gegenseitigen" Leistungen vollständig erbracht sind, wie dies typischerweise bei Austauschverträgen der Fall ist.[262] Dann ist lediglich die Beitragsverpflichtung der Gesellschafter aus § 705 erfüllt, die Gesellschaft nimmt möglicherweise aber gerade erst ihre eigentliche Tätigkeit auf. Angesichts dieser Besonderheiten des Gesellschaftsverhältnisses sind die auf synallagmatische Verträge zugeschnittenen Vorschriften auf die Gesellschaft bürgerlichen Rechts nach einhelliger Ansicht nicht direkt anzuwenden.[263]

Dennoch besteht bei der Einbringung quoad usum einer Sache natürlich eine gewisse Ähnlichkeit zu den sogenannten Austauschverträgen wie insbesondere

256 *Windbichler*, § 6 Rn. 3.

257 Bamberger/Roth/*Timm/Schöne*, § 705 Rn. 28, 706 Rn. 14; MüKo-BGB/*Ulmer/Schäfer*, § 705 Rn. 162; Soergel/*Hadding*, § 705 Rn. 44; *Windbichler*, § 6 Rn. 3.

258 MüKo-BGB/*Ulmer/Schäfer*, § 705 Rn. 162; Soergel/*Hadding*, § 705 Rn. 44.

259 *Windbichler*, § 6 Rn. 3.

260 BGH NJW 1951, 308.

261 *Windbichler*, § 6 Rn. 3.

262 BGH NJW 1951, 308.

263 Bamberger/Roth/*Timm/Schöne*, § 706 Rn. 14. Einigkeit herrscht zudem darüber, dass die §§ 320–326 BGB mit der Verpflichtung zur Förderung des gemeinsamen Zwecks unvereinbar und daher auf Gesellschaftsverträge grundsätzlich auch nicht analog anwendbar sind, eine Ausnahme wird bezüglich der Anwendbarkeit der §§ 320, 322 BGB allerdings für Zweipersonengesellschaften gemacht, vgl. nur MüKo-BGB/*Ulmer/Schäfer*, § 705 Rn. 163 ff.

Miete, Pacht oder Leihe.[264] Insofern wird auch vom „mietähnlichen Charakter“ dieser Einbringungsart gesprochen[265]. Manche gesetzliche Vorschriften zur Leihe, Miete und Pacht können daher neben den gesellschaftsvertraglichen Regelungen analog herangezogen werden, sofern die Anwendung mit der Eigenart der Gesellschaft „als einem von Austauschverträgen klar zu unterscheidenden Verhältnis der Interessengemeinschaft“[266] vereinbar ist.[267] Inwieweit einzelne Vorschriften entsprechend anzuwenden sind, kann nur anhand des Einzelfalls bestimmt werden.[268] Vor allem wenn eine Gegenleistung für die Nutzungsüberlassung vereinbart ist, liegt es nahe, die auf gegenseitige Verträge zugeschnittenen Vorschriften heranzuziehen. Insbesondere bei Mängeln der eingebrachten Sache sind daher nach herrschender Meinung neben den gesellschaftsrechtlichen Möglichkeiten aus §§ 723, 737 BGB die §§ 536 ff. BGB im Grundsatz analog anwendbar.[269]

c) Gefahrtragung und Unterhaltung

Schließlich ist notwendige Voraussetzung des Rückgabeanspruchs aus § 732 S. 1 BGB naturgemäß, dass die überlassenen Gegenstände tatsächlich noch

---

264 OLG Hamburg NJW-RR 1996, 803 (OHG); FG Schleswig-Holstein BB 1988, 1217 (OHG); FG Brandenburg EFG 2006, 1475; Bamberger/Roth/*Timm/Schöne*, § 706 Rn. 10; Erman/*Westermann*, § 706 Rn. 8; *Gädcke*, S. 10; *Kraft/Kreutz*, C. II. S. 115; MüKo-BGB/*Schäfer*, § 706 Rn. 13; Staudinger/*Habermeier*, § 706 Rn. 7; *Windbichler*, § 7 Rn. 1.

265 Vgl. OLG Hamburg NJW-RR 1996, 803 (OHG); OLG Düsseldorf NZG 1999, 944 (GmbH); OLG Thüringen, Urteil vom 26. April 2006, Az. 6 U 1102/05 (juris); *Ensthaler*, S. 19; *Hillers*, S. 242; MüKo-BGB/*Schäfer*, § 706 Rn. 13; Staudinger/*Habermeier*, § 706 Rn. 7.

266 MüKo-BGB/*Schäfer*, § 706 Rn. 22.

267 *Gädcke*, S. 10; jurisPK-BGB/*Bergmann*, § 706 Rn. 12; *Kraft/Kreutz*, C. II. S. 115; Soergel/*Hadding*, § 706 Rn. 12; Staudinger[12]/*Keßler*, § 706 Rn. 30; *Windbichler*, § 6 Rn. 2; so wohl auch *Bork*, ZHR 154 (1990), 205, 211.

268 Soergel/*Hadding*, § 706 Rn. 24.

269 *Gädcke*, S. 69; Palandt/*Sprau*, § 706 Rn. 5; *Piltz*, DStR 1991, 251; Soergel/*Hadding*, § 706 Rn. 27; Staudinger[12]/*Keßler*, § 706 Rn. 33; vgl. auch Bamberger/Roth/*Timm/Schöne*, § 706 Rn. 17. A. A. MüKo-BGB/*Schäfer*, § 706 Rn. 28, der bei vom Gesellschafter zu vertretenden Mängeln die alleinige Anwendung der §§ 280, 281 BGB befürwortet und bei nicht zu vertretenden Mängeln die Vertragsanpassungs- und Lösungsmöglichkeiten der §§ 723, 737 BGB für ausreichend erachtet.

vorhanden und nicht in der Zwischenzeit untergegangen sind.[270] Bei Unmöglichkeit der Herausgabe scheitert der Anspruch aufgrund § 275 BGB.[271]

Da der einbringende Gesellschafter gemäß § 732 S. 2 BGB bei der Einbringung quoad usum die Sachgefahr trägt[272], erhält dieser keinen Ersatz im Falle zufälligen Untergangs oder zufälliger Verschlechterung des Gegenstands, worunter auch die Abnutzung durch bestimmungsgemäßen Gebrauch fällt.[273] Er kann lediglich die Herausgabe eines etwaigen Surrogats für den untergegangenen Gegenstand bzw. Abtretung eines möglicherweise erlangten Ersatzanspruchs gemäß § 285 Abs. 1 BGB verlangen.[274]

Etwas anderes gilt dann, wenn die Gesellschaft eine Garantie für die Rückgabe des Gegenstands in ordnungsgemäßem Zustand übernommen hat[275] oder wenn dessen Verschlechterung oder Untergang auf das schuldhafte Handeln eines geschäftsführenden Gesellschafters oder eines Angestellten der Gesellschaft zurückzuführen ist, das der Gesellschaft gemäß § 31 BGB analog bzw. § 278 BGB zuzurechnen ist[276]. Dann haftet die Gesellschaft auf Schadensersatz gemäß § 280 Abs. 1 BGB.

Die sogenannte Benutzungsgefahr wird dagegen nach ganz herrschender Meinung von der Gesellschaft bürgerlichen Rechts getragen.[277] Das heißt, dass die Gesellschaft für die Nachteile des Gesellschafters aus der durch Untergang oder Verschlechterung des Gegenstands entfallenen Benutzungsmöglichkeit einzustehen hat.[278] Da den Gesellschafter nach § 707 BGB keine „Erneuerungspflicht" trifft[279], muss er der Gesellschaft keinen Ersatz für den untergegangenen

270 *Lang/Mulansky/Mulansky*, VII. 1.3.5 S. 343; MüKo-BGB/*Schäfer*, § 732 Rn. 1.

271 jurisPK-BGB/*Trost*, § 732 Rn. 9; Staudinger/*Habermeier*, § 732 Rn. 5.

272 Bamberger/Roth/*Timm/Schöne*, § 706 Rn. 10; *Rupp*, EStB 2007, 225; *Wiedemann*, WM 1992, Sonderbeilage Nr. 7, S. 14.

273 Bamberger/Roth/*Timm/Schöne*, § 732 Rn. 6; *Ensthaler*, S. 23 f.; Erman/*Westermann*, § 732 Rn. 4; *Grziwotz*, DStR 1992, 1365, 1366; jurisPK-BGB/*Trost*, § 732 Rn. 9; MüKo-BGB/*Schäfer*, § 732 Rn. 5; Palandt/*Sprau*, § 732 Rn. 2; Soergel/*Hadding/Kießling*, § 732 Rn. 5; Staudinger/*Habermeier*, § 732 Rn. 5.

274 Bamberger/Roth/*Timm/Schöne*, § 732 Rn. 6; Erman/*Westermann*, § 732 Rn. 4; jurisPK-BGB/*Trost*, § 732 Rn. 9; Soergel/*Hadding/Kießling*, § 732 Rn. 5.

275 Bamberger/Roth/*Timm/Schöne*, § 732 Rn. 6.

276 Bamberger/Roth/*Timm/Schöne*, § 732 Rn. 7; Erman/*Westermann*, § 732 Rn. 4; jurisPK-BGB/*Trost*, § 732 Rn. 9.

277 Erman/*Westermann*, § 732 Rn. 4; jurisPK-BGB/*Trost*, § 732 Rn. 9; MüKo-BGB/*Schäfer*, § 732 Rn. 5; Soergel/*Hadding*, § 706 Rn. 29; Soergel/*Hadding/Kießling*, § 732 Rn. 5.

278 Erman/*Westermann*, § 732 Rn. 4; jurisPK-BGB/*Trost*, § 732 Rn. 9; MüKo-BGB/*Schäfer*, § 732 Rn. 3.

279 Soergel/*Hadding*, § 706 Rn. 29.

Vermögensgegenstand überlassen[280]. Der Verlust des Gebrauchs ist mithin ohne anderweitige Vereinbarung im Zweifel von der Gesellschaft zu tragen.[281] Kommt dem Gesellschafter allerdings aufgrund des Untergangs die Leistung einer Versicherung zugute, muss er die erhaltene Versicherungssumme für die Wiederbeschaffung verwenden.[282] Gleiches gilt für den Fall, dass der Gegenstand seitens der BGB-Gesellschaft gegen Verlust oder Untergang versichert wurde. Die Gesellschaft kann die erhaltene Versicherungssumme dann nur zur Erneuerung der untergegangenen Sache verwenden.[283]

Wer die Unterhaltungskosten und sonstigen laufenden Lasten des Gegenstands zu tragen hat, ist durch Auslegung zu ermitteln,[284] sofern dies nicht vom Gesellschaftsvertrag geregelt wird. Die mietrechtlichen Vorschriften § 535 Abs. 1 S. 2 und § 538 BGB sind nach ganz herrschender Meinung grundsätzlich nicht entsprechend anwendbar.[285] In der Regel wird es von den Gesellschaftern beabsichtigt sein, dass die Erhaltung des Gegenstands Aufgabe der Gesellschaft ist[286] und diese somit auch die laufenden Kosten dafür zu übernehmen hat.[287] Trifft die Gesellschaft die Instandhaltungspflicht, kann den Gesellschafter im Falle eines Mangels des Gegenstands nach Überlassung freilich keine aus §§ 536 ff. BGB analog abgeleitete Sekundärhaftung treffen. Anders kann die Frage möglicherweise zu beurteilen sein, wenn der Gesellschafter ein besonderes Entgelt von der Gesellschaft für die Gebrauchsüberlassung erhält. Dann mag im Einzelfall gewollt sein, dass er davon auch die laufenden Kosten zur Erhaltung des Gegenstands bestreiten soll.[288]

---

280 *Ensthaler*, S. 24; jurisPK-BGB/*Trost*, § 732 Rn. 9; Staudinger[12]/*Keßler*, § 706 Rn. 38.

281 Staudinger[12]/*Keßler*, § 706 Rn. 38.

282 Soergel/*Hadding*, § 706 Rn. 28; Staudinger[12]/*Keßler*, § 706 Rn. 38.

283 Staudinger[12]/*Keßler*, § 706 Rn. 38.

284 Staudinger/*Habermeier*, § 706 Rn. 7.

285 FG Schleswig-Holstein BB 1988, 1217 (OHG); jurisPK-BGB/*Bergmann*, § 706 Rn. 12; MüKo-BGB/*Schäfer*, § 706 Rn. 13; *Piltz*, DStR 1991, 251; Soergel/*Hadding*, § 706 Rn. 29; Staudinger/*Habermeier*, § 706 Rn. 7.

286 Staudinger[12]/*Keßler*, § 706 Rn. 35; so auch *Westermann*, § 23 Rn. 266.

287 Vgl. auch FG Schleswig-Holstein BB 1988, 1217 (OHG).

288 Die Ansicht des OLG Hamburg NJW-RR 1996, 803, bei einer bloßen Gebrauchsüberlassung von Grundstücken ergebe sich aus der mietähnlichen Nutzung zwangsläufig, dass das Gesellschaftsvermögen die laufenden Lasten eines Grundstücks trage, ist nicht nachvollziehbar und in dieser Pauschalität abzulehnen.

3. Einbringung quoad sortem

a) Wesensmerkmale

Neben der Einbringung quoad usum besteht die Möglichkeit, einen Vermögensgegenstand dem Werte nach in die BGB-Gesellschaft einzubringen, die sogenannte Einbringung quoad sortem[289]. Dabei handelt es sich ebenfalls um eine Form der Gebrauchsüberlassung eines Gegenstandes. Allerdings geht diese insoweit über eine Einbringung quoad usum hinaus, als der Gesellschafter verspricht, der Gesellschaft den einzubringenden Gegenstand so zur Verfügung zu stellen, als ob die überlassene Sache bzw. das Recht Gesellschaftsvermögen wäre.[290] Die Einbringung einer Sache dem Werte nach begründet also eine schuldrechtliche Verpflichtung, dinglichen Charakter hat auch sie nicht.[291] Der einbringende Gesellschafter verpflichtet sich, der Gesellschaft neben der Gebrauchsmöglichkeit auch den wirtschaftlichen Wert des Gegenstands zur Verfügung zu stellen.[292] Im Innenverhältnis wird der dem Werte nach eingebrachte Gegenstand somit als Teil des Gesellschaftsvermögens behandelt.[293] Die BGB-Gesellschaft wird so

---

289 BGHZ 110, 342 (KG); BGH WM 1965, 746; 2009, 1847; BFH BStBl. 1988 II, 453 (KG); BFH BStBl. 1989 II, 983 (KG); BFH BStBl. 1990 II, 244 (AG); KGJ 17, 260; OLG Hamm OLGR 1995, 245 (KG); OLG Hamburg NJW-RR 1996, 803 (OHG); OLG Köln ZEV 1997, 210 (KG); OLG Düsseldorf NZG 1999, 944 (GmbH); FG Schleswig-Holstein BB 1988, 1217, 1218 (OHG); FG Münster EFG 1999, 678; FG Berlin EFG 2004, 1326 (GmbH); FG Brandenburg EFG 2006, 1475, 1477; Bamberger/Roth/*Timm/Schöne*, § 706 Rn. 10; *Berninger*, Societas, S. 21 ff.; *Berninger*, DStR 2010, 874; Erman/*Westermann*, § 706 Rn. 8; *Hillers*, S. 242; jurisPK-BGB/*Bergmann*, § 706 Rn. 11; MüKo-BGB/*Schäfer*, § 706 Rn. 12; NK-BGB/*Heidel*, § 706 Rn. 7; *Piltz*, DStR 1991, 251; *Reimann*, DStR 1991, 154, 155; *Reinhardt*, DStR 1991, 588; *Rupp*, EStB 2007, 225; *Schmidt*, ZHR 154 (1990), 237, 243; *Schmidt*, GesR, § 20 II. S. 569; Soergel/*Hadding*, § 706 Rn. 23; Staudinger/*Habermeier*, § 706 Rn. 6; *Sudhoff*, DB 1974, 842; *Sudhoff*, NJW 1978, 1401; *Wiedemann*, GesR II, § 3 II. S. 185; *Wiedemann*, WM 1992, Sonderbeilage Nr. 7, S. 14; *Windbichler*, § 7 Rn. 1.

290 RG JW 1927, 1687; BGH WM 1955, 298; 1965, 745; 2009, 1847; BFH BStBl. 1971 II, 278; Bamberger/Roth/*Timm/Schöne*, § 706 Rn. 10; *Gädcke*, S. 7; *Huber*, S. 196.

291 BGH WM 2009, 1847; *Wiedemann*, GesR II, § 3 II. S. 185.

292 *Berninger*, Societas, S. 24 f., 79; *Hillers*, S. 242; MüKo-BGB/*Schäfer*, § 706 Rn. 12; *Reinhardt*, DStR 1991, 588; *Rupp*, EStB 2007, 225; Staudinger/*Habermeier*, § 706 Rn. 6.

293 RGZ 109, 380, 382; BGH WM 1965, 746; OLG Düsseldorf NZG 1999, 944 (GmbH); FG Schleswig-Holstein BB 1988, 1217 (OHG); FG Brandenburg EFG 2006, 1475; *Ensthaler*, S. 21; Erman/*Westermann*, § 706 Rn. 8; jurisPK-BGB/*Bergmann*, § 706 Rn. 11; MüKo-BGB/*Schäfer*, § 706 Rn. 12; *Piltz*, DStR 1991, 251; *Ruhkamp/Gerlach*, V. Rn. 129; Soergel/*Hadding*, § 706 Rn. 23; Staudinger/*Habermeier*, § 706 Rn. 6.

gestellt, als gehöre der Sachwert bzw. der Wert des eingeräumten Rechts in das Gesellschaftsvermögen.[294]

Wie bei der Einbringung quoad usum bleibt aber im Außenverhältnis die dingliche Rechtsstellung des einbringenden Gesellschafters unberührt; eine Änderung der dinglichen Zuordnung findet nicht statt, sodass der Vermögensgegenstand somit unter formalrechtlichen Gesichtspunkten im Alleineigentum des einbringenden Gesellschafters bleibt.[295] Auch bei der Einbringung quoad sortem behält dieser mithin seine Verfügungsbefugnis über den Gegenstand, er kann diesen weiterhin wirksam veräußern oder belasten.[296] Lediglich im Innenverhältnis ist er schuldrechtlich verpflichtet, Verfügungen über den Gegenstand zu unterlassen, die dem Interesse der Gesellschaft zuwiderlaufen.[297]

Das besondere Wesensmerkmal der Einbringung quoad sortem liegt also darin, dass die wertmäßige und die dingliche Zuordnung des auf diese Art eingebrachten Vermögensgegenstands auseinander fallen[298]. Das zivilrechtliche Eigentum ist weiterhin dem Gesellschafter zugeordnet, während der Wert der Sache bzw. des Rechts für die Dauer der Einbringung der Gesellschaft gebührt. In diesem Zusammenhang wird auch von einem „obligatorischen Wertrecht" der Gesellschaft an dem eingebrachten Gegenstand gesprochen[299]. Das Wertrecht

---

294 JurisPK-BGB/*Trost*, § 732 Rn. 4.

295 BGH WM 1955, 298; 1965, 745; 2009, 1847; OLG Hamm OLGR 1995, 245 (KG); OLG Hamburg NJW-RR 1996, 803 (OHG); FG Schleswig-Holstein BB 1988, 1217 (OHG); FG Brandenburg EFG 2006, 1475; Bamberger/Roth/*Timm/Schöne*, § 706 Rn. 10; *Berninger*, Societas, S. 24, 78, 82; Erman/*Westermann*, § 706 Rn. 8; *Gädcke*, S. 7, 17, 35; *Hillers*, S. 242; jurisPK-BGB/*Bergmann*, § 706 Rn. 11, § 732 Rn. 4; MüKo-BGB/*Schäfer*, § 706 Rn. 12; *Piltz*, DStR 1991, 251; *Reinhardt*, DStR 1991, 588; *Ruhkamp/Gerlach*, V. Rn. 129; Soergel/*Hadding*, § 706 Rn. 12, 23; Staudinger/*Habermeier*, § 706 Rn. 6; *Sudhoff*, DB 1974, 842.

296 BGH WM 2009, 1847; *Berninger*, Societas, S. 43, 65, 82; *Berninger*, DStR 2010, 874, 876; *Gädcke*, S. 26, 28, 72; *Reinhardt*, DStR 1991, 588; *Ruhkamp/Gerlach*, V. Rn. 129.

297 *Berninger*, Societas, S. 65, 82 f., *Berninger*, DStR 2010, 874, 876; *Gädcke*, S. 26, 72 f.; *Reinhardt*, DStR 1991, 588; *Ruhkamp/Gerlach*, V. Rn. 129; *Rupp*, EStB 2007, 225; *Sudhoff*, NJW 1978, 1401, 1402.

298 OLG Hamburg NJW-RR 1996, 803 (OHG); *Berninger*, Societas, S. 77; *Gädcke*, S. 34 f., 131.

299 Vgl. OLG Düsseldorf NZG 1999, 944 (GmbH); *Berninger*, Societas, S. 94; *Gädcke*, S. 19 ff., 27; MüKo-BGB/*Schäfer*, § 706 Rn. 12. Der Begriff des Wertrechts wurde von *Huber* für Fälle entwickelt, in welchen dem Inhaber eines Rechts vermittels des Rechts der Wert eines Gutes zugewiesen werden soll, das einem anderen gehört, vgl. *Huber*, S. 166.

vermittelt der Gesellschaft eine Stellung, vermöge derer ihr im Innenverhältnis der Substanzwert des Vermögensgegenstands zusteht.[300] Das Gesellschaftsvermögen wird somit um den Substanzwert der Sache bzw. des Rechts erhöht.[301] Die Besonderheit des Wertrechts liegt darin, dass es nur das Moment der Wertzuweisung, nicht aber das der Herrschaftszuweisung enthält.[302] Es spricht der Gesellschaft einen Vermögenswert zu, ohne ihr auch die Herrschaft über den damit verbundenen Gegenstand zuzuweisen. Die Herrschaftsmacht steht allein dem „Eigentümer-Gesellschafter" zu.

Aufgrund der wertmäßigen Berechtigung gehen alle Veränderungen im Wert des eingebrachten Gegenstands während der Dauer der wertmäßigen Zugehörigkeit zum Gesellschaftsvermögen zugunsten bzw. zu Lasten der Gesellschaft.[303] Nutzungen und Wertsteigerungen stehen der Gesellschaft als wirtschaftlich Berechtigter zu[304], sodass die Mitgesellschafter im Innenverhältnis gleichberechtigt neben dem „Eigentümer-Gesellschafter" an den eintretenden Steigerungen im Wert des eingebrachten Vermögensgegenstands partizipieren[305]. Auf der anderen Seite betreffen aber auch die während der wertmäßigen Berechtigung der Gesellschaft eintretenden Wertminderungen wirtschaftlich gesehen nicht den Eigentümer allein, sondern sämtliche Gesellschafter,[306] da die Gefahr eines Wertverlustes von der Gesellschaft getragen wird[307]. Vom wirtschaftlichen Ergebnis kommt die Einbringung dem Werte nach somit einer Einbringung zu Eigentum nahe.[308]

---

300 *Berninger*, Societas, S. 84; *Gädcke*, S. 37.

301 *Berninger*, Societas, S. 75.

302 *Gädcke*, S. 23; *Huber*, S. 169.

303 *Berninger*, Societas, S. 118; MüKo-BGB/*Schäfer*, § 732 Rn. 10; *Sudhoff*, NJW 1978, 1401, 1402.

304 OLG Düsseldorf NZG 1999, 944 (GmbH); FG Schleswig-Holstein BB 1988, 1217 (OHG); FG Brandenburg EFG 2006, 1475; Bamberger/Roth/*Timm/Schöne*, § 706 Rn. 10; *Berninger*, Societas, S. 25, 85; Erman/*Westermann*, § 706 Rn. 8; jurisPK-BGB/*Bergmann*, § 706 Rn. 11; MüKo-BGB/*Schäfer*, § 706 Rn. 12; *Piltz*, DStR 1991, 251; Soergel/*Hadding*, § 706 Rn. 23; Staudinger/*Habermeier*, § 706 Rn. 6; *Sudhoff*, NJW 1978, 1401, 1402.

305 BGH WM 1955, 298; 1965, 745; 1986, 1109 (KG); FG Münster EFG 1999, 678; *Berninger*, Societas, S. 25; *Reinhardt*, DStR 1991, 588, 589.

306 BGH WM 1955, 298; 1965, 745; *Berninger*, Societas, S. 80; *Gädcke*, S. 6, 18; *Reinhardt*, DStR 1991, 588, 589.

307 FG Schleswig-Holstein BB 1988, 1217 (OHG); FG Brandenburg EFG 2006, 1475; *Gädcke*, S. 39.

308 FG Schleswig-Holstein BB 1988, 1217 (OHG); FG Brandenburg EFG 2006, 1475. Zur Einbringung zu Eigentum unter C. III. 1. a) .

Selbstverständlich fallen die Veränderungen im Wert des eingebrachten Vermögensgegenstands nur dann in das Gesellschaftsvermögen, wenn sie während der wertmäßigen Berechtigung der Gesellschaft eingetreten sind.[309] Der konkrete Zeitpunkt, ab dem die Gesellschaft wertmäßig berechtigt sein soll, kann von den Gesellschaftern frei vereinbart werden.[310] Im Regelfall wird der „Zeitpunkt der wertmäßigen Berechtigung der Gesellschaft"[311] der der Nutzungsüberlassung des Gegenstands sein, da die Gesellschaft jedenfalls dann berechtigt sein wird, die Nutzungen daraus zu ziehen. In Betracht kommt aber auch der Moment der Begründung des Gesellschaftsverhältnisses[312], sofern sich der Gesellschafter bereits bei Abschluss des Gesellschaftsvertrages zur wertmäßigen Einbringung des Vermögensgegenstands verpflichtet hat.

Mit der Auflösung der Gesellschaft bzw. dem Ausscheiden des „Eigentümer-Gesellschafters" erlischt die Wertberechtigung der Gesellschaft[313], da zu diesem Zeitpunkt grundsätzlich auch die Verpflichtung des Gesellschafters endet, den Vermögensgegenstand der Gesellschaft weiter dem Werte nach zur Verfügung zu stellen[314]. Das schuldrechtliche Wertrecht hat keine Existenz für sich, es ist zwingend an die ihm zugrundeliegende Rechtsbeziehung zwischen Gesellschaft und Gesellschafter geknüpft.[315] Die wertmäßige Zugehörigkeit des eingebrachten Vermögensgegenstands zum Gesellschaftsvermögen wird somit durch die Gesellschafterstellung des Eigentümers vermittelt und endet im Zeitpunkt der Auflösung der Gesellschaft, sodass die Wertberechtigung mit Auflösung wieder an den „Eigentümer-Gesellschafter" zurückfällt[316]. Nach diesem Zeitpunkt eintretende Wertveränderungen betreffen dann ausschließlich den Gesellschafter.[317]

---

309 *Berninger*, Societas, S. 118.

310 *Berninger*, Societas, S. 118 f. Für den Fall, dass die Gesellschafter keine Vereinbarung bezüglich des Zeitpunkts der wertmäßigen Berechtigung getroffen haben, zieht *Berninger* verschiedene Zeitpunkte in Betracht, insbesondere den Beginn der tatsächlichen Nutzung durch die Gesellschaft, den Moment, in dem der eingebrachte Vermögensgegenstand erstmals in den Büchern der Gesellschaft erscheint oder den der Begründung des Gesellschaftsverhältnisses.

311 *Berninger*, Societas, S. 117.

312 So *Gädcke*, S. 70 f.

313 *Berninger*, Societas, S. 141, 153 f.

314 BFH BStBl. 1971 II, 278; *Gädcke*, S. 22, 135.

315 *Berninger*, Societas, S. 94; *Gädcke*, S. 30; *Huber*, S. 166.

316 *Gädcke*, S. 137.

317 *Berninger*, Societas, S. 153.

Die der BGB-Gesellschaft durch die Einbringung quoad sortem eingeräumte Nutzungsbefugnis an der eingebrachten Sache bzw. dem Recht ist grundsätzlich unbeschränkt.[318] Da der Gesellschaft im Innenverhältnis die wirtschaftliche Berechtigung zusteht, ist es ihr grundsätzlich gestattet, mit dem Gegenstand wie ein Eigentümer zu verfahren und diesen umfassend zu nutzen[319]. Sie kann daher die eingebrachte Sache nach ihrem Belieben verwenden, alle Gebrauchsvorteile wahrnehmen und die Nutzungen ziehen,[320] ein quoad sortem eingebrachtes Grundstück beispielsweise vermieten oder verpachten[321], als Kreditsicherungsmittel einsetzen[322] oder sogar bebauen[323]. Während des Zeitraums der wertmäßigen Berechtigung muss der „Eigentümer-Gesellschafter" die umfassende Nutzung des eingebrachten Gegenstands durch die Gesellschaft dulden.[324] Er ist aufgrund des Gesellschaftsvertrages schuldrechtlich verpflichtet, der Gesellschaft die Nutzungsmöglichkeit zu gewähren und zu erhalten.[325]

Mangels formeller Berechtigung kann die BGB-Gesellschaft allerdings nicht selbst wirksam über den eingebrachten Vermögensgegenstand verfügen.[326] Auch steht ihr keine Verwertungsbefugnis im Innenverhältnis zu, wonach sie etwa von dem Eigentümer des eingebrachten Gegenstands verlangen könnte, einer Veräußerung zuzustimmen oder sonst an einer Eigentumsübertragung auf einen Dritten mitzuwirken.[327] Wie *Berninger*[328] zutreffend bemerkt, ist eine andere

---

318 *Berninger*, Societas, S. 83; *Berninger*, DStR 2010, 874, 876.

319 *Berninger*, DStR 2010, 874, 876; *Hillers*, S. 242.

320 *Gädcke*, S. 36 f.

321 FG Schleswig-Holstein BB 1988, 1217 (OHG).

322 *Gädcke*, S. 107.

323 *Berninger*, Societas, S. 83.

324 FG Schleswig-Holstein BB 1988, 1217 (OHG); FG Brandenburg EFG 2006, 1475.

325 FG Brandenburg EFG 2006, 1475; *Gädcke*, S. 73.

326 BFH BStBl. 1971 II, 278. A. A. offenbar BFH BStBl. 1988 II, 453 (KG) und FG Berlin EFG 2004, 1326 (GmbH), die behaupten, dass die Gesellschaft über eine quoad sortem eingebrachte Sache durch ihre Organe verfügen könne.

327 *Berninger*, Societas, S. 84 f. Vgl. auch BFH BStBl. 1971 II, 278, der bezogen auf ein quoad sortem in eine OHG eingebrachtes Grundstück darauf hinweist, dass die freie Entscheidung, ob das Grundstück veräußert werden soll oder nicht, bereits wegen § 313 BGB a. F. den Grundstückseigentümern verbleiben müsse; a. A. Bamberger/Roth/*Timm/Schöne*, § 706 Rn. 10; *Reinhardt*, DStR 1991, 588, 589. A. A. wohl auch Soergel/*Hadding*, § 706 Rn. 12 und *Sudhoff*, NJW 1978, 1401, 1402, die von einer internen Verfügungsberechtigung der Gesellschaft sprechen, wobei unklar bleibt, was damit gemeint sein soll.

328 *Berninger*, Societas, S. 82, 84 f.

Beurteilung mit dem Wesen der Einbringung quoad sortem nicht vereinbar. Ziel einer Einbringung dem Werte nach ist ja gerade, dass der einbringende Gesellschafter sein Eigentum dauerhaft behält und kein Eigentumsübergang auf die Gesellschaft oder einen Dritten stattfindet. Wäre die Gesellschaft verfügungs- bzw. verwertungsbefugt, so würde diese Intention regelmäßig leerlaufen, da der „Eigentümer-Gesellschafter" eine Übertragung seines Eigentums nicht verhindern könnte. Ist von den Gesellschaftern gewollt, dass die Gesellschaft veräußerungsbefugt sein soll, so bedarf es diesbezüglich einer ausdrücklichen Vereinbarung.[329]

Der Eigentümer des dem Werte nach eingebrachten Vermögensgegenstands ist aber zur Mitwirkung verpflichtet, wenn die Gesellschaft die ihr im Rahmen der unbeschränkten Nutzungsbefugnis gestatteten Nutzungen nur mit seiner Hilfe verwirklichen kann. Erfordern also Rechtsgeschäfte, die der Verwirklichung des Gesellschaftszwecks dienen, Mitwirkungshandlungen des „Eigentümer-Gesellschafters", wie beispielsweise regelmäßig bei einer Verwendung des Gegenstands als Kreditsicherungsmittel, so kann die Gesellschaft verlangen, dass dieser die dafür erforderlichen Erklärungen abgibt.[330]

b) Rechtsgrund

In Bezug auf den Rechtsgrund der Einbringung dem Werte nach ergeben sich keine Abweichungen zur Einbringung quoad usum. Rechtsgrund ist ebenso wie bei der Einbringung durch schlichte Gebrauchsüberlassung der Gesellschaftsvertrag, durch den sich die Gesellschafter zur Leistung ihrer Beiträge verpflichten.[331] Die Gesellschafter vereinbaren auf gesellschaftsvertraglicher Grundlage, dass der zu überlassende Vermögensgegenstand im Innenverhältnis so behandelt werden soll, als ob er Gesellschaftsvermögen sei.[332] Dabei muss die Vereinbarung über die Einbringung dem Werte nach nicht ausdrücklich geregelt werden, diese kann sich vielmehr auch aus den Umständen der Überlassung ergeben.[333]

Da bei der Einbringung quoad sortem keine Änderung der dinglichen Zuordnung des Vermögensgegenstands stattfindet, ist im Falle der Überlassung eines Grundstücks dem Werte nach keine notarielle Beurkundung der Vereinbarung

329 *Berninger*, Societas, S. 85, 109 f.
330 *Berninger*, Societas, S. 83 f.; vgl. auch *Sudhoff*, NJW 1978, 1401, 1402.
331 *Berninger*, Societas, S. 24.
332 *Gädcke*, S. 20, 24.
333 OLG Hamburg NJW-RR 1996, 803 (OHG); *Berninger*, Societas, S. 96 f.

erforderlich.[334] Die Einhaltung der notariellen Form ist nur dann notwendig, wenn der BGB-Gesellschaft in Bezug auf das Grundstück ein Verwertungsrecht zustehen soll, das auch die Veräußerung des Grundstücks ohne gesonderte Zustimmung des Eigentümers umfasst.[335] Dann findet § 311b Abs. 1 S. 1 BGB Anwendung, da insofern eine Verpflichtung des einbringenden Gesellschafters begründet wird, das Eigentum an dem Grundstück zu übertragen, sei es auch nicht an die Gesellschaft direkt, sondern an einen Dritten. Die Einräumung eines Verwertungsrechts an dem Grundstück kommt einer unwiderruflichen Vollmacht zu dessen Veräußerung gleich, die ebenfalls der notariellen Beurkundung bedarf[336].

c) Gefahrtragung und Unterhaltung

Wie bereits erörtert, betreffen alle Veränderungen im Wert des quoad sortem eingebrachten Vermögensgegenstands während des Zeitraums der wertmäßigen Berechtigung der Gesellschaft das Gesellschaftsvermögen. Die Gesellschaft profitiert somit nicht nur von den Wertsteigerungen, sie ist es auch, die die Gefahr von Wertminderungen trägt. Die Sachgefahr liegt also, anders als bei der Einbringung quoad usum, bei der Gesellschaft.[337] Dies ergibt sich aus der mit der Einbringung quoad sortem verbundenen Wertzuweisung: Da die Gesellschaft auch von allen gezogenen Nutzungen und Wertsteigerungen profitiert, hat sie auch das Risiko der Verschlechterung und des zufälligen Untergangs des Gegenstandes zu tragen[338]. Die Sachgefahr geht mit der wertmäßigen Berechtigung an

---

334 RGZ 109, 380, 383; 166, 160, 163; RG JW 1927, 1687; BGH WM 1955, 298; 1965, 744; OLG Hamburg NJW-RR 1996, 803 (OHG); OLG Düsseldorf NZG 1999, 944 (GmbH); FG Schleswig-Holstein BB 1988, 1217 (OHG); FG Brandenburg EFG 2006, 1475; *Berninger*, Societas, S. 106, 114; Erman/*Westermann*, § 705 Rn. 10; *Gädcke*, S. 63, 68; *Huber*, S. 75; MüKo-BGB/*Schäfer*, § 706 Rn. 12; *Reimann*, DStR 1991, 154, 155; *Ruhkamp/Gerlach*, V. Rn. 129; *Rupp*, EStB 2007, 225, 226; Soergel/*Hadding*, § 705 Rn. 8, § 706 Rn. 23; *Sudhoff*, DB 1974, 842.

335 RGZ 162, 78, 80 ff.; *Berninger*, Societas, S. 107 ff.; MüKo-BGB/*Ulmer/Schäfer*, § 705 Rn. 37, § 706 Rn. 12; *Reimann*, DStR 1991, 154, 155; Soergel/*Hadding*, § 705 Rn. 9, § 706 Rn. 23.

336 Erman/*Grziwotz*, § 311b Rn. 35.

337 KGJ 17, 260, 264; Bamberger/Roth/*Timm/Schöne*, § 706 Rn. 10; Erman/*Westermann*, § 706 Rn. 8; MüKo-BGB/*Schäfer*, § 706 Rn. 12; Staudinger/*Habermeier*, § 706 Rn. 6.

338 *Berninger*, Societas, S. 85; *Gädcke*, S. 40; *Ruhkamp/Gerlach*, V. Rn. 129; *Sudhoff*, NJW 1978, 1401, 1402.

dem eingebrachten Gegenstand auf die Gesellschaft über, in der Regel also zum Zeitpunkt der Nutzungsüberlassung.[339]

Die Gesellschaft hat zudem für die laufenden Kosten und Lasten des eingebrachten Vermögensgegenstands aufzukommen[340], sofern nicht ausdrücklich etwas anderes vereinbart wurde. Dies folgt daraus, dass der Gegenstand im Innenverhältnis als Teil des Gesellschaftsvermögens zu behandeln ist, die Gesellschaft somit wirtschaftlich Berechtigte und Verpflichtete sein soll. Im Zweifel muss sie daher auch die Lasten tragen, immerhin kommen ihr auf der anderen Seite ja die Nutzungen und Wertsteigerungen zugute[341].

d) Behandlung in der Auseinandersetzung

Das Gesetz regelt in den §§ 732 S. 1, 733 Abs. 2 S. 2 BGB, wie mit den der Gesellschaft quoad usum überlassenen und den zu Eigentum eingebrachten Vermögensgegenständen im Rahmen der Liquidation zu verfahren ist, trifft jedoch bezogen auf die Einbringung quoad sortem keine Aussage. Es verwundert daher nicht, dass die Behandlung von dem Werte nach eingebrachten Gegenständen in der Auseinandersetzung umstritten ist.

aa) Werterstattung

Nach einer bis in die 90er Jahre des 20. Jahrhunderts vorherrschenden Literaturmeinung[342] sollen die dem Werte nach eingebrachten Vermögensgegenstände im

---

339 *Gädcke* hält unter Anwendung der kaufrechtlichen Regelungen den Zeitpunkt der Übergabe des Gegenstands an die Gesellschaft für den Übergang der Sachgefahr für maßgeblich, unabhängig von dem Zeitpunkt der wertmäßigen Berechtigung der Gesellschaft, *Gädcke*, S. 70 f. Warum die Gefahr des Wertverlusts allerdings nicht gleichzeitig mit dem Recht an den Wertsteigerungen übergehen soll, ist – auch vor dem Hintergrund, dass *Gädcke* selbst vertritt, dass das „Wertsteigerungsrecht" bereits mit Begründung des Gesellschaftsverhältnisses auf die Gesellschaft übergehen soll – nicht nachzuvollziehen.

340 BGH WM 1986, 1109 (KG); FG Schleswig-Holstein BB 1988, 1217 (OHG); FG Berlin EFG 2004, 1326 (GmbH); FG Brandenburg EFG 2006, 1475; jurisPK-BGB/*Bergmann*, § 706 Rn. 11; MüKo-BGB/*Schäfer*, § 706 Rn. 12; *Piltz*, DStR 1991, 251; Soergel/*Hadding*, § 706 Rn. 23; Staudinger/*Habermeier*, § 706 Rn. 6.

341 BGH WM 1955, 298; 1986, 1109 (KG).

342 Bamberger/Roth/*Timm/Schöne*, § 706 Rn. 10; *Grziwotz*, DStR 1992, 1365, 1366; Jauernig/*Stürner*, § 731–735 Rn. 2; Palandt/*Sprau*, § 732 Rn. 1, *Piltz*, DStR 1991, 251, 252; RGRK/*v. Gamm*, § 732 Rn. 5; Soergel/*Hadding*, § 706 Rn. 23; Staudinger[12]/*Keßler*, § 706 Rn. 29, § 732 Rn. 1.

Zuge der Auseinandersetzung ohne anderweitige Vereinbarung der Gesellschafter den zu Eigentum in das Gesellschaftsvermögen eingebrachten gleichgestellt sein. Ein Anspruch des Gesellschafters auf Rückgabe des quoad sortem eingebrachten Gegenstandes bestehe daher nicht. Stattdessen soll der Gesellschafter mit der Auflösung der BGB-Gesellschaft verpflichtet sein, das Eigentum bzw. die Inhaberschaft auf die Gesellschaft oder einen von dieser bezeichneten Dritten zu übertragen, damit die Gesellschaft die Sache bzw. das Recht für sich verwerten könne. Im Gegenzug habe er Anspruch auf wertmäßige Abfindung analog § 733 Abs. 2 S. 2 BGB, wobei er lediglich Ersatz für den Wert des Gegenstands zum Zeitpunkt seiner Einbringung in die Gesellschaft beanspruchen könne.

bb) Erstattung in Natur

Nach anderer, vordringender Ansicht[343] ist bei der Einbringung quoad sortem im Rahmen der Liquidation § 732 S. 1 BGB analog anzuwenden, sodass der Gesellschafter den eingebrachten Gegenstand von der Gesellschaft in Natur zurückbeanspruchen können soll. Bei der BGB-Gesellschaft müsse aber aufgrund ihrer wertmäßigen Berechtigung im Innenverhältnis der Wert des Gegenstands im Zeitpunkt der Rückgabe inklusive aller Wertsteigerungen dergestalt verbleiben, dass dieser als Negativposten von dem Kapitalkonto des „Eigentümer-Gesellschafters" abgezogen werde. Um dem Umstand Rechnung zu tragen, dass der überlassene Gegenstand seinem Wert nach das Gesellschaftsvermögen wirtschaftlich erhöht hat, sei dessen Wert auf das dem Gesellschafter zustehende Auseinandersetzungsguthaben anzurechnen. Ist der Wert der Sache bzw. des Rechts höher, so soll ein Ausgleichsanspruch der Gesellschaft in Höhe der Differenz bestehen. Dann soll der ausgleichsverpflichtete Gesellschafter nach Ansicht von *Berninger*[344] und *Hillers*[345] kraft der gesellschaftsrechtlichen Treuepflicht statt der gegenständlichen Rücknahme auch das Recht haben, den Vermögensgegenstand auf die Gesellschaft zu übertragen ohne dass eine Wertanrechnung stattfindet. Ist der Wert des Gegenstands zum Zeitpunkt der Auflösung der Gesellschaft

343 Bamberger/Roth/*Timm/Schöne*, § 732 Rn. 3; *Berninger*, Societas, S. 140; *Berninger*, DStR 2010, 874, 877; *Brandani*, S. 129; *Ensthaler*, S. 22; Erman/*Westermann*, § 732 Rn. 1; *Gädcke*, S. 131 ff.; jurisPK-BGB/*Trost*, § 732 Rn. 14; MüKo-BGB/*Schäfer*, § 732 Rn. 10; NK-BGB/*Heidel*, § 706 Rn. 7; *Reinhardt*, DStR 1991, 588, 589; *Schmidt*, GesR, § 20 II. S. 570; Soergel/*Hadding/Kießling*, § 732 Rn. 1; Staudinger/*Habermeier*, § 732 Rn. 2; *Wiedemann*, GesR II, § 3 II. S. 185, § 7 IV. S. 672 f.; *Wiedemann*, WM 1992, Sonderbeilage Nr. 7, S. 14.

344 *Berninger*, Societas, S. 142.

345 *Hillers*, S. 247.

geringer als zu Beginn ihrer wertmäßigen Berechtigung, soll die Gesellschaft dem „Eigentümer-Gesellschafter" neben der gegenständlichen Rückgabe nach Ansicht von *Wiedemann*[346] auch Wertersatz nach § 733 Abs. 2 S. 2 BGB schulden.

cc) Die Rechtsprechung des BGH

Der II. Zivilsenat des BGH hat sich bisher erst wenige Male mit der Einbringung quoad sortem – zumeist von Grundstücken – beschäftigen müssen. Dabei hat er bezüglich der Frage, wie mit dem Werte nach eingebrachten Gegenständen in der Liquidation zu verfahren ist, bisher keine eindeutige Aussage getroffen.

Bereits mit Urteil vom 10. Januar 1955[347] hat der BGH klargestellt, dass bei einer wertmäßigen Einbringung eines Grundstücks in eine zweigliedrige BGB-Gesellschaft der andere Gesellschafter von dem Grundstückseigentümer im Rahmen der Auseinandersetzung der Gesellschaft nicht die Versilberung des eingebrachten Grundstücks verlangen könne. Er hat insofern die Anwendung des § 733 Abs. 3 BGB ausdrücklich abgelehnt, da der Grundstückseigentümer andernfalls zu einer Eigentumsübertragung – wenn auch nur im Liquidationsstadium der Gesellschaft – verpflichtet wäre, die gerade nicht Bestandteil einer formlos möglichen Vereinbarung über die Einbringung eines Grundstücks dem Werte nach sei. Dem Mitgesellschafter stehe daher nur ein Auseinandersetzungsanspruch in Geld zu, der sich nach dem Wert des Grundstücks im Zeitpunkt der Auseinandersetzung richte.

Diese Auffassung hat der BGH in einem anderen Urteil vom 25. März 1965[348] – allerdings missverständlich – bestätigt. In dem zugrunde liegenden Fall ging es wiederum um die Einbringung eines Grundstücks dem Werte nach in eine aus zwei Gesellschaftern bestehende Gesellschaft bürgerlichen Rechts. Der Grundstückseigentümer war bereits verstorben und von einer Erbengemeinschaft, der unter anderem der Beklagte angehörte, beerbt worden. Nunmehr klagte der andere Gesellschafter auf Auflassung des Grundstücks. Hilfsweise begehrte der Kläger die Feststellung, dass der Wert des Grundstücks auf das der Erbengemeinschaft zustehende Auseinandersetzungsguthaben aus der früheren BGB-Gesellschaft zwischen ihm und dem Erblasser anzurechnen sei und ihm, falls

346 *Wiedemann*, GesR II, § 3 II. S. 185; *Wiedemann*, WM 1992, Sonderbeilage Nr. 7, S. 14. Für einen Anspruch auf Wertersatz im Hinblick auf Wertminderungen auch *Ensthaler*, S. 22.

347 BGH WM 1955, 298.

348 BGH WM 1965, 744.

das Auseinandersetzungsguthaben der Erbengemeinschaft geringer als der Wert des Grundstücks ausfalle, ein Ausgleichsanspruch gegen den Nachlass zustehe.

Der BGH kam zu dem Ergebnis, dass die Erbengemeinschaft nicht verpflichtet sei, das ihr gehörige Grundstück dem Kläger zu belassen, ihr Auseinandersetzungsanspruch allerdings um den Wert des Grundstücks im Zeitpunkt der Auseinandersetzung zu kürzen sei. Außerdem stellte der Senat fest, dass dem Kläger ein Ausgleichsanspruch zustehe, falls der Wert des Grundstücks den der Erbengemeinschaft zustehenden Auseinandersetzungsanspruch übersteige. Zugleich enthält das Urteil folgende Aussage:

> „Die Erbengemeinschaft ist im Hinblick darauf, daß das Grundstück nur wirtschaftlich zum Gesellschaftsvermögen zu rechnen ist, bei der Auseinandersetzung in Abweichung von § 733 Abs. 3 BGB auf einen Auseinandersetzungsanspruch in Geld angewiesen."

Vor dem Hintergrund, dass § 733 Abs. 3 BGB eine Auseinandersetzung in Geld gerade ermöglicht, und angesichts des vorstehend dargelegten Entscheidungsinhalts, erscheint diese Aussage widersprüchlich. Nach den weiteren Ausführungen des BGH ist es ja offenbar gerade der Kläger, der für den Fall, dass der Wert des Grundstücks das der Erbengemeinschaft zustehende Auseinandersetzungsguthaben übersteigt, auf einen Auseinandersetzungsanspruch in Geld angewiesen sein soll, da er keine Auflassung des quoad sortem eingebrachten Grundstücks verlangen und daher das Grundstück auch nicht gemäß § 733 Abs. 3 BGB versilbern könne. Möglicherweise wurden Kläger und Erbengemeinschaft im Urteilstext aber auch nur versehentlich vertauscht[349]. Jedenfalls ist dem Urteil die unmissverständliche Feststellung des BGH zu entnehmen, dass die Auseinandersetzung bei der Einbringung quoad sortem in Abweichung von § 733 Abs. 3 BGB stattzufinden habe.[350]

In einem weiteren Urteil vom 1. Juni 1967[351] hat der BGH nach den Umständen des der Entscheidung zugrunde liegenden Falls die wertmäßige Einbringung eines Grundstücks durch einen Gesellschafter einer zweigliedrigen Kommanditgesellschaft in Betracht gezogen und den Rechtsstreit an die Vorinstanz, die diese Form der Einbringung trotz Entscheidungserheblichkeit nicht erörtert hatte,

---

349 Dafür spricht auch die gegenteilige Feststellung des BGH im Urteil vom 10. Januar 1955, WM 1955, 298, dass es gerade der andere Gesellschafter sei, der für den Fall einer wertmäßigen Einbringung eines Grundstücks bei einer Auseinandersetzung der Gesellschaft in Abweichung von § 733 Abs. 3 BGB auf einen Auseinandersetzungsanspruch in Geld angewiesen sei.

350 So auch *Berninger*, Societas, S. 132; *Berninger*, DStR 2010, 874, 877.

351 BGH WM 1967, 951.

zurückverwiesen. Dabei stellte der BGH fest, dass, wäre das Grundstück von dem Gesellschafter dem Werte nach in die KG eingebracht worden, der Mitgesellschafter berechtigt wäre, den Grundstückswert einschließlich der bis zur Auflösung der Gesellschaft etwa eingetretenen Wertsteigerung als Forderung gegen den Anderen in die Liquidationsschlussbilanz einzustellen. Zugleich bestätigte der Senat die Annahme des Berufungsgerichts, dass mangels notarieller Form keine Verpflichtung des Gesellschafters zur Übereignung des Grundstücks an die Gesellschaft bestanden habe. Der BGH ging also offensichtlich davon aus, dass eine Einbringung dem Werte nach keine Übereignungsverpflichtung begründe und das Grundstück auch nach der Auflösung der KG im Eigentum des Gesellschafters, dem es auch vor der Einbringung gehörte, verbleibe.

Zuletzt ließ der BGH in einer Entscheidung vom 15. Juni 2009[352] die Streitfrage, „ob in der Liquidation einer Gesellschaft bürgerlichen Rechts ein Gesellschafter, der eine Sache dem Werte nach in die Gesellschaft eingebracht hat, diese an die Gesellschaft übertragen muss und hierfür eine Abfindung erhält oder ob er die Sache zurückerhält und nur ihr Wert als Negativposten von seinem Kapitalkonto in Abzug zu bringen ist", ausdrücklich offen, da diese Frage für den zu entscheidenden Fall nicht entscheidungserheblich war.

dd) Die Rechtsprechung der Finanzgerichtsbarkeit

Angesichts der vielfältigen steuerrechtlichen Probleme, die die wertmäßige Einbringung eines Vermögensgegenstands in eine Gesellschaft aufwirft, gibt es zahlreiche Entscheidungen der Finanzgerichte und des BFH, die sich mit dieser Form der Einbringung befassen.

In Bezug auf die Behandlung der Einbringung quoad sortem im Rahmen der Liquidation ist vor allem das Urteil des FG Schleswig-Holstein vom 9. November 1987[353] von Interesse. Das Finanzgericht hatte über die Einstufung eines Grundstücks als Sonderbetriebsvermögen eines Gesellschafters einer OHG zu entscheiden, wobei der Gesellschafter das in seinem Eigentum stehende Grundstück dem Werte nach in die Gesellschaft eingebracht hatte.

Das Gericht kam zu der Auffassung, dass es sich bei dem Grundstück um wirtschaftliches Eigentum der Gesellschaft im Sinne von § 39 Abs. 2 Nr. 1 AO handele. Es hat in diesem Zusammenhang auch den Streit, ob nach Auflösung einer Gesellschaft der zum Wert eingebrachte Gegenstand verwertet werden könne oder ob nur ein schuldrechtlicher Anspruch der Gesellschaft auf den

352 BGH WM 2009, 1847.

353 FG Schleswig-Holstein BB 1988, 1217.

Wert der Sache bestehe, dargestellt und Bedenken in Bezug auf erstere Ansicht geäußert. Diese berücksichtige nicht, dass durch die Einbringung quoad sortem nur schuldrechtliche Ansprüche zwischen den Vertragsparteien begründet werden sollen, und lasse sich nicht in Einklang mit § 313 S. 1 BGB a. F. (entspricht § 311b Abs. 1 S. 1 BGB n. F.) bringen. Gehe man davon aus, der „Eigentümer-Gesellschafter" könne nach Auflösung der Gesellschaft die Rückgabe des dem Werte nach eingebrachten Vermögensgegenstands nicht verlangen, sondern müsse dessen Verwertung dulden, sei in der Verpflichtung, ein Grundstück dem Werte nach in eine Gesellschaft einzubringen, zugleich die – formbedürftige – Verpflichtung des Einbringenden enthalten, das Eigentum an dem Grundstück zu übertragen. Ein Gesellschaftsvertrag, in dem sich ein Gesellschafter zur Einbringung eines Grundstücks dem Werte nach verpflichtet, bedürfe aber gerade nicht der in § 313 S. 1 BGB a. F. vorgeschriebenen notariellen Form.

Unter ausdrücklichem Bezug auf das Urteil des BGH vom 1. Juni 1967[354] hat sich das FG Schleswig-Holstein daher auf den Standpunkt gestellt, bei der Einbringung quoad sortem könne der „Eigentümer-Gesellschafter" die Herausgabe des eingebrachten Vermögensgegenstands verlangen, müsse aber andererseits den Wert dieses Gegenstands der Gesellschaft zur Verfügung stellen.

Im Gegensatz dazu hat der BFH mit Urteil vom 20. Januar 1988[355] vertreten, dass eine Rückgabe der einer Gesellschaft quoad sortem überlassenen Sache bzw. des wertmäßig eingebrachten Rechts im Zuge der Liquidation der Gesellschaft ausscheide, da die Rückgabe in Natur anders als bei der schlichten Gebrauchsüberlassung gesetzlich nicht vorgesehen sei. An die Stelle der Rückgabe trete die Verwertung des Gegenstands durch die Liquidatoren oder die Teilung in Natur. Der BFH ist im Rahmen der Entscheidung zudem ausdrücklich von einer Verfügungsbefugnis der Gesellschaft durch ihre Organe über den quoad sortem eingebrachten Gegenstand ausgegangen.

In einer neueren Entscheidung vom 4. April 2006[356] ist das FG des Landes Brandenburg wie selbstverständlich davon ausgegangen, dass eine dem Werte nach eingebrachte Sache im Zuge der Liquidation analog § 732 S. 1 BGB zurückzugeben sei, ohne den diesbezüglichen Streit oder die gegenteilige Auffassung des BFH auch nur zu erwähnen. In dem dem Urteil zugrundeliegenden Fall ging es wieder einmal um die wertmäßige Einbringung eines Grundstücks in eine zweigliedrige Gesellschaft bürgerlichen Rechts durch einen Gesellschafter.

---

354 BGH WM 1967, 951.

355 BFH BStBl. 1988 II, 453.

356 FG Brandenburg EFG 2006, 1475.

Nach dessen Ausscheiden aus der Gesellschaft hatte das Finanzamt den anderen Gesellschafter als wirtschaftlichen Eigentümer des Grundstücks angesehen, wogegen sich dieser nun zur Wehr setzte.

Das FG Brandenburg kam zu dem Ergebnis, dass jedenfalls der Kläger unabhängig von einer etwaigen wirtschaftlichen Berechtigung der aufgelösten BGB-Gesellschaft nicht wirtschaftlicher Eigentümer des Grundstücks geworden sei. Es hat dabei mehrfach betont, dass der Gesellschafter, der ein Grundstück seinem Werte nach in eine BGB-Gesellschaft eingebracht hat, mit Auflösung der Gesellschaft die Herausgabe verlangen könne. Dies ergebe sich daraus, dass durch die formlos mögliche Verpflichtung zur wertmäßigen Einbringung eines Grundstücks keine wirksame zivilrechtliche Verpflichtung zur Übertragung des Eigentums an dem Grundstück auf die BGB-Gesellschaft begründet werde. Den Wert des Grundstücks müsse der Gesellschafter der Gesellschaft allerdings zur Verfügung stellen bzw. dadurch bei dieser belassen, dass der Wert im Rückgabezeitpunkt als Negativposten von seinem Kapitalkonto abgezogen werde. Gegebenenfalls bestehe ein Wertausgleichsanspruch der Gesellschaft, wobei, so das Finanzgericht, der Gesellschafter dann kraft gesellschaftsrechtlicher Treupflicht verlangen könne, anstelle der Anrechnung des Wertes den eingebrachten Gegenstand der Gesellschaft zu belassen und das Eigentum auf diese zu übertragen.

ee) Stellungnahme

Wie *Berninger*[357] zutreffend bemerkt, gibt das Gesetz zur Lösung des Streits keine Hilfestellung, da sich die Regelungen nicht mit dem Sonderfall der Einbringung quoad sortem befassen[358]. § 732 S. 1 BGB regelt nach seinem Wortlaut nur die Rückgabe der der Gesellschaft lediglich zur Benutzung überlassenen Gegenstände, § 733 Abs. 2 S. 2 BGB ordnet die Erstattung in Form von Wertersatz nur für die zu Eigentum eingebrachten Gegenstände der Gesellschaft an. Das Argument des BFH[359], dass eine Rückgabe des quoad sortem in eine Gesellschaft eingebrachten Gegenstands im Zuge der Liquidation ausscheide, da die Rückgabe in Natur für diese Form der Einbringung gesetzlich nicht vorgesehen sei, vermag insofern nicht zu überzeugen. Auch die wertmäßige Erstattung ist für die Einbringung quoad sortem ja gesetzlich nicht vorgesehen.

Wie mit einem dem Werte nach eingebrachten Vermögensgegenstand in der Auseinandersetzung der BGB-Gesellschaft zu verfahren ist, ist anhand der

---

357 *Berninger*, Societas, S. 136; *Berninger*, DStR 2010, 874, 876.

358 Ebenso MüKo-BGB/*Schäfer*, § 732 Rn. 10.

359 BFH BStBl. 1988 II, 453.

Wesensmerkmale der Einbringung quoad sortem zu entscheiden. Insbesondere muss dabei berücksichtigt werden, dass eine Änderung der dinglichen Zuordnung der Sache bzw. des Rechts gerade nicht stattfindet. Vielfach wird die Entscheidung der Gesellschafter für eine Einbringung dem Werte nach gerade auch darauf fußen, dass das Eigentum an dem Gegenstand nicht übertragen werden, sondern bei dem einbringenden Gesellschafter verbleiben soll. Würde man in der Liquidation der Gesellschaft nunmehr eine Verpflichtung des Gesellschafters annehmen, den Gegenstand auf die Gesellschaft oder einen von dieser bezeichneten Dritten zu übertragen, so würde dies dem Wesen der Einbringung quoad sortem offensichtlich zuwiderlaufen[360]. Die Entscheidung für eine Einbringung dem Werte nach und gegen eine Einbringung zu Eigentum würde für den Gesellschafter wertlos, wenn er die Verwertung durch die Gesellschaft dulden müsste, da er letztendlich doch zur Eigentumsübertragung verpflichtet wäre, die Verpflichtung nur bis zur Auseinandersetzung der Gesellschaft aufgeschoben wäre. Es ist aber nicht einzusehen, warum die Vereinbarung der Gesellschafter, der Gesellschaft den Wert des Gegenstands nur schuldrechtlich zukommen zu lassen, im Abwicklungsstadium nicht mehr gelten soll[361]. Dass gerade keine Verpflichtung des Gesellschafters zur Übereignung begründet werden sollte, darf nicht unberücksichtigt bleiben, und zwar unabhängig davon, ob diese Entscheidung nur aus Gründen der Kostenersparnis oder der Praktikabilität getroffen wurde.

Eine andere Auffassung ist im Übrigen nicht in Einklang mit § 311b Abs. 1 S. 1 BGB zu bringen, jedenfalls sofern gleichzeitig vertreten wird, dass die wertmäßige Einbringung eines Grundstücks nicht der notariellen Beurkundung bedürfe[362]. Wenn mit der Einbringung dem Werte nach immer auch die – wenn auch aufgeschobene – Verpflichtung einhergehen würde, das Grundstück in der Liquidation der Gesellschaft an diese oder einen Dritten zu übereignen, so wäre durch § 311b Abs. 1 S. 1 BGB die notarielle Form für den der Einbringung quoad sortem zugrundeliegenden Gesellschaftsvertrag zwingend vorgeschrieben. Ohne Beachtung dieses Formerfordernisses könnte sich der Gesellschafter im Zuge der Einbringung quoad sortem also nicht zur Übertragung des Grundstücks verpflichtet haben.

Zu folgen ist daher der Ansicht, die bezogen auf die dem Werte nach in die Gesellschaft eingebrachten Gegenstände im Falle der Liquidation einen

---

360 So auch *Berninger*, Societas, S. 137.

361 So zutreffend jurisPK-BGB/*Trost*, § 732 Rn. 14; MüKo-BGB/*Schäfer*, § 732 Rn. 10.

362 So Jauernig/*Stürner*, § 706 Rn. 7; Soergel/*Hadding*, § 706 Rn. 23.

Rückgabeanspruch des Gesellschafters entsprechend § 732 S. 1 BGB bejaht. Aufgrund der wertmäßigen Berechtigung der BGB-Gesellschaft ist eine Wertveränderung des quoad sortem eingebrachten Vermögensgegenstands während der Dauer der Einbringung aber im Rahmen der Schlussabrechnung zu berücksichtigen. Wie *Schmidt*[363] zutreffend bemerkt, begründet die Einbringung dem Werte nach mithin nur eine „Lastschrift im Auseinandersetzungsfall". Für den Fall, dass der Wert des Gegenstands bei Auflösung der Gesellschaft den Wert zum Zeitpunkt der Einbringung übersteigt, hat die Gesellschaft einen Ausgleichsanspruch. Für den umgekehrten Fall eines Wertverlusts schuldet die Gesellschaft entsprechend § 733 Abs. 2 S. 2 BGB Wertersatz.

Dies entspricht im Übrigen bereits der Rechtsprechung des RG[364] und steht auch im Einklang mit der frühen Rechtsprechung des BGH[365]. Den oben[366] dargelegten Entscheidungen ist unzweifelhaft zu entnehmen, dass der BGH offenbar von einer gegenständlichen Rückgabepflicht von dem Werte nach eingebrachten Gegenständen ausgeht[367]. So hat er im Urteil vom 10. Januar 1955[368] ausdrücklich betont, dass bei einer wertmäßigen Einbringung von Gegenständen in eine Gesellschaft gerade keine Verpflichtung zur Übertragung des Eigentums begründet werden soll, weshalb die Anwendbarkeit des § 733 Abs. 3 BGB auf Gegenstände, die lediglich dem Werte nach in eine Gesellschaft eingebracht sind, ausgeschlossen sei. Entsprechend hat er in der Entscheidung vom 25. März 1965[369] die Anwendung des § 733 Abs. 3 BGB auf die wertmäßige Einbringung eines Grundstücks ausdrücklich abgelehnt und ausgeurteilt, dass das auf diese Art eingebrachte Grundstück auch nach Auflösung der Gesellschaft der Rechtsnachfolgerin des „Eigentümer-Gesellschafters" zustehe, die sich den Grundstückswert zum Zeitpunkt der Auseinandersetzung auf ihr Auseinandersetzungsguthaben anrechnen lassen müsse. Vor diesem Hintergrund ist es schlichtweg nicht nachzuvollziehen, dass sich die Vertreter der Ansicht, statt einer Rückgabe in Natur habe die Auseinandersetzung in Geld stattzufinden, auf den Inhalt des Urteils vom 25. März 1965 stützen[370]. Nach dem Urteil soll

---

363 *Schmidt*, ZHR 154 (1990), 237, 243.

364 RGZ 109, 380; 166, 160.

365 BGH WM 1955, 298; 1965, 744; 1967, 951.

366 Siehe unter C. I. 3. d) cc) .

367 So auch *Berninger*, Societas, S. 133.

368 BGH WM 1955, 298.

369 BGH WM 1965, 744.

370 So Jauernig/*Stürner*, §§ 731–735 Rn. 2; Palandt/*Sprau*, § 732 Rn. 1; Soergel/*Hadding*, § 706 Rn. 23; Staudinger[12]/*Keßler*, § 732 Rn. 1; vgl. auch Erman/*Westermann*, § 732

das Grundstück ja gerade im Eigentum des Gesellschafters bleiben und keine Werterstattung durch die Gesellschaft stattfinden. Zu demselben Ergebnis kam der BGH auch in der Entscheidung vom 1. Juni 1967[371]. Danach soll der Wert des quoad sortem eingebrachten Gegenstands als Forderung gegen den „Eigentümer-Gesellschafter" in die Liquidationsschlussbilanz der aufgelösten Gesellschaft einzustellen sein. Dies macht aber nur dann Sinn, wenn der Gegenstand zuvor an den Eigentümer zurückgegeben wird.

In Fällen, in denen den Gesellschaftern gar nicht bewusst ist, dass ein Gegenstand „nur" dem Werte nach eingebracht wurde, kann die analoge Anwendung von § 732 BGB allerdings zu ungewollten Ergebnissen führen, wie das folgende Beispiel zeigt:

Beispiel 2

F und M leben in nichtehelicher Lebensgemeinschaft zusammen. Sie beschließen, gemeinsam ein landwirtschaftliches Unternehmen aufzubauen und gründen zu diesem Zweck eine Gesellschaft bürgerlichen Rechts. Im Gesellschaftsvertrag schreiben sie fest, dass F ein ihr gehörendes Grundstück zu Eigentum in die Gesellschaft einbringt[372], lassen den Gesellschaftsvertrag allerdings nicht notariell beurkunden. Auf dem Grundstück errichten sie einen Bauernhof, den sie zwanzig Jahre lang gemeinsam bewohnen und bewirtschaften. Dann stirbt F. Sie wird von ihrem Sohn aus erster Ehe beerbt. Dieser verlangt von M, den Hof umgehend zu räumen. M, der stets davon ausging, dass Grundstück und Bauernhof im Eigentum der BGB-Gesellschaft stünden, fällt aus allen Wolken. Er muss „seinen" Hof tatsächlich verlassen. Denn das Grundstück wurde von F nicht, wie beabsichtigt, quoad dominium in die Gesellschaft eingebracht. Dafür hätte der Gesellschaftsvertrag notariell beurkundet werden müssen[373]. Eigentümer von Grundstück und Bauernhof ist daher in der Tat der Erbe von F. Die Gesellschaft hat auch kein Besitzrecht an dem Grundstück. Zwar ist die formnichtige Einbringungsvereinbarung nach § 140 BGB in eine formfrei mögliche Einbringung dem Werte nach umzudeuten.[374] Allerdings ist die Gesellschaft seit dem Tod von F gemäß § 727 BGB aufgelöst

Rn. 1; jurisPK-BGB/*Trost*, § 732 Rn. 14; MüKo-BGB/*Schäfer*, § 732 Rn. 10; Staudinger/*Habermeier*, § 732 Rn. 2.

371 BGH WM 1967, 951.

372 Siehe zur Einbringung quoad dominium unter C. III. 1. a) .

373 Vgl. RGZ 68, 260, 261 f.; BGH WM 1955, 298; *Berninger*, Societas, S. 105; *Gädcke*, S. 62; MüKo-BGB/*Ulmer/Schäfer*, § 705 Rn. 34; *Reimann*, DStR 1991, 154, 155 f.; Soergel/*Hadding/Kießling*, § 705 Rn. 8 f.; *Sudhoff*, NJW 1956, 321, 323; *Wiedemann*, WM 1990, Sonderbeilage Nr. 8, S. 8 f.; *Wiesner*, NJW 1984, 95.

374 Vgl. BGH WM 1967, 951, 952 f. (KG); FG Schleswig-Holstein BB 1988, 1217, 1218 (OHG); FG Brandenburg EFG 2006, 1475, 1477; vgl. auch *Gädcke*, S. 61; jurisPK-BGB/*Bergmann*, § 706 Rn. 10; MüKo-BGB/*Schäfer*, § 706 Rn. 12; Soergel/*Hadding/Kießling*, § 706 Rn. 23; *Wiesner*, NJW 1984, 95, 98 f.

und ihr Wert- und Besitzrecht an dem quoad sortem eingebrachten Grundstück daher zu diesem Zeitpunkt erloschen. Der Anteil der F an der Abwicklungsgesellschaft und die daraus folgenden Rechte sind mit dem Erbfall auf ihren Sohn übergegangen.[375] Dieser kann daher die Herausgabe analog § 732 BGB beanspruchen. Die Wertveränderung des Grundstücks während der wertmäßigen Berechtigung der Gesellschaft ist aber im Rahmen der Schlussabrechnung zu berücksichtigen. M steht somit wenigstens mittelbar ein Ausgleich für die Wertsteigerung durch Bebauung zu.

4. Drittgeschäft

Von der Rückgabeverpflichtung aus § 732 S. 1 BGB werden keine Gegenstände erfasst, die ein Gesellschafter der Gesellschaft nicht beitragsweise, sondern aufgrund besonderen Schuldvertrages, insbesondere Miet- oder Pachtvertrages, überlassen hat.[376] Derartige sogenannte Drittgeschäfte, die nicht aufgrund gesellschaftsvertraglicher Verpflichtung getätigt werden[377] und bei denen sich die beteiligten Rechtssubjekte im Grundsatz wie „fremde Dritte"[378] gegenüberstehen, können unabhängig von dem Gesellschaftsverhältnis zwischen der Gesellschaft und den einzelnen Gesellschaftern abgeschlossen werden.[379] Das Gesellschaftsverhältnis ist dabei allenfalls Motiv zum Abschluss des weiteren Schuldvertrages[380], der ebenso gut zwischen der BGB-Gesellschaft und einem beliebigen Dritten zustande kommen könnte[381]. Für die Rechte und Pflichten aus einem Drittgeschäft können die gesellschaftsrechtlichen Regelungen daher nicht herangezogen werden. Stattdessen sind allein die jeweiligen vertraglichen Vereinbarungen[382] und die „allgemeinen Regeln"[383] anzuwenden. Die aufgrund eines Drittgeschäfts der Gesellschaft zur Benutzung überlassenen Gegenstände sind somit nicht nach § 732 S. 1 BGB, sondern nach Maßgabe des jeweiligen

375 Vgl. BGH WM 1981, 1334, 1336; 2011, 1135, 1136; MüKo-BGB/*Schäfer*, § 727 Rn. 13.

376 jurisPK-BGB/*Trost*, § 732 Rn. 16; MüHdbGesR I/*Gummert*, § 21 Rn. 109; MüKo-BGB/*Schäfer*, § 732 Rn. 2; Soergel/*Hadding/Kießling*, § 732 Rn. 1; Staudinger/*Habermeier*, § 732 Rn. 3.

377 jurisPK-BGB/*Bergmann*, § 705 Rn. 54; MüKo-BGB/*Schäfer*, § 732 Rn. 2; Palandt/*Sprau*, § 705 Rn. 28.

378 BFH BStBl. 1992 II, 269.

379 BGH NJW-RR 2006, 1268; *Bork*, ZHR 154 (1990), 205, 206; MüHdbGesR I/*Gummert*, § 18 Rn. 78; MüKo-BGB/*Schäfer*, § 706 Rn. 5; Staudinger/*Habermeier*, § 705 Rn. 42; *Wiedemann*, WM 1992, Sonderbeilage Nr. 7, S. 8.

380 *Bork*, ZHR 154 (1990), 205, 206.

381 JurisPK-BGB/*Bergmann*, § 705 Rn. 54; Palandt/*Sprau*, § 705 Rn. 28.

382 *Brandani*, S. 174.

383 Palandt/*Sprau*, § 705 Rn. 28.

Vertragsverhältnisses und den dafür geltenden Kündigungsbestimmungen zurückzugeben.[384] Die Auffassung von *Keßler*[385], durch § 732 S. 1 BGB werde der Grundsatz ausgesprochen, dass mit Auflösung der Gesellschaft die Gebundenheit für jedes zu Gesellschaftszwecken dienende fremde Eigentum aufhöre[386], berücksichtigt die rechtliche Selbstständigkeit der unterschiedlichen Vertragsverhältnisse nicht. Weder ein Rechtsgeschäft mit einem Dritten noch ein Drittgeschäft mit einem Gesellschafter werden von der Auflösung der BGB-Gesellschaft berührt[387], da sie unabhängig von dem Gesellschaftsvertrag bestehen. Das Benutzungsrecht der Gesellschaft aufgrund gesondert abgeschlossenen Miet- oder Pachtvertrages kommt somit grundsätzlich nicht bereits durch die Umwandlung zur Abwicklungsgesellschaft in Wegfall.[388] Die Auflösung kann im Einzelfall höchstens eine außerordentliche Kündigung des Drittvertrages nach dem für das jeweilige Schuldverhältnis geltenden Recht rechtfertigen.[389] Es besteht im Übrigen kein Grund, § 732 S. 1 BGB zu einer allgemeinen Rückgaberegelung zu erweitern, da die Herausgabe eines nicht im Eigentum der Gesellschaft stehenden Gegenstands regelmäßig auch nach den jeweils einschlägigen vertraglichen und gesetzlichen Vorschriften verlangt werden kann[390]. So folgt die Rückgabepflicht eines aufgrund Mietvertrages überlassenen Gegenstands nach der Beendigung des Vertragsverhältnisses infolge Kündigung aus § 546 BGB; der Anwendung gesellschaftsrechtlicher Vorschriften bedarf es somit schon gar nicht.

Den Gesellschaftern steht es frei, auf welche Art und Weise sie die Nutzung eines Gegenstandes durch die Gesellschaft rechtlich ermöglichen; sie können

384 Bamberger/Roth/*Timm/Schöne*, § 732 Rn. 4; jurisPK-BGB/*Trost*, § 732 Rn. 16; Soergel/*Hadding/Kießling*, § 732 Rn. 1.

385 Staudinger[12]/*Keßler*, § 732 Rn. 1.

386 Ähnlich auch Bamberger/Roth/*Timm/Schöne*, § 732 Rn. 2.

387 Bamberger/Roth/*Timm/Schöne*, § 732 Rn. 4; *Brandani*, S. 173; Staudinger/*Habermeier*, § 732 Rn. 3.

388 Erman/*Westermann*, § 732 Rn. 1; MüKo-BGB/*Schäfer*, § 732 Rn. 2; Staudinger/*Habermeier*, § 732 Rn. 3.

389 Erman/*Westermann*, § 732 Rn. 1; MüKo-BGB/*Schäfer*, § 732 Rn. 2; Staudinger/*Habermeier*, § 732 Rn. 3; vgl. zur Kündigungsmöglichkeit von Dauerschuldverhältnissen mit Dritten auch jurisPK-BGB/*Trost*, § 730 Rn. 41; MüKo-BGB/*Schäfer*, § 730 Rn. 36; Staudinger/*Habermeier*, Vorbem zu §§ 723 ff. Rn. 19. Nach Ansicht des OLG Brandenburg NZG 2008, 506, gibt die Auflösung einer Gesellschaft regelmäßig kein außerordentliches Lösungs- oder Umgestaltungsrecht in Bezug auf bestehende Schuldverhältnisse.

390 *Hillers*, S. 33 Fn. 99.

wählen, ob sie eine Leistung als Beitrag zur Förderung des Gesellschaftszwecks im Sinne des § 705 BGB oder im Zuge eines gesondert zu schließenden Schuldvertrages erbringen wollen.[391] Angesichts der aufgezeigten unterschiedlichen Rechtsfolgen im Falle der Auflösung der BGB-Gesellschaft kommt der Abgrenzung, ob es sich um eine Einbringung aufgrund der Beitragsverpflichtung oder eine Gebrauchsüberlassung aufgrund eines Drittgeschäftes handelt, besondere Bedeutung zu. Auf welcher Grundlage die Leistung eines Gesellschafters versprochen wird, ist dabei grundsätzlich der Vereinbarung selbst zu entnehmen.[392] Ist diese nicht eindeutig, so kann die Abgrenzung im Einzelfall schwierig sein. Es kommt dabei entscheidend auf den Willen der Parteien an, der vor allem anhand der mündlich oder schriftlich getroffenen Abmachungen der Beteiligten und der weiteren Umstände, unter denen diese zustande gekommen sind, zu ermitteln ist.[393] Wurde die Leistungsverpflichtung eines Gesellschafters ausdrücklich in den Gesellschaftsvertrag aufgenommen, so ist im Zweifel anzunehmen, dass es sich bei der Leistung um einen Beitrag im Sinne von § 705 BGB handelt.[394] Zwar kann nicht davon ausgegangen werden, dass alle im Gesellschaftsvertrag enthaltenen Regelungen immer auch gesellschaftliche Rechte und Pflichten begründen,[395] der Gesellschaftsvertrag kann daher auch Vereinbarungen über Drittverhältnisse beinhalten. Es besteht allerdings eine Vermutung für den Beitragscharakter der im Gesellschaftsvertrag festgeschriebenen Leistungspflichten der Gesellschafter.[396] Das gilt selbst dann, wenn für die Leistung eine Gegenleistung der Gesellschaft vorgesehen ist[397], da Beitrag zur Erfüllung des Gesellschaftszwecks auch der Abschluss und die Erfüllung eines selbständigen Vertrages mit der Gesellschaft sein können[398], wenn sich der Gesellschafter dazu im Rahmen seiner gesellschaftsrechtlichen Förderungspflicht verpflichtet hat. Es handelt sich dann nicht um ein Drittverhältnis, da Rechtsgrund für den Abschluss des Vertrages der Gesellschaftsvertrag ist.[399] Anders als im Rahmen eines unabhängig

---

391 BFH BStBl. 1992 II, 269.

392 Staudinger/*Habermeier*, § 706 Rn. 9.

393 BGH NJW 1951, 308; vgl. auch BGHZ 70, 61, 63 (KG).

394 BGHZ 70, 61, 63 (KG).

395 BGHZ 70, 61, 63 (KG); jurisPK-BGB/*Bergmann*, § 706 Rn. 1.

396 Bamberger/Roth/*Timm/Schöne*, § 706 Rn. 2; Hk-BGB/*Saenger*, § 706 Rn. 5; MüKo-BGB/*Schäfer*, § 706 Rn. 5; vgl. auch Soergel/*Hadding*, § 706 Rn. 3; Staudinger/*Habermeier*, § 706 Rn. 9.

397 Bamberger/Roth/*Timm/Schöne*, § 706 Rn. 2; MüKo-BGB/*Schäfer*, § 706 Rn. 5.

398 Erman/*Westermann*, § 706 Rn. 2.

399 Staudinger/*Habermeier*, § 705 Rn. 42.

davon abgeschlossenen Drittgeschäfts steht der Gesellschafter der Gesellschaft nicht wie ein beliebiger Dritter gegenüber, da seine Leistung an die Gesellschaft in erster Linie den aus dem Gesellschaftsverhältnis folgenden Bedingungen und Beschränkungen unterliegt[400]. Das zur Erfüllung der Beitragspflicht abgeschlossene Vertragsverhältnis kann daher auch nicht beliebig beendet werden, sondern ist vom Bestehen des Gesellschaftsverhältnisses abhängig.[401]

Hillers[402] ist zuzustimmen, wenn er meint, es spreche ganz wesentlich dafür, ein Schuldverhältnis als gesellschaftliches Pflichtenverhältnis einzuordnen, wenn der Vertrag zu den mit dem Gesellschafter vereinbarten Konditionen mit keinem Dritten abgeschlossen worden wäre. Da selbst der Abschluss eines Austauschvertrages einen Beitrag im Sinne des § 705 BGB darstellen kann, kann die Entgeltlichkeit der Gesellschafterleistung allein allerdings kein für die Abgrenzung zwischen Drittgeschäft und Beitragsverpflichtung ausschlaggebendes Kriterium sein. Insofern ist auch die Unterscheidung des BFH zur umsatzsteuerrechtlichen Behandlung von Leistungen der Gesellschafter an die Gesellschaft danach, „ob es sich um Leistungen handelt, die gegen (Sonder-)Entgelt ausgeführt werden und damit auf einen Leistungsaustausch gerichtet sind, oder um Leistungen, die als Gesellschafterbeitrag durch die Beteiligung am Gewinn und Verlust der Gesellschaft abgegolten werden“[403], wenig zielführend. Zur Abgrenzung ist stattdessen in erster Linie darauf abzustellen, ob eine Gesellschafterleistung zur Förderung eines übergeordneten gemeinsamen Zwecks oder allein aufgrund eigennütziger Gesichtspunkte erbracht wird. Die Förderung eines gemeinsamen Zwecks ist das wesentliche Merkmal eines Gesellschaftsvertrages[404] und somit taugliches Kriterium für die Feststellung, ob einer Leistungsverpflichtung die gesellschaftsrechtliche Beitragspflicht oder ein unabhängig von dem Gesellschaftsvertrag geschlossenes Rechtsverhältnis zugrunde liegt.

---

400 Soergel/*Hadding*, § 706 Rn. 3.

401 Erman/*Westermann*, § 706 Rn. 2; MüKo-BGB/*Schäfer*, § 706 Rn. 5; vgl. auch Soergel/*Hadding*, § 706 Rn. 3.

402 *Hillers*, S. 114.

403 BFH BStBl. 1992 II, 269.

404 BGH NJW 1951, 308.

5. Entstehung, Inhalt und Durchsetzbarkeit des Rückgabeanspruchs

a) Entstehung und Inhalt des Anspruchs

Der Rückgabeanspruch aus § 732 S. 1 BGB entsteht nach herrschender Meinung bereits mit Auflösung der BGB-Gesellschaft[405] und kann vor der Durchführung der eigentlichen Auseinandersetzung des Gesellschaftsvermögens gegenüber der Gesellschaft sofort und isoliert geltend gemacht werden[406], es sei denn, die Gesellschafter haben eine abweichende Vereinbarung getroffen. Bezüglich der Rückgabe von Gegenständen besteht kein Bedürfnis, die Schlussabrechnung abzuwarten, da der überlassene Gegenstand naturgemäß nicht mit eventuell gegen den Gesellschafter bestehenden Ansprüchen der Gesellschaft oder von Mitgesellschaftern verrechnet werden kann.[407] Mit Eintritt eines Auflösungsgrundes kann der „Eigentümer-Gesellschafter" den von ihm quoad usum oder quoad sortem in die Gesellschaft eingebrachten Vermögensgegenstand mithin grundsätzlich zurückverlangen.[408] Dies folgt daraus, dass mit der Auflösung der Gesellschaft in der Regel bereits die gesellschaftsvertragliche Überlassungspflicht und damit auch die Gebundenheit des beitragsweise zu Gesellschaftszwecken überlassenen fremden Eigentums endet[409].

Dem „Eigentümer-Gesellschafter" ist der unmittelbare Besitz an dem überlassenen Gegenstand wieder einzuräumen.[410] Inhalt des Anspruchs aus § 732 S. 1 BGB ist bei zur Nutzung oder dem Werte nach eingebrachten Sachen somit die gegenständliche Rückgabe. Anders ist es naturgemäß bei überlassenen Rechten. Statt einer Rückgabe, die bei Rechten nicht möglich ist, endet die an dem Recht eingeräumte Nutzungsbefugnis automatisch im Zeitpunkt der

---

405 Erman/*Westermann*, § 732 Rn. 2; Soergel/*Hadding/Kießling*, § 732 Rn. 2; Staudinger/*Habermeier*, § 732 Rn. 4.

406 RG JW 1937, 3155; 1938, 457; OLG Karlsruhe NJW 1961, 2017; Bamberger/Roth/*Timm/Schöne*, § 732 Rn. 2; *Brandani*, S. 173; *Hillers*, S. 248, 327 f.; jurisPK-BGB/*Trost*, § 732 Rn. 5; MüHdbGesR I/*Gummert*, § 21 Rn. 109; Palandt/*Sprau*, § 732 Rn. 1.

407 Soergel/*Hadding/Kießling*, § 732 Rn. 4.

408 A. A. MüKo-BGB/*Schäfer*, § 732 Rn. 2, der vertritt, dass sich ein allgemeiner Grundsatz über den Rückgabezeitpunkt nicht aufstellen lasse, da die Beitragspflichten der Gesellschafter so lange fortbestünden, als die Beiträge im Rahmen des auf Abwicklung gerichteten Zwecks noch benötigt würden. Da auch die h.M. dann die Durchsetzbarkeit des Rückgabeanspruchs verneint – siehe dazu unter C. I. 5. b) aa) – ergeben sich aber keine abweichenden Ergebnisse.

409 Bamberger/Roth/*Timm/Schöne*, § 732 Rn. 2; Soergel/*Hadding/Kießling*, § 732 Rn. 2.

410 Bamberger/Roth/*Timm/Schöne*, § 732 Rn. 5; RGRK/*v. Gamm*, § 732 Rn. 4; Soergel/*Hadding/Kießling*, § 732 Rn. 3.

Entstehung der Rückgabepflicht[411]. Ab dem Zeitpunkt der Auflösung ist die Gesellschaft somit ohne abweichende Vereinbarung grundsätzlich nicht mehr befugt, das Recht zu nutzen oder zu gebrauchen. Ist das nicht allen Gesellschaftern bewusst, wird es nicht selten zu Rechtsverletzungen kommen, wie das folgende Beispiel zeigt:

Beispiel 3

A, B, C und D gründen eine Rockband. Lieder und Texte schreibt der Gitarrist B. Damit tritt die Band in Kneipen auf. Plötzlich stirbt B. A, C und D nehmen einen neuen Gitarristen in die Band auf und spielen nun mit diesem die von B komponierten Songs. Bei einem Auftritt in einer Bar werden sie von einem Talent-Scout eines großen Plattenlabels angesprochen, das mit der Band eine Platte aufnehmen möchte. Kurz vor Abschluss des Plattenvertrages melden sich die Eltern von B, die ihren Sohn beerbt haben und A, C und D die Schuld an dessen Tod geben, und untersagen Band und Label jegliche Nutzung seiner Lieder. Das Label sagt die Zusammenarbeit daraufhin ab, denn die Rechtslage ist folgende:

A, B, C und D haben sich zum gemeinschaftlichen Musizieren in Form einer Rockband, mithin zur Förderung eines gemeinsamen Zwecks zusammengeschlossen. Zwischen ihnen bestand daher eine Gesellschaft bürgerlichen Rechts.[412] Diese kann aufgrund des Schöpferprinzips aus § 7 UrhG nicht Urheberin sein. Schöpfer und damit auch Urheber der Songs und Texte ist allein B. Da das Urheberrecht außer durch Erbfolge nicht übertragbar ist (vgl. § 29 Abs. 1 UrhG), kann die BGB-Gesellschaft auch nicht durch Einbringung Inhaberin des Urheberrechts geworden sein. Dritten kann der Urheber lediglich Nutzungsrechte an seinem Werk einräumen nach § 31 Abs. 1 UrhG.[413] Unzweifelhaft hat die Gesellschaft ein solches Nutzungsrecht durch konkludente Einbringung von B an dessen Liedern erlangt[414]. Die Form der Einbringung hängt davon ab, welcher Natur das der Gesellschaft eingeräumte Nutzungsrecht ist. Handelt es sich um ein einfaches Nutzungsrecht, das eine Nutzung durch den Urheber und Dritte nicht ausschließt[415], ist eine Einbringung quoad dominium, bei der stets

411 Bamberger/Roth/*Timm/Schöne*, § 732 Rn. 5; Soergel/*Hadding/Kießling*, § 732 Rn. 3; vgl. auch RG JW 1938, 457; jurisPK-BGB/*Trost*, § 732 Rn. 6; RGRK/*v. Gamm*, § 732 Rn. 4.

412 Vgl. OLG München ZUM 1999, 159, 160. Bei Musikbands handelt es sich regelmäßig um Gesellschaften bürgerlichen Rechts, OLG Hamburg MDR 2000, 727; OLG Hamm, Urteil vom 9. Februar 2012, Az. 4 U 132/11, I-4 U 132/11, Rn. 25 (juris).

413 Dreier/Schulze/*Schulze*, § 31 Rn. 3; Möhring/Nicolini/*Soppe*, § 31 Rn. 61.

414 Nutzungsrechte können auch stillschweigend eingeräumt werden, BGH GRUR 1971, 362, 363; ZUM 2010, 580, 583; OLG Frankfurt ZUM-RD 2015, 100, 104; Dreier/Schulze/*Schulze*, § 31 Rn. 22.

415 Möhring/Nicolini/*Soppe*, § 31 Rn. 65.

ein Rechtssubjektswechsel erfolgt[416], ausgeschlossen. Eine Einbringung zu Eigentum kommt also nur in Betracht, wenn B der Gesellschaft ein ausschließliches Nutzungsrecht eingeräumt hat. Das ist nicht der Fall. Nach der in § 31 Abs. 5 UrhG zum Ausdruck kommenden Zweckübertragungslehre überträgt der Urheber im Zweifel keine weitergehenden Rechte, als es der Vertragszweck erfordert.[417] Zur Erreichung des gemeinsamen Zwecks der Gesellschaft ist es aber nicht notwendig, dass die Band allein zur Nutzung der Songs von B befugt ist. Insofern kann nur ein einfaches Nutzungsrecht der Gesellschaft angenommen werden. Eine Einbringung quoad dominium scheidet mithin aus. Da die urheberrechtlichen Befugnisse die Tendenz haben, soweit wie möglich beim Urheber zu verbleiben,[418] ist von einer Einbringung quoad usum auszugehen. Mangels abweichender Vereinbarung[419] ist das Nutzungsrecht der Gesellschaft somit im Zeitpunkt ihrer Auflösung gemäß § 727 BGB mit dem Tod von B erloschen. Durch die Aufnahme des neuen Gitarristen in die Band wurde die Gesellschaft nicht etwa fortgeführt, denn dafür hätte es der Zustimmung von Bs Eltern bedurft, die als dessen Erben seit seinem Tod an der Abwicklungsgesellschaft beteiligt sind[420].[421] Stattdessen haben A, C, D und der neue Gitarrist eine zweite BGB-Gesellschaft gegründet. Ein Nutzungsrecht dieser Gesellschaft an den von B geschriebenen Songs kommt von vornherein nicht in Betracht. Durch die Auftritte mit Bs Liedern hat die Band also das inzwischen auf dessen Eltern im Wege der Erbfolge übergegangene Urheberrecht verletzt. Diese könnten nach § 97 UrhG deswegen nicht nur Unterlassung, sondern auch Schadensersatz fordern.

---

416 Bamberger/Roth/*Schöne*, § 706 Rn. 12; *Berninger*, Societas, S. 23; *Berninger*, DStR 2010, 874, 875; Erman/*Westermann*, § 706 Rn. 6; siehe zur Einbringung quoad dominium unter C. I. 2. a) .

417 BGH GRUR 1981, 196, 197; 1982, 727, 730; 1984, 656, 657; 1996, 121, 122; 2012, 1031, 1035; Dreier/Schulze/*Schulze*, § 31 Rn. 110.

418 BGH GRUR 1996, 121, 122; 1998, 680, 682.

419 Ein über den Auflösungszeitpunkt andauerndes Nutzungsrecht der Gesellschaft kommt aufgrund der Zweckübertragungslehre nicht in Betracht.

420 Vgl. BGH WM 1981, 1334, 1336; 2011, 1135, 1136.

421 Die Fortsetzung als werbende Gesellschaft setzt die Zustimmung aller Gesellschafter voraus, BGH WM 1995, 1536, 1537; Erman/*Westermann*, § 723 Rn. 6; MüHdbGesR I/*Gummert*, § 21 Rn. 11, 131; Soergel/*Hadding/Kießling*, § 730 Rn. 36; Staudinger/*Habermeier*, Vorbem zu §§ 723 ff. Rn. 22. Der Ansicht von *Schäfer*, Müko-BGB/*Schäfer*, Vor § 723 Rn. 11, wonach die fortsetzungswilligen Gesellschafter die Rückumwandlung der aufgelösten Gesellschaft auch ohne die Zustimmung des nicht zur Fortsetzung bereiten Mitgesellschafters ad hoc beschließen können, sofern dieser zum vollen Wert abgefunden wird, kann nicht gefolgt werden. Wie *Hadding/Kießling*, Soergel/*Hadding/Kießling*, § 730 Rn. 38, zutreffend bemerken, kompensiert eine Abfindung nicht zwangsläufig die Interessen an der Vollbeendigung der Gesellschaft.

b) Durchsetzbarkeit des Anspruchs

aa) Notwendigkeit der weiteren Überlassung des Gegenstands

Allerdings ist der eingebrachte Gegenstand solange im Besitz der Gesellschaft zu belassen, wie er von dieser noch zu Abwicklungszwecken benötigt wird.[422] Dies gebietet die im Stadium der Auseinandersetzung eingeschränkt fortbestehende Treuepflicht[423], wonach jeder Gesellschafter zur Verwirklichung des gemeinsamen Zwecks beizutragen und dabei die Belange der Gesellschaft und seiner Mitgesellschafter zu berücksichtigen hat[424]. Mit Auflösung der BGB-Gesellschaft und der damit verbundenen Änderung des Gesellschaftszwecks wandeln sich auch die Pflichten der Gesellschafter.[425] Da der Gesellschaftszweck nunmehr allein auf die Auseinandersetzung des Gesellschaftsvermögens unter den Gesellschaftern und die Beendigung des Gesellschaftsverhältnisses gerichtet ist, beinhaltet die Treuepflicht im Abwicklungsstadium einer Gesellschaft in erster Linie die Verpflichtung der Gesellschafter, die zügige, sachgemäße und gerechte Durchführung der Auseinandersetzung zu ermöglichen und zu gewährleisten[426]. Aufgrund der gesellschaftsrechtlichen Treuepflicht haben die Gesellschafter die gemeinsame Zweckverfolgung zu fördern und alles zu unterlassen, was diese beeinträchtigen könnte[427], die Gesellschafter sind mithin verpflichtet, die Abwicklung nach Kräften zu fördern und insbesondere nicht zu behindern, um so zur raschen Beendigung der Gesellschaft beizutragen[428].

---

422 Das ist im Ergebnis einhellige Meinung, vgl. *Berninger*, Societas, S. 144; *Brandani*, S. 173; Erman/*Westermann*, § 732 Rn. 2; *Hillers*, S. 328; Hk-BGB/*Saenger*, § 732 Rn. 1; jurisPK-BGB/*Trost*, § 732 Rn. 5; *Lang/Mulansky/Mulansky*, VII. 1.3.5 S. 343 f.; MüHdbGesR I/*Gummert*, § 21 Rn. 109; MüKo-BGB/*Schäfer*, § 732 Rn. 3; Soergel/*Hadding/Kießling*, § 732 Rn. 2; vgl. auch RG JW 1938, 457.

423 MüHdbGesR I/*Gummert*, § 21 Rn. 109; vgl. auch *Berninger*, DStR 2010, 874, 878; *Hillers*, S. 248, 328; jurisPK-BGB/*Trost*, § 732 Rn. 5.

424 *Eisenhardt*, § 5 Rn. 61; *Schmidt*, GesR, § 59 III. S. 1743.

425 *Grziwotz*, DStR 1992, 1365; Soergel/*Hadding/Kießling*, § 730 Rn. 4; Staudinger/*Habermeier*, § 730 Rn. 11.

426 BGHZ 1, 324 (OHG); jurisPK-BGB/*Trost*, § 730 Rn. 18; Soergel/*Hadding/Kießling*, § 730 Rn. 4.

427 *Schwab*, S. 56.

428 *Brandani*, S. 114; Erman/*Westermann*, § 730 Rn. 6, § 732 Rn. 2; *Grziwotz*, DStR 1992, 1365; *Hillers*, S. 56; vgl. zur Pflicht der Gesellschafter zur Mitwirkung an der Auseinandersetzung auch BGH WM 1969, 591; jurisPK-BGB/*Trost*, § 730 Rn. 18; MüKo-BGB/*Schäfer*, § 730 Rn. 28; Soergel/*Hadding/Kießling*, § 730 Rn. 3 f.

Daraus folgt, dass ein an sich von der Gesellschaft gemäß § 732 S. 1 BGB zurückzugebender Gegenstand in ihrem Besitz belassen werden muss, sofern die Gesellschaft zur zügigen und sachgemäßen Durchführung der Auseinandersetzung auf die Nutzung des eingebrachten Gegenstands angewiesen ist und die Beschaffung einer vergleichbaren anderweitigen Nutzungsmöglichkeit unverhältnismäßig aufwendig erscheint[429]. So ist beispielsweise vielfach ein von einem Gesellschafter der Gesellschaft überlassener Raum, der von dieser als Geschäftslokal genutzt wird, für die Gesellschaft auch während der Abwicklung noch nicht entbehrlich, die Anmietung eines Ersatzraumes unverhältnismäßig und somit eine sofortige Rückgabe des überlassenen Raumes nicht geschuldet.[430] Ob die weitere Überlassung eines quoad usum oder quoad sortem eingebrachten Gegenstands erforderlich ist, bemisst sich also in erster Linie nach dem Abwicklungszweck.[431] Zu beachten ist in diesem Zusammenhang zudem das Gebot der Wirtschaftlichkeit: Kann der Gebrauch des Gegenstands durch die Gesellschaft zwar beendet werden, allerdings nur unter erheblichen wirtschaftlichen Nachteilen für das Gesellschaftsvermögen, ist der „Eigentümer-Gesellschafter" aus seiner Treuepflicht gegenüber der Gesellschaft, die im Abwicklungsstadium die Förderung einer sachgemäßen Auseinandersetzung beinhaltet, gleichwohl zur weiteren Überlassung des Gegenstands verpflichtet.[432] Andernfalls würde das Gesellschaftsvermögen und damit letztendlich das Liquidationsergebnis sinnlos gemindert.[433] Das wäre nicht sachgemäß. Zu einer sachgemäßen Durchführung der Auseinandersetzung gehört nun einmal auch, dass die Abwicklung wirtschaftlich sinnvoll durchgeführt wird.

Auch wenn von den Beteiligten keine zusätzliche Gegenleistung der Gesellschaft für die beitragsweise Überlassung eines Gegenstands durch den Gesellschafter vereinbart wurde, schuldet die Gesellschaft für die weitere Überlassung des eingebrachten Gegenstands in der Auseinandersetzung in der Regel ein besonderes Entgelt.[434] Schließlich wird die Überlassung im Abwicklungsstadium

---

429 *Hillers*, S. 328.

430 *Berninger*, Societas, S. 144; *Hillers*, S. 328 Fn. 82; jurisPK-BGB/*Trost*, § 732 Rn. 5; Palandt/*Sprau*, § 732 Rn. 1. Vgl. auch MüKo-BGB/*Schäfer*, § 732 Rn. 3; Staudinger/*Habermeier*, § 732 Rn. 4, die darauf hinweisen, dass das zum Gebrauch überlassene Geschäftslokal der Gesellschaft im Zweifel länger zu belassen ist als bestimmte Produktionsmittel oder gewerbliche Schutzrechte.

431 Soergel/*Hadding/Kießling*, § 732 Rn. 2.

432 Soergel/*Hadding/Kießling*, § 732 Rn. 2.

433 *Hillers*, S. 328.

434 *Berninger*, Societas, S. 154 f.; *Hillers*, S. 328.

der Gesellschaft für den „Eigentümer-Gesellschafter" nicht mehr durch die Teilnahme am Gesellschaftsgewinn abgegolten, da dann regelmäßig keine Gewinne mehr erzielt werden.[435]

Die dargestellten Grundsätze sind im Ergebnis einhellige Meinung. Streitig ist allerdings, ob die Notwendigkeit der weiteren Überlassung des Gegenstands im Rahmen der Abwicklung die Durchsetzbarkeit des Rückgabeanspruchs oder bereits seine Entstehung hindert. Nach herrschender Lehre[436] soll der Rückgabeanspruch des „Eigentümer-Gesellschafters" nicht durchsetzbar sein, soweit der eingebrachte Vermögensgegenstand für Abwicklungszwecke benötigt wird. Die Gesellschaft könne dem Anspruch aus § 732 S. 1 BGB in diesem Fall ein Zurückbehaltungsrecht entgegenhalten, das teilweise auf § 273 BGB gestützt,[437] teils „aus der Beschränkung und Modifikation der gesellschaftlichen Rechte und Pflichten durch das Abwicklungsverfahren" gefolgert wird[438]. Einer Mindermeinung[439] zufolge entsteht der Rückgabeanspruch nicht mit dem Zeitpunkt der Auflösung, sondern erst, wenn der Gegenstand von der Gesellschaft im Rahmen der Abwicklung nicht mehr gebraucht wird. Auf den ersten Blick ist der Streit nicht von besonderer Relevanz, da beide Ansichten zu dem Ergebnis gelangen, dass die Gesellschaft berechtigt ist, den ihr zur Nutzung überlassenen Gegenstand auch nach Eintritt eines Auflösungsgrundes im Rahmen ihrer Nutzungsbefugnis weiter zu verwenden, wenn sie weiterhin auf die Verwendung des Gegenstandes angewiesen ist. Der Streit ist allerdings insoweit von Bedeutung, als die Frage der Darlegungs- und Beweislast davon abhängt, ob es sich bei der fehlenden Notwendigkeit zur Abwicklung um eine negative Anspruchsvoraussetzung des Rückgabeanspruchs handelt, die der Gesellschafter beweisen müsste, oder die Notwendigkeit zu Abwicklungszwecken eine eine Einrede begründende Tatsache ist, die von der Gesellschaft zu beweisen wäre. Entsprechend ist auch die Frage der Beweislast umstritten. Zum einen wird vertreten, die Gesellschaft solle die Beweislast dafür tragen, dass die Sache noch für die Zwecke der Abwicklung

435 *Hillers*, S. 328.

436 Bamberger/Roth/*Timm/Schöne*, § 732 Rn. 2; Erman/*Westermann*, § 732 Rn. 2; *Hillers*, S. 328; jurisPK-BGB/*Trost*, § 732 Rn. 5; Staudinger/*Habermeier*, § 732 Rn. 4; so wohl auch MüKo-BGB/*Schäfer*, § 732 Rn. 3.

437 So Bamberger/Roth/*Timm/Schöne*, § 732 Rn. 2; *Hillers*, S. 328.

438 So Erman/*Westermann*, § 732 Rn. 2; ähnlich jurisPK-BGB/*Trost*, § 732 Rn. 5. NK-BGB/*Hanke*, § 732 Rn. 2 führt nicht näher aus, woraus er das Zurückbehaltungsrecht der Gesellschaft herleitet.

439 Soergel/*Hadding/Kießling*, § 732 Rn. 2.

benötigt werde[440]. Der anderen Ansicht[441] zufolge soll die Beweislast, dass der eingebrachte Gegenstand nicht mehr für die Abwicklung benötigt werde, dem „Eigentümer-Gesellschafter" obliegen. Sie stützt sich auf die Rechtsprechung im Zusammenhang mit der Einforderung von rückständigen Beiträgen im Abwicklungsstadium einer Gesellschaft. Da die nach dem Gesellschaftsvertrag von den Gesellschaftern geschuldeten Beiträge von der Gesellschaft nach ihrer Auflösung nur dann noch gesondert eingefordert werden können, wenn und soweit sie für die Durchführung der Abwicklung benötigt werden, besteht tatsächlich eine gewisse Parallele zu dem Rückgabeanspruch aus § 732 S. 1 BGB, der umgekehrt gerade ausgeschlossen ist, wenn der zurückzugebende Gegenstand von der Gesellschaft noch zu Abwicklungszwecken gebraucht wird. Wie oben[442] ausführlich dargelegt, vermögen die durch den BGH zur Einziehung rückständiger Beiträge aufgestellten Grundsätze zur Beweislastverteilung bezogen auf die Gesellschaft bürgerlichen Rechts allerdings nicht zu überzeugen. Es ist nicht nachzuvollziehen, warum dem Beitragsschuldner die Beweislast dafür obliegen soll, dass der ausstehende Beitrag für die Auseinandersetzung der Gesellschaft nicht benötigt werde, wo doch die Abwickler den Beweis dafür, dass sie den Beitrag zur Befriedigung von Gesellschaftsgläubigern brauchen, leicht erbringen können, jedenfalls dann, wenn sie die Entscheidung, den Gesellschafterbeitrag einzuziehen, sorgfältig getroffen haben.

Jedenfalls kann die Argumentation des BGH, die Interessen der Gesellschaftsgläubiger erforderten eine möglichst schnelle und ungehinderte Einforderung der zu ihrer Befriedigung erforderlichen Aktiva und mithin die von ihm vertretene Beweislastverteilung zu Gunsten der Gesellschaft, nicht auf den Rückgabeanspruch aus § 732 S. 1 BGB übertragen werden. Die Interessen der Gläubiger der Gesellschaft werden durch die Rückgabe eines beitragsweise überlassenen Gegenstands nicht berührt. Auch sonst besteht kein besonderes Bedürfnis dafür, die Darlegungs- und Beweislast dem „Eigentümer-Gesellschafter" aufzuerlegen. Tatsächlich dürfte es gerade im Interesse des Gesellschafters liegen, sein Eigentum möglichst zeitnah zurückzuerhalten. Es kann daher nicht angehen, dass der Gesellschafter die fehlende Notwendigkeit der weiteren Überlassung des Gegenstands immer als negative Anspruchsvoraussetzung darlegen und

---

440 Vgl. Bamberger/Roth/*Timm/Schöne*, § 732 Rn. 2; Baumgärtel/Laumen/Prütting/*Timme*, § 732 Rn. 1; *Hillers*, S. 328 Fn. 82; MüKo-BGB/*Schäfer*, § 732 Rn. 3; NK-BGB/*Hanke*, § 732 Rn. 2.

441 JurisPK-BGB/*Trost*, § 732 Rn. 5; Soergel/*Hadding/Kießling*, § 732 Rn. 2.

442 Siehe unter B. II. 2. b) bb) .

beweisen müsste, selbst wenn für eine Notwendigkeit gar keine Anhaltspunkte bestehen. Dass der eingebrachte Vermögensgegenstand entgegen der Regelung in § 732 S. 1 BGB von der Gesellschaft über den Zeitpunkt der Auflösung hinaus benötigt wird, stellt einen Ausnahmefall dar. Dem Ausnahmecharakter trägt aber allein die Annahme einer Einrede der Gesellschaft Rechnung. Da der „Eigentümer-Gesellschafter" den eingebrachten Gegenstand aufgrund seiner fortbestehenden Treuepflicht der Gesellschaft nach Rückgabe sofort wieder überlassen müsste, kann diese dem Rückgabeanspruch des Gesellschafters die dolo-agit-Einrede entgegenhalten, für deren Voraussetzungen die Gesellschaft nach allgemeinem Grundsatz auch die Darlegungs- und Beweislast treffen muss. Im Übrigen dürfte es der Gesellschaft nicht schwerfallen, die Notwendigkeit der weiteren Überlassung zu beweisen, sofern diese tatsächlich gegeben ist. Dem Gesellschafter dürfte aber der Nachweis, dass der Gegenstand von der Gesellschaft nicht mehr zu Abwicklungszwecken benötigt wird, insbesondere wenn er selbst nicht als Abwickler an der Auseinandersetzung beteiligt ist, nicht immer ohne weiteres gelingen.

bb) Verbindlichkeiten des Gesellschafters gegenüber der Gesellschaft

Ein Zurückbehaltungsrecht an dem eingebrachten Vermögensgegenstand hat die Gesellschaft nach der Rechtsprechung des BGH[443] und einhelliger Meinung in der Literatur[444] auch, wenn mit großer Wahrscheinlichkeit davon ausgegangen werden kann, dass noch Verbindlichkeiten des „Eigentümer-Gesellschafters" gegenüber der Gesellschaft bestehen, insbesondere wenn aller Voraussicht nach zu erwarten ist, dass der anspruchsberechtigte Gesellschafter im Rahmen der Schlussabrechnung zu einer Ausgleichszahlung verpflichtet ist. Der Rechtsgrund für das der Gesellschaft dann zustehende Zurückbehaltungsrecht ist umstritten. Nach einer Ansicht[445] soll sich das Zurückbehaltungsrecht aus § 273 BGB ergeben. Andere meinen, es folge aus dem allgemein anerkannten Grundsatz der Durchsetzungssperre, wonach die BGB-Gesellschafter im Stadium der Auseinandersetzung Leistungen von der Gesellschaft vor Feststellung

443 BGH NJW 1998, 1551. Zum Zurückbehaltungsrecht der Gesellschaft gegenüber dem Rückgabeanspruch eines ausgeschiedenen Gesellschafters vgl. BGH NJW 1981, 2802 (KG).

444 *Brandani*, S. 174; Erman/*Westermann*, § 732 Rn. 2; jurisPK-BGB/*Trost*, § 732 Rn. 8; *Lang/Mulansky/Mulansky*, VII. 1.3.5 S. 344; MüHdbGesR I/*Gummert*, § 21 Rn. 109; MüKo-BGB/*Schäfer*, § 732 Rn. 4; Soergel/*Hadding/Kießling*, § 732 Rn. 4.

445 *Bork*, ZHR 154 (1990), 205, 219; Hk-BGB/*Saenger*, § 732 Rn. 1; Palandt/*Sprau*, § 732 Rn. 1; Soergel/*Hadding/Kießling*, § 732 Rn. 4.

der Schlussabrechnung nur dann verlangen können, wenn und soweit feststeht, dass ihnen nach Verrechnung aller wechselseitigen Ansprüche mindestens ein Anspruch in dem geforderten Umfang zusteht[446]. Der Streit hat keine praktische Bedeutung. Entsprechend geht auch der BGH[447] nicht darauf ein, woraus sich das Zurückbehaltungsrecht der Gesellschaft ergebe. Die letztgenannte Ansicht ist allerdings vorzugswürdig, da die Voraussetzungen des § 273 BGB bei einer Zurückbehaltung des eingebrachten Gegenstands aufgrund eines voraussichtlichen Ausgleichsanspruchs der Gesellschaft gegen den Gesellschafter nicht erfüllt sind. Die Vorschrift setzt die Fälligkeit des Gegenanspruchs, aufgrund dessen die geschuldete Leistung verweigert wird, voraus. Der Anspruch auf Ausgleich des negativen Liquidationsanteils wird aber erst mit Feststellung der Schlussabrechnung fällig[448], da er erst dann der Höhe nach feststeht. Gesteht man der Gesellschaft ein Zurückbehaltungsrecht vor diesem Zeitpunkt zu, so kann sich dieses mangels Fälligkeit der Nachzahlungsverpflichtung nicht aus § 273 BGB ergeben.[449]

Die Zulässigkeit der Zurückbehaltung wird durch die Maßstäbe des § 242 BGB bestimmt.[450] Voraussetzung für das Bestehen eines Zurückbehaltungsrechts ist daher, dass die Herausgabeverweigerung seitens der Gesellschaft das sachgerechte Sicherungsmittel für die Realisierung ihrer Ansprüche gegen den Gesellschafter darstellt.[451] Insbesondere darf das Zurückbehaltungsrecht nicht beliebig als Druckmittel eingesetzt werden.[452] So lehnte das OLG Karlsruhe[453] in einem Fall, in dem ein Gesellschafter einer zweigliedrigen BGB-Gesellschaft in Auseinandersetzung dem anderen Gesellschafter die Herausgabe von der Gesellschaft zur Nutzung überlassenen Räumlichkeiten „wegen seines Gegenanspruches auf sein hohes Auseinandersetzungsguthaben“[454] verweigerte, ein Zurückbehaltungsrecht ab. Zutreffend führte das Gericht in diesem Zusammenhang aus, dass

---

446 Bamberger/Roth/*Timm/Schöne*, § 732 Rn. 2; *Brandani*, S. 174; jurisPK-BGB/*Trost*, § 732 Rn. 8; MüHdbGesR I/*Gummert*, § 21 Rn. 109; MüKo-BGB/*Schäfer*, § 732 Rn. 4. Siehe zum Grundsatz der Durchsetzungssperre ausführlich unter B. II. 2.

447 BGH NJW 1981, 2802 (KG); 1998, 1551.

448 Erman/*Westermann*, § 730 Rn. 15. Siehe auch unter C. VII.

449 *Brandani*, S. 174; jurisPK-BGB/*Trost*, § 732 Rn. 8; MüKo-BGB/*Schäfer*, § 732 Rn. 4; Soergel/*Hadding/Kießling*, § 732 Rn. 4.

450 OLG Karlsruhe NJW 1961, 2017.

451 OLG Karlsruhe NJW 1961, 2017; MüHdbGesR I/*Gummert*, § 21 Rn. 109.

452 Erman/*Westermann*, § 732 Rn. 2; Soergel/*Hadding/Kießling*, § 732 Rn. 4.

453 OLG Karlsruhe NJW 1961, 2017.

454 OLG Karlsruhe NJW 1961, 2017.

die weitere Vorenthaltung des nach § 732 S. 1 BGB zurückzugebenden Gegenstands nicht das adäquate Druck- und Sicherungsmittel sei, um die Feststellung und Realisierung des Auseinandersetzungsguthabens zu erzwingen.

Ist der „Eigentümer-Gesellschafter" mit hoher Wahrscheinlichkeit nachzahlungsverpflichtet, wird die Sachlage in der Regel anders zu beurteilen und ein Zurückbehaltungsrecht der Gesellschaft das sachgerechte Sicherungsmittel sein. Nach der Rechtsprechung des BGH[455] lässt sich das auf einen voraussichtlichen Ausgleichsanspruch des Gesellschafters gestützte Zurückbehaltungsrecht der Gesellschaft allerdings nur für eine vorübergehende Zeit rechtfertigen, die notwendig ist, um endgültig Klarheit zu schaffen, ob der Gesellschafter tatsächlich etwas auszugleichen hat. Dem ist zuzustimmen. Wenn man der Gesellschaft aus dem Grundsatz der Durchsetzungssperre schon ein Instrumentarium in die Hand geben will, wonach sie die Rückgabe eines ihr nicht gehörenden Gegenstandes aufgrund eines Zahlungsanspruches zurückhalten können soll, obwohl in diesem Zusammenhang mangels Gleichartigkeit der Ansprüche die Gefahr des gegenseitigen „Hin- und Hers" gar nicht besteht, so muss jedenfalls gewährleistet sein, dass die Rückgabe dadurch nicht mutwillig verhindert werden kann. Die Gesellschaft, die sich auf einen wahrscheinlichen Ausgleichsanspruch gegenüber dem „Eigentümer-Gesellschafter" beruft, hat in Gestalt der Abwickler daher unverzüglich alles Erforderliche zu tun, um den Anspruch anhand der Schlussabrechnung zu belegen und dem Zurückbehaltungsrecht damit eine gesicherte Grundlage zu geben.[456] Bemüht sie sich nicht um die zeitnahe Erstellung der Auseinandersetzungsrechnung, kann ein Zurückbehaltungsrecht zu ihren Gunsten auch nicht anerkannt werden.

II. Berichtigung der Gesellschaftsschulden

Als nächster Schritt der Liquidation sind gemäß § 733 Abs. 1 S. 1 BGB aus dem Gesellschaftsvermögen „die gemeinschaftlichen Schulden mit Einschluss derjenigen zu berichtigen, welche den Gläubigern gegenüber unter den Gesellschaftern geteilt sind oder für welche einem Gesellschafter die übrigen Gesellschafter als Schuldner haften".[457] Berichtigung meint grundsätzlich die tatsächliche Erfüllung eines Anspruchs.[458] Unter den Begriff der „gemeinschaftlichen Schulden"

455 BGH NJW 1981, 2802 (KG) bezogen auf das Zurückbehaltungsrecht der Gesellschaft gegenüber dem Rückgabeanspruch eines ausgeschiedenen Gesellschafters.

456 BGH NJW 1981, 2802 (KG).

457 *Grunewald*, 1. A. Rn. 190; jurisPK-BGB/*Trost*, § 733 Rn. 6; Palandt/*Sprau*, § 733 Rn. 1.

458 JurisPK-BGB/*Trost*, § 733 Rn. 8.

fallen alle Verbindlichkeiten, deren Erfüllung nach der Vereinbarung der Gesellschafter Sache der Gesellschaft ist.[459] Nachfolgend wird untersucht, welche Schulden darunter konkret zu fassen sind und wie diese im Rahmen der Auseinandersetzung geltend gemacht werden können.

1. Schulden der Gesellschaft gegenüber Dritten

Zu den nach § 733 Abs. 1 S. 1 BGB zu berichtigenden Schulden gehören zunächst alle Gesellschaftsschulden gegenüber Dritten.[460] Infolge der Anerkennung der Rechtsfähigkeit der BGB-Außengesellschaft besteht heute kein Zweifel mehr, dass die Gesellschaft selbst Zuordnungssubjekt von Rechten und Pflichten aus den in ihrem Namen eingegangenen Rechtsgeschäften ist. Sie selbst ist Schuldnerin der daraus erwachsenden Verbindlichkeiten und haftet mit dem ihr zugeordneten Gesellschaftsvermögen.[461] Die aus der Betätigung im Rechtsverkehr durch den Gesellschaftsbetrieb begründeten eigenen Schulden muss die Gesellschaft mithin begleichen. Eigene Schulden der Gesellschaft können dabei auch solche aus Gesetz sein, insbesondere bereicherungsrechtliche Verbindlichkeiten, Steuerschulden oder Verbindlichkeiten aufgrund unerlaubter Handlung der für die Gesellschaft handelnden geschäftsführenden Gesellschafter, die der Gesellschaft nach heute allgemeiner Ansicht[462] gemäß § 31 BGB analog zugerechnet wird. Der Begriff der gemeinschaftlichen Schulden umfasst somit alle Gesellschaftsverbindlichkeiten gegenüber Dritten, gleich aus welchem Rechtsgrund[463], er beinhaltet sowohl die vertraglichen Verpflichtungen der Gesellschaft einschließlich möglicher vertraglicher Sekundäransprüche auf Schadensersatz als auch die Verbindlichkeiten aus gesetzlichen Schuldverhältnissen[464].

Die Gesellschaftsschulden stellen den Regelfall der gemeinschaftlichen Schulden dar. Davon sind diejenigen Ansprüche zu unterscheiden, die Dritte gegen einzelne Gesellschafter oder die Gesellschafter untereinander haben.

---

459 JurisPK-BGB/*Trost*, § 733 Rn. 7; MüKo-BGB/*Schäfer*, § 733 Rn. 6; Palandt/*Sprau*, § 733 Rn. 1.

460 Erman/*Westermann*, § 733 Rn. 2; Jauernig/*Stürner*, §§ 731–735 Rn. 3; jurisPK-BGB/*Trost*, § 733 Rn. 9; MüHdbGesR I/*Gummert*, § 21 Rn. 110; NK-BGB/*Hanke*, § 733 Rn. 4; Soergel/*Hadding/Kießling*, § 733 Rn. 5.

461 *Brandani*, S. 47.

462 Siehe nur BGHZ 154, 88; Bamberger/Roth/*Schöne*, § 714 Rn. 17, 19; MüHdbGesR I/*Gummert*, § 18 Rn. 20; MüKo-BGB/*Schäfer*, § 705 Rn. 263, § 714 Rn. 17; Palandt/*Ellenberger*, § 31 Rn. 3.

463 MüHdbGesR I/*Gummert*, § 21 Rn. 110; Soergel/*Hadding/Kießling*, § 733 Rn. 5.

464 Bamberger/Roth/*Timm/Schöne*, § 733 Rn. 4; jurisPK-BGB/*Trost*, § 733 Rn. 7.

Diese Verbindlichkeiten fallen nur dann unter den Begriff der gemeinschaftlichen Schulden, wenn sie nach dem Willen aller Gesellschafter die Gesellschaft treffen sollten. Die Schuldnerstellung der Gesellschaft im Außenverhältnis ist für die Anwendung des § 733 Abs. 1 S. 1 BGB somit keine zwingende Voraussetzung.[465] Wenn Gesellschafter vereinbarungsgemäß im eigenen Namen, aber für Rechnung der Gesellschaft Verbindlichkeiten eingegangen sind, fallen auch diese „internen Gesellschaftsschulden"[466] unter die zu berichtigenden gemeinschaftlichen Schulden.[467] Obwohl sie im Außenverhältnis und nach der formal-rechtlichen Zuordnung allein denjenigen Gesellschafter treffen, in dessen Namen sie eingegangen sind, handelt es sich nicht um außerhalb des Gesellschaftsverhältnisses liegende „private" Schulden der Gesellschafter, da sie nach der Vereinbarung der Gesellschafter von vornherein dem gemeinsamen Gesellschaftszweck zu dienen bestimmt waren und daher im Innenverhältnis von der Gesellschaft getragen werden sollten.[468] Dies ergibt sich unzweifelhaft aus § 733 Abs. 1 S. 1 BGB, der bereits nach dem Wortlaut auch die Schulden erfasst, „welche den Gläubigern gegenüber unter den Gesellschaftern geteilt sind".[469] Darunter können nur die von den Gesellschaftern persönlich für Rechnung der Gesellschaft eingegangenen Verbindlichkeiten zu verstehen sein, da für die im Namen der Gesellschaft begründeten Schulden die Gesellschafter grundsätzlich als Gesamtschuldner und nicht als Teilschuldner haften. Der Hinweis auf eine geteilte Schuld „gegenüber den Gläubigern" ist aber insofern missverständlich, als die Teilung der Haftung nur im Innenverhältnis zwischen den Gesellschaftern vereinbart ist.

Die Liquidatoren sind verpflichtet, sorgfältig zu prüfen, ob und inwieweit die von Dritten geltend gemachten Ansprüche begründet sind und müssen

---

465 MüKo-BGB/*Schäfer*, § 733 Rn. 6; NK-BGB/*Hanke*, § 733 Rn. 4.

466 OLG Braunschweig OLGR 2000, 204 in Bezug auf eine BGB-Innengesellschaft.

467 Erman/*Westermann*, § 733 Rn. 2; MüKo-BGB/*Schäfer*, § 733 Rn. 6; NK-BGB/*Hanke*, § 733 Rn. 4; Palandt/*Sprau*, § 733 Rn. 2; Staudinger/*Habermeier*, § 733 Rn. 5.

468 BGH NJW 1999, 2438; Soergel/*Hadding/Kießling*, § 733 Rn. 5.

469 Bamberger/Roth/*Timm/Schöne*, § 733 Rn. 4; MüKo-BGB/*Schäfer*, § 733 Rn. 6; NK-BGB/*Hanke*, § 733 Rn. 4. A. A. sind offenbar *Hellmann* und *Westermann*, die unter dem Hinweis auf die Teilung der Schulden gegenüber den Gläubigern unter den Gesellschaftern eine bloß das Innenverhältnis betreffende Aufteilung der Haftung für Gesellschaftsschulden, für die im Außenverhältnis gesamtschuldnerisch gehaftet wird, verstehen, vgl. Erman/*Westermann*, § 733 Rn. 2; *Hellmann*, S. 58. Auch *Westermann* fasst unter die gemeinschaftlichen Schulden aber solche Verbindlichkeiten, die Gesellschafter im eigenen Namen, aber für Rechnung der Gesellschaft eingegangen sind. *Hellmann* trifft hierzu keine Aussage.

gegebenenfalls Einwendungen für die Gesellschaft erheben.[470] Kommen sie zu dem Schluss, dass die Forderungen berechtigt sind, müssen sie diese gemäß § 733 Abs. 1 S. 1 BGB aus dem Gesellschaftsvermögen erfüllen. Bei mehreren berechtigten Drittgläubigerforderungen stellt sich dann die Frage, in welcher Reihenfolge die Gläubiger zu befriedigen sind. Da es keine Rechtspflicht zur Gleichbehandlung der Gläubiger gibt, ist die Reihenfolge der Schuldenberichtigung gegenüber den Drittgläubigern der Gesellschaft im Prinzip gleichgültig.[471] Die Abwickler dürfen daher grundsätzlich alle ihnen bekannten Gesellschaftsschulden voll erfüllen, auch wenn noch nicht abzusehen ist, inwieweit weitere Verbindlichkeiten der Gesellschaft bestehen bzw. noch auf die Gesellschaft zukommen werden.[472] Das gilt aber nicht, soweit Steuerschulden der Gesellschaft im Raum stehen. Gemäß § 34 AO haben die Liquidatoren die steuerrechtlichen Pflichten der Gesellschaft zu erfüllen. Daraus folgt, dass sie die Steuerschulden bei der Verteilung des Gesellschaftsvermögens angemessen berücksichtigen müssen, wenn sie erkennen, dass die Gesellschaftsmittel nicht zur Tilgung aller Gesellschaftsschulden ausreichen. Tun sie dies nicht, kommt eine Haftung nach § 69 AO in Betracht.[473]

2. Schulden der Gesellschaft gegenüber den Gesellschaftern

§ 733 Abs. 1 BGB gilt auch für die Verbindlichkeiten der Gesellschaft gegenüber den einzelnen Gesellschaftern.[474] Dies macht bereits die Formulierung der Vorschrift deutlich, wonach auch diejenigen Schulden aus dem Gesellschaftsvermögen zu berichtigen sind, „für welche einem Gesellschafter die übrigen Gesellschafter als Schuldner haften".

Es besteht kein Zweifel, dass es sich auch bei den Ansprüchen der Gesellschafter gegen die Gesellschaft um Verbindlichkeiten der „rechtsfähigen Wirkungseinheit"[475] BGB-Gesellschaft selbst handelt. Dabei können die Gesellschafter gegenüber der Gesellschaft die Befriedigung ihrer Forderungen grundsätzlich in voller Höhe, unabhängig von der ihnen im Innenverhältnis der Gesellschaft

470 *Brandani*, S. 175.

471 *Brandani*, S. 175; *Hellmann*, S. 58 f. MüKo-HGB/*Schmidt*, § 149 Rn. 42 zur Liquidation der Personenhandelsgesellschaften.

472 MüKo-HGB/*Schmidt*, § 149 Rn. 42 zur Liquidation der Personenhandelsgesellschaften.

473 MüKo-HGB/*Schmidt*, § 149 Rn. 42 zur Liquidation der Personenhandelsgesellschaften.

474 Bamberger/Roth/*Timm/Schöne*, § 733 Rn. 5; NK-BGB/*Hanke*, § 733 Rn. 5.

475 Staudinger/*Habermeier*, § 733 Rn. 5.

zugeordneten Verlustquote, beanspruchen.[476] Diese wird mittelbar dadurch berücksichtigt, dass sich durch die Erfüllung der Gesellschafterforderungen der Gewinn der Gesellschaft mindert oder ihr Verlust mehrt. Da die Verringerung des Gesellschaftsvermögens die Gesellschafter durch ihre Beteiligung am Gewinn bzw. Verlust der Gesellschaft letztendlich ohnehin trifft, hat keine Kürzung ihrer Ansprüche gegen die Gesellschaft entsprechend ihrer Verlustbeteiligung stattzufinden.[477]

a) Drittgläubigerforderungen eines Gesellschafters

Unumstritten fallen die sogenannten Drittgläubigerforderungen eines Gesellschafters gegen die Gesellschaft, die außerhalb des Gesellschaftsverhältnisses aufgrund eines Drittgeschäfts[478] entstanden sind, unter die aus dem Gesellschaftsvermögen zu berichtigenden gemeinschaftlichen Schulden im Sinne des § 733 Abs. 1 S. 1 BGB.[479]

Allerdings vertrat die Rechtsprechung[480] lange Zeit die Auffassung, derartige Ansprüche eines Gesellschafters, „die rechtlich vom Gesellschaftsverhältnis unabhängig sind"[481], könnten im Abwicklungsstadium der Gesellschaft nicht mehr selbständig geltend gemacht werden, solange nicht durch eine abgeschlossene Auseinandersetzungsrechnung feststehe, dass dem Gesellschafter im Endergebnis überhaupt etwas zustehe und er seinerseits nichts auszugleichen habe. Nach herrschender Meinung in der Literatur[482] sollen Drittgläubigeransprüche

476 Hk-BGB/Saenger, § 733 Rn. 2; Staudinger[12]/*Keßler*, § 733 Rn. 4; vgl. zu den sog. Drittgläubigerforderungen der Gesellschafter auch Bamberger/Roth/*Timm/Schöne*, § 733 Rn. 5; *Nicknig*, S. 80; NK-BGB/*Hanke*, § 733 Rn. 5.

477 Bamberger/Roth/*Timm/Schöne*, § 733 Rn. 5; NK-BGB/*Hanke*, § 733 Rn. 5; Palandt/*Sprau*, § 733 Rn. 3 f.; Staudinger[12]/*Keßler*, § 733 Rn. 4.

478 Zum Begriff des Drittgeschäfts unter C. I. 4..

479 Bamberger/Roth/*Timm/Schöne*, § 733 Rn. 5; Erman/*Westermann*, § 733 Rn. 2; jurisPK-BGB/*Trost*, § 733 Rn. 9; MüHdbGesR I/*Gummert*, § 21 Rn. 110; Soergel/*Hadding/Kießling*, § 733 Rn. 6.

480 BGH WM 1970, 280 (KG); 1971, 931; OLG Karlsruhe NZG 2001, 748 (OHG); vgl. auch BGH WM 1978, 89 zum Ausscheiden eines Gesellschafters aus einer KG.

481 BGH WM 1970, 280 (KG).

482 Bamberger/Roth/*Timm/Schöne*, § 733 Rn. 5; *Brandani*, S. 127; *Hillers*, S. 161; Hk-BGB/*Saenger*, § 733 Rn. 2; Jauernig/*Stürner*, §§ 731–735 Rn. 9; MüKo-BGB/*Schäfer*, § 730 Rn. 53, § 733 Rn. 7; NK-BGB/*Hanke*, § 733 Rn. 5; Palandt/*Sprau*, § 730 Rn. 7; Soergel/*Hadding/Kießling*, § 733 Rn. 6; Staudinger/*Habermeier*, § 730 Rn. 22. A. A. *Heller*, S. 58, und *Messer*, FS Stimpel, S. 205, 206, der allerdings fehlerhaft annimmt, unter den Begriff der Drittgläubigerforderungen würden auch auf selbständigen

eines Gesellschafters dagegen gerade nicht der sogenannten Durchsetzungssperre[483] unterliegen[484]. Dem hat sich der BGH mit Urteil vom 3. April 2006[485] unter ausdrücklicher Aufgabe der bisherigen Rechtsprechung angeschlossen. Zutreffend vertritt er nunmehr, dass die allein durch die gesellschaftsrechtlichen Bindungen gerechtfertigte Durchsetzungssperre Ansprüchen eines Gesellschafters nicht entgegengehalten werden könne, wenn und soweit diese nicht auf dem gesellschafterlichen Verhältnis beruhen[486]. Da der Gesellschafter der Gesellschaft im Rahmen eines Drittgeschäfts wie ein Dritter gegenübersteht, muss er in Bezug auf seine aus dem Drittgeschäft resultierende Forderung auch wie ein Dritter behandelt werden. Wie *Brandani*[487] zutreffend bemerkt, gibt es für eine abweichende Behandlung des Drittverhältnisses im Abwicklungsstadium der Gesellschaft keinen sachlichen Grund. Es ist nicht einzusehen, warum der Gesellschaftergläubiger nicht ebenso wie jeder andere außenstehende Gläubiger vorab aus dem Gesellschaftsvermögen befriedigt werden sollte, sondern auf die Erfüllung seiner Forderung warten müssen soll, bis die Schlussabrechnung feststeht[488]. Wenn man den Gesellschafter als Gläubiger einer sogenannten Drittgläubigerforderung im allgemeinen einem sonstigen Gesellschaftsgläubiger gleichstellt[489], muss man konsequenterweise auch zulassen, dass er entsprechend Befriedigung aus dem Gesellschaftsvermögen erlangen kann.

Zu beachten ist aber, dass die Durchsetzung von Drittgläubigerforderungen im Einzelfall aufgrund der Gesellschaftertreuepflicht und der daraus resultierenden Pflicht zur Förderung der Auseinandersetzung eingeschränkt sein kann[490]. So kann ein Gesellschafter die sofortige Tilgung seiner Drittgläubigeransprüche nicht verlangen, wenn die Belange der Gesellschaft dadurch unverhältnismäßig beeinträchtigt würden, insbesondere die bestmögliche Verwertung des Gesellschaftsvermögens dann nicht gewährleistet wäre.

Rechtsverhältnissen beruhende Ansprüche fallen, die mit Rücksicht auf das Gesellschaftsverhältnis begründet worden sind.

483 Siehe zum Grundsatz der Durchsetzungssperre unter B. II. 2.

484 So auch OLG Hamm NZG 2003, 677, 678.

485 BGH NJW-RR 2006, 1268.

486 BGH NJW-RR 2006, 1268; NZG 2008, 68.

487 *Brandani*, S. 127.

488 BGH NJW-RR 2006, 1268.

489 BGH WM 1970, 280 (KG).

490 *Hillers*, S. 153 f. Vgl. auch MüKo-HGB/Schmidt, § 149 Rn. 45 zu den Personenhandelsgesellschaften.

b) Sozialverbindlichkeiten

Zu den gemeinschaftlichen Schulden im Sinne von § 733 Abs. 1 S. 1 BGB sind schließlich auch die sogenannten Sozialverbindlichkeiten der Gesellschaft gegenüber einzelnen Gesellschaftern zu zählen, die ihren Rechtsgrund im Gesellschaftsvertrag haben[491]. Im Liquidationsstadium der Gesellschaft haben die Gesellschafter daher Anspruch auf Berichtigung der ihnen im Rahmen ihrer Mitgliedschaftsrechte gegen die Gesellschaft zustehenden Forderungen aus dem Gesellschaftsvermögen.[492] Es kann sich dabei insbesondere um Ansprüche auf Vergütung, rückständige Gewinnanteile, Aufwendungs- und Schadensersatz handeln,[493] die den Gesellschaftern gegen die Gesellschaft aus dem Gesellschaftsverhältnis zustehen. So kann ein Gesellschafter nach der gesetzlichen Regelung beispielsweise Ausgleich aus dem Gesellschaftsvermögen wegen der Tilgung einer Schuld verlangen, die vereinbarungsgemäß von der Gesellschaft getragen werden sollte.

Anders als die Drittgläubigerforderungen unterfallen die den Gesellschaftern gegen die Gesellschaft aus dem Gesellschaftsverhältnis zustehenden Ansprüche nach ständiger Rechtsprechung[494] und allgemeiner Ansicht in der Literatur[495] grundsätzlich der Durchsetzungssperre[496]. Vor der Feststellung der Schlussabrechnung kann der Ausgleich der Sozialverbindlichkeiten von der Gesellschaft daher in der Regel nicht verlangt werden. Keinesfalls ist § 733 Abs. 1 S. 1 BGB für den Gesellschafter in Hinblick auf die ihm gegenüber bestehenden

---

491 BGH NJW 1998, 376; Bamberger/Roth/*Timm/Schöne*, § 733 Rn. 6; *Grziwotz*, DStR 1992, 1365, 1366; MüKo-BGB/*Schäfer*, § 733 Rn. 7; NK-BGB/*Hanke*, § 733 Rn. 6; Soergel/*Hadding/Kießling*, § 733 Rn. 7; Staudinger/*Habermeier*, § 733 Rn. 6.

492 Palandt/*Sprau*, § 733 Rn. 4.

493 MüHdbGesR I/*Gummert*, § 21 Rn. 111; MüKo-BGB/*Schäfer*, § 718 Rn. 26; Soergel/*Hadding/Kießling*, § 733 Rn. 7; Staudinger/*Habermeier*, Vorbem zu §§ 705–740 Rn. 46; vgl. auch Palandt/*Sprau*, § 705 Rn. 30.

494 Vgl. nur BGH NJW 1998, 376.

495 JurisPK-BGB/*Trost*, § 733 Rn. 9; MüHdbGesR I/*Gummert*, § 21 Rn. 111; MüKo-BGB/*Schäfer*, § 733 Rn. 2, 7; Soergel/*Hadding/Kießling*, § 733 Rn. 7; *Wiedemann*, GesR II, § 6 III. S. 575.

496 Die auf dem Gesellschaftsverhältnis beruhenden Einzelansprüche zwischen der Gesellschaft und den Gesellschaftern können im Abwicklungsstadium der Gesellschaft nach einhelliger Ansicht nicht mehr selbständig geltend gemacht werden, sondern sind als unselbstständige Rechnungsposten in die Schlussabrechnung einzustellen. Zum Grundsatz der Durchsetzungssperre und den von der Rechtsprechung dazu herausgebildeten Ausnahmen ausführlich unter B. II. 2.

Sozialverbindlichkeiten aber überflüssig, da die gesetzliche Regelung eine Vorrangstellung zu seinen Gunsten begründet. Nach der durch §§ 733, 734 BGB angeordneten Rangfolge kommt der Berichtigung der Gesellschaftsschulden einschließlich der Sozialverbindlichkeiten der Gesellschaft Vorrang vor der Erstattung der Einlagen und der Verteilung eines etwaigen Überschusses an die Gesellschafter zu.[497] Das gilt auch im Rahmen der Schlussabrechnung über die wechselseitigen Ansprüche[498] und ist insbesondere dann von Bedeutung, wenn das Gesellschaftsvermögen zur Berichtigung der Gesellschaftsschulden und zur Einlagenrückerstattung nicht ausreicht, die Gesellschaft also einen Fehlbetrag erwirtschaftet hat, wie das nachfolgende Beispiel verdeutlicht:

Beispiel 4

A, B und C gründen ein Startup-Unternehmen in Form einer BGB-Gesellschaft, um eine Handy-App zu entwickeln. Nach dem Gesellschaftsvertrag sind sie zu gleichen Teilen am Gewinn bzw. Verlust der Gesellschaft beteiligt. Zum Geschäftsführer der Gesellschaft wird A bestimmt, der – anders als B und C – keinen anderen Job hat. Dafür soll er eine Vergütung in Höhe von monatlich 1.000 € erhalten, die allerdings zunächst gestundet wird bis ein Investor gefunden ist. Alle drei Gesellschafter leisten eine Einlage in Höhe von 10.000 €. Davon kauft die Gesellschaft die zur Entwicklung der App nötige Computer- und Büroausstattung und zahlt die laufenden Kosten (Rechnungen externer Programmierer, Miete etc.). Nach sechs Monaten ist das Geld alle und Investoren wurden nicht gefunden. A, B und C erkennen, dass ihr Projekt gescheitert ist und einigen sich darauf, die Gesellschaft aufzulösen und zu liquidieren. Durch den Verkauf der Computer- und Büroausstattung kann ein Erlös von 9.000 € erzielt werden. Weiteres Gesellschaftsvermögen ist nicht vorhanden. Neben der Erstattung der Einlagen schuldet die Gesellschaft A die vereinbarte Vergütung für seine sechsmonatige Geschäftsführertätigkeit, also 6.000 €. Das vorhandene Gesellschaftsvermögen reicht zur Berichtigung dieser Sozialverbindlichkeit und zur Einlagenrückgewähr nicht aus. Es besteht ein Fehlbetrag in Höhe von 27.000 €. Allerdings kann zumindest ein Teil der Gesellschafteransprüche erfüllt werden. In diesem Zusammenhang gilt es zu beachten, dass die Sozialverbindlichkeiten nach der gesetzlichen Regelung mit Vorrang vor den Ansprüchen der Gesellschafter auf Einlagenrückgewähr zu bedienen sind. Bei der Schlussabrechnung erhält A somit jedenfalls 6.000 € aus dem Gesellschaftsvermögen ausgezahlt. Das verbleibende Restvermögen in Höhe von 3.000 € ist für die anteilsmäßige Tilgung der Einlagenerstattungsansprüche zu verwenden. Aufgrund gleicher Verlustbeteiligung stehen allen drei Gesellschaftern jeweils 1.000 € zu. Es ergibt sich somit

497 Bamberger/Roth/*Timm/Schöne*, § 733 Rn. 6; NK-BGB/*Hanke*, § 733 Rn. 6; Soergel/*Hadding/Kießling*, § 733 Rn. 7.

498 Erman/*Westermann*, § 733 Rn. 2; MüKo-BGB/*Schäfer*, § 733 Rn. 7; Staudinger/*Habermeier*, § 733 Rn 6.

folgende Verteilung des Gesellschaftsvermögens: A erhält insgesamt 7.000 €, B und C werden nur 1.000 € ausgekehrt.

3. Ansprüche eines Gesellschafters gegen einen Mitgesellschafter

Von § 733 Abs. 1 BGB werden keine Ansprüche zwischen den BGB-Gesellschaftern erfasst, auch wenn sie ihren Rechtsgrund im Gesellschaftsverhältnis haben.[499] Diese sogenannten Individualansprüche eines Gesellschafters gegen einzelne Mitgesellschafter sind bereits begrifflich keine gemeinschaftlichen Schulden. Sie gehen die Gesellschaft als Gläubigerin oder Schuldnerin nichts an.[500] Das ändert sich mit der Auflösung der BGB-Gesellschaft nicht. Auch im Abwicklungsstadium der Gesellschaft sind Individualverpflichtungen der Gesellschafter nicht als Gesellschaftsschulden zu behandeln[501], ihre Erfüllung aus dem Gesellschaftsvermögen kann daher nicht verlangt werden. So können beispielsweise Vorschüsse, die ein Gesellschafter vereinbarungsgemäß für einen anderen zur Erfüllung von dessen Beitragsverpflichtung geleistet hat, nur persönlich von dem bevorschussten Gesellschafter zurückgefordert werden.[502] Ebenso kann Ersatz für einen einem Gesellschafter von einem Mitgesellschafter persönlich zugefügten Schaden nur von dem Schädiger selbst verlangt werden, es sei denn die schädigende Handlung ist der Gesellschaft zuzurechnen.[503] Der „Gläubiger-Gesellschafter" hat allerdings gemäß §§ 731 S. 2, 756 BGB einen Anspruch auf Befriedigung aus dem Auseinandersetzungsguthaben seines Schuldners.[504] Er kann daher gegenüber den Abwicklern die Begleichung seiner Forderung aus dem Liquidationsanteil des ausgleichspflichtigen Gesellschafters verlangen.[505] Da die Individualansprüche zwischen den Gesellschaftern aber regelmäßig ohnehin in die Schlussabrechnung einzubeziehen sind[506], sollten sie von den Abwicklern der Gesellschaft in der Auseinandersetzung schon insoweit berücksichtigt worden sein.

---

499 Bamberger/Roth/*Timm/Schöne*, § 733 Rn. 7; Erman/*Westermann*, § 733 Rn. 2; Hk-BGB/*Saenger*, § 733 Rn. 3; jurisPK-BGB/*Trost*, § 733 Rn. 9; MüKo-BGB/*Schäfer*, § 733 Rn. 8; NK-BGB/*Hanke*, § 733 Rn. 7; Soergel/*Hadding/Kießling*, § 733 Rn. 9.

500 Palandt/*Sprau*, § 733 Rn. 6.

501 RG JW 1928, 2368.

502 RG JW 1928, 2368.

503 MüKo-BGB/*Ulmer/Schäfer*, § 705 Rn. 198; vgl. auch OLG Düsseldorf WM 1983, 1320.

504 JurisPK-BGB/*Trost*, § 733 Rn. 9; Palandt/*Sprau*, § 733 Rn. 6.

505 Hk-BGB/*Saenger*, § 733 Rn. 3; NK-BGB/*Hanke*, § 733 Rn. 7.

506 Hierzu unter C. VII.

4. Nicht fällige oder streitige Verbindlichkeiten

In Bezug auf noch nicht fällige oder streitige Gesellschaftsschulden ordnet § 733 Abs. 1 S. 2 BGB an, dass das zur Berichtigung Erforderliche zurückzubehalten ist. Bevor das restliche Gesellschaftsvermögen an die Gesellschafter ausgezahlt wird, muss nach der gesetzlichen Regelung die Begleichung der von der BGB-Gesellschaft voraussichtlich noch zu erfüllenden Schulden sichergestellt sein. Handelt es sich um eine bilanzierende BGB-Gesellschaft, ist für die betagten oder in Streit stehenden Verbindlichkeiten von den Abwicklern eine Rückstellung in Höhe des zur Begleichung der Schulden erforderlichen Betrages zu bilden.[507]

Die Abwickler der BGB-Gesellschaft haben nach § 733 Abs. 1 S. 2 BGB also zum einen den zur Begleichung unstreitiger, aber noch nicht fälliger Forderungen notwendigen Geldbetrag einzubehalten. Die Auflösung der Gesellschaft hat somit nicht etwa die vorzeitige Fälligkeit der Ansprüche gegen die Gesellschaft zur Folge.[508] Daher kann die Zurückbehaltung von Gesellschaftsmitteln in der Praxis durchaus häufig vorkommen. Zu beachten ist, dass unter die noch nicht fälligen Verbindlichkeiten neben den betagten auch die bedingten Verbindlichkeiten der Gesellschaft fallen[509], da diese bereits soweit gesichert sind, dass sie nur noch vom Eintritt der Bedingung abhängig sind und nicht mehr einseitig verhindert werden können.

Zudem müssen die Liquidatoren Vorsorge in Bezug auf die ungesicherten, da streitigen Forderungen gegen die Gesellschaft treffen, bevor sie das Gesellschaftsvermögen unter den Gesellschaftern verteilen. Es kann dabei sowohl zwischen den Gesellschaftern untereinander, als auch mit den vermeintlichen Gesellschaftsgläubigern Streit über die Existenz von Gesellschaftsverbindlichkeiten bestehen. Rechtsmissbräuchlich geltend gemachte und offensichtlich unbegründete Forderungen sind aber keine streitigen Verbindlichkeiten im Sinne von § 733 Abs. 1 S. 2 BGB[510]. Die Vorschrift erfasst nur solche Ansprüche, die von der Gesellschaft auch bei vorsichtiger Prognose gegebenenfalls

---

507 Bamberger/Roth/*Timm/Schöne*, § 733 Rn. 8; Erman/*Westermann*, § 733 Rn. 3; *Grziwotz*, DStR 1992, 1365, 1366; MüKo-BGB/*Schäfer*, § 733 Rn. 9; Staudinger/*Habermeier*, § 733 Rn. 7.

508 Bamberger/Roth/*Timm/Schöne*, § 733 Rn. 8; MüKo-BGB/*Schäfer*, § 733 Rn. 9; Soergel/*Hadding/Kießling*, § 733 Rn. 8; Staudinger/*Habermeier*, § 733 Rn. 7; *Wiedemann*, GesR II, § 6 III. S. 572.

509 Bamberger/Roth/*Timm/Schöne*, § 733 Rn. 8; Staudinger[12]/*Keßler*, § 733 Rn. 6.

510 Soergel/*Hadding/Kießling*, § 733 Rn. 8.

noch zu erfüllen sind.[511] Dies ergibt sich aus Sinn und Zweck der gesetzlichen Regelung, wonach das Gesellschaftsvermögen in Hinblick auf noch zu tilgende Gesellschaftsschulden erhalten werden soll, um die Gefahr einer persönlichen Inanspruchnahme der Gesellschafter durch die Gesellschaftsgläubiger bei ausreichend vorhandenem Gesellschaftsvermögen zu verringern. Wenn aber nicht ernsthaft mit der Inanspruchnahme aus einer vermeintlichen Verbindlichkeit zu rechnen ist, ist es auch nicht veranlasst, Gesellschaftsvermögen zurückzubehalten.[512] Insofern besteht keine Pflicht zur Zurückhaltung von Gesellschaftsmitteln, wenn eine Forderung offensichtlich unbegründet ist oder eine Rückstellung auch bei vorsichtiger Prognose nicht veranlasst erscheint.[513]

Sofern nichts anderes vereinbart wird, sind die zurückzubehaltenden Geldbeträge nach allgemeiner Ansicht in der Literatur gemäß § 372 BGB zu hinterlegen.[514] Die Gesellschaft soll dann fortbestehen, solange die Hinterlegung andauert und die Rücknahme des hinterlegten Betrages gemäß § 376 BGB noch möglich ist.[515] Allerdings liegt im Regelfall kein Hinterlegungsgrund nach § 372 BGB vor. Die Vorschriften der §§ 372 ff. BGB unterliegen, soweit sie materielles Hinterlegungsrecht enthalten, aber der Vertragsfreiheit und sind mithin abweichenden Parteivereinbarungen zugänglich.[516] Auch eine Hinterlegung ohne Hinterlegungsgrund nach § 372 BGB führt daher zur Schuldtilgung, wenn das im Vorfeld vereinbart wurde oder der Gläubiger die Hinterlegung annimmt, wie aus § 376 Abs. 2 Nr. 2 BGB folgt.[517] Insofern kann eine Hinterlegung der nach § 733 Abs. 1 S. 2 BGB zurückzubehaltenden Beträge durchaus sinnvoll sein, um die Beendigung der Gesellschaft zu erreichen.

---

511 Soergel/*Hadding/Kießling*, § 733 Rn. 8.

512 MüKo-BGB/*Schäfer*, § 733 Rn. 9; Staudinger/*Habermeier*, § 733 Rn. 7.

513 Bamberger/Roth/*Timm/Schöne*, § 733 Rn. 8; *Hellmann*, S. 59; MüKo-BGB/*Schäfer*, § 733 Rn. 9; RGRK/*v. Gamm*, § 733 Rn. 6; Staudinger/*Habermeier*, § 733 Rn. 7.

514 Bamberger/Roth/*Timm/Schöne*, § 733 Rn. 8; *Brandani*, S. 175; Erman/*Westermann*, § 733 Rn. 3; *Hellmann*, S. 59; MüKo-BGB/*Schäfer*, § 733 Rn. 9; NK-BGB/*Hanke*, § 733 Rn. 8; Palandt/*Sprau*, § 733 Rn. 5; Soergel/*Hadding/Kießling*, § 733 Rn. 8; Staudinger/*Habermeier*, § 733 Rn. 7. Etwas anders MüHdbGesR I/*Gummert*, § 21 Rn. 110, der lediglich von der Möglichkeit der Hinterlegung ausgeht.

515 Bamberger/Roth/*Timm/Schöne*, § 733 Rn. 8; Erman/*Westermann*, § 733 Rn. 2; MüHdbGesR I/*Gummert*, § 21 Rn. 110; MüKo-BGB/*Schäfer*, § 733 Rn. 9; NK-BGB/*Hanke*, § 733 Rn. 8; Soergel/*Hadding/Kießling*, § 733 Rn. 8; Staudinger/*Habermeier*, § 733 Rn. 7; vgl. auch BayObLG WM 1979, 655 (OHG).

516 BGH NJW 1993, 55.

517 BGH NJW 1993,55.

5. Vorrang der Schuldentilgung

Wie bereits im Zusammenhang mit den Sozialverbindlichkeiten erörtert, ordnet § 733 Abs. 1 BGB den Vorrang der Schuldentilgung vor der Rückerstattung der Gesellschaftereinlagen und der Gewinnverteilung an.

a) Stellung der Gesellschafter

Sofern der Gesellschaftsvertrag keine abweichende Regelung vorsieht oder die Gesellschafter ad hoc nichts anderes vereinbaren, kann daher jeder Gesellschafter verlangen, dass die Einlagenrückgewähr und die Verteilung eines etwaigen Überschusses erst vorgenommen werden, nachdem alle Gesellschaftsschulden getilgt worden sind.[518] Oder anders gesagt: Vor der Tilgung der Gesellschaftsschulden kann jeder Gesellschafter der Verteilung des Gesellschaftsvermögens unter den Gesellschaftern widersprechen.[519] Der Anspruch auf Einhaltung der durch §§ 733, 734 BGB bestimmten Reihenfolge der Abwicklungsschritte ist von erheblicher praktischer Bedeutung, da die Gesellschafter nur so ihre persönliche Inanspruchnahme durch die Gesellschaftsgläubiger abwenden können.[520] Zwar kann ein Gesellschafter, der von einem Gläubiger der BGB-Gesellschaft persönlich in Haftung genommen wird, bei seinen (ehemaligen) Mitgesellschaftern regelmäßig Regress nehmen, allerdings hat er dabei möglicherweise prozessualen Aufwand und er trägt diesbezüglich das Ausfallrisiko[521]. Die Gesellschafter werden zur „Vermeidung der ungleich schärferen [...] unmittelbaren und wegen der gesamtschuldnerischen Haft auf den vollen Betrag der Forderungen gehenden persönlichen Haftung“[522] also in der Regel ein besonderes Interesse an einer vorrangigen Gläubigerbefriedigung aus dem Gesellschaftsvermögen haben.[523] Im Gegensatz dazu nimmt *Brandani*[524] an, die Gesellschafter würden

---

518 OLG Köln NZG 1999, 152; Bamberger/Roth/*Timm/Schöne*, § 733 Rn. 2; Erman/*Westermann*, § 733 Rn. 4; *Grziwotz*, DStR 1992, 1365, 1366; *Hillers*, S. 145; jurisPK-BGB/*Trost*, § 733 Rn. 3; MüKo-BGB/*Schäfer*, § 733 Rn. 12; Soergel/*Hadding/Kießling*, § 733 Rn. 1, 4; Staudinger/*Habermeier*, § 733 Rn. 3; vgl. auch OLG Düsseldorf, Urteil vom 30. Dezember 2008, Az. I-15 U 64/07, Rn. 34 (juris).

519 Staudinger[12]/*Keßler*, § 733 Rn. 7.

520 Soergel/*Hadding/Kießling*, § 733 Rn. 1; vgl. auch BGHZ 191, 293, 303.

521 BGHZ 191, 293, 303; Soergel/*Hadding/Kießling*, § 733 Rn. 1.

522 *Hillers*, S. 144.

523 *Hillers*, S. 144 ff.; MüKo-BGB/*Schäfer*, § 733 Rn. 12; Staudinger/*Habermeier*, § 733 Rn. 3.

524 *Brandani*, S. 120.

im Regelfall ein äußerst geringes Interesse an der Einhaltung der gesetzlichen Vorschriften haben, sondern stattdessen ihr Vermögen möglichst schnell aus der Gesellschaft abziehen und es anderweitig gewinnbringend investieren wollen. Dies ist angesichts der unbeschränkten akzessorischen Haftung der BGB-Gesellschafter mit ihrem Privatvermögen für offene Gesellschaftsverbindlichkeiten nicht überzeugend. Wie *Hillers*[525] zutreffend bemerkt, wird kein vernünftiger Gesellschafter um den Preis des Risikos persönlicher Inanspruchnahme Vereinbarungen über die Auseinandersetzung zustimmen, die nicht zugleich die Befriedigung der Gesellschaftsgläubiger angemessen regeln.

Die Gesellschafter dürften im Übrigen auch angesichts ihrer Nachschusspflicht aus § 735 BGB ein berechtigtes Interesse an der gesetzlich vorgesehenen vorrangigen Schuldentilgung haben, bevor weitere Abwicklungsschritte angegangen werden. Denn sie laufen sonst Gefahr doppelt in Anspruch genommen zu werden: einmal von der Gesellschaft auf Nachschuss gemäß § 735 BGB und einmal von den nicht befriedigten Gesellschaftsgläubigern.[526]

Den Anspruch auf Beachtung der gesetzlichen Reihenfolge der Abwicklungsschritte können die Gesellschafter notfalls klageweise durchsetzen.[527] In Betracht kommt dabei insbesondere eine Leistungsklage auf Mitwirkung an der Schuldenberichtigung.[528] Weigern sich die Mitgesellschafter, an bestimmten, erforderlichen Auseinandersetzungshandlungen, die ohne ihre Mitwirkung nicht durchgeführt werden können, teilzunehmen, kann ein Gesellschafter „Auseinandersetzungsklage" gegen die sich sperrenden Gesellschafter erheben mit dem Ziel, ihre konkreten Verpflichtungen, die Gegenstand der Zwangsvollstreckung sein könnten, titulieren zu lassen.[529] Ein möglicher Antrag könnte zum Beispiel auf Verurteilung der Mitgesellschafter lauten, ihre Einwilligung dazu abzugeben, dass das Gesellschaftsvermögen der aufgelösten XY GbR zur Tilgung der näher bezeichneten Verbindlichkeit der GbR gegenüber Gesellschaftsgläubiger Z verwendet wird. Denkbar ist auch eine Klage auf Zustimmung zur Veräußerung von konkret bezeichneten Gesellschaftsgegenständen zum Zwecke der Schuldentilgung. Ist die Klage erfolgreich, kann der Kläger die zur Befriedigung der Gesellschaftsschulden erforderlichen Schritte auch ohne die Mitwirkung der

---

525 *Hillers*, S. 145.

526 OLG Köln NZG 1999, 152.

527 JurisPK-BGB/*Trost*, § 733 Rn. 25; Soergel/*Hadding/Kießling*, § 733 Rn. 4.

528 OLG Düsseldorf, Urteil vom 30. Dezember 2008, Az. I-15 U 64/07, Rn. 27 ff. (juris); Soergel/*Hadding/Kießling*, § 733 Rn. 4.

529 OLG Hamm BB 1983, 1304.

anderen Gesellschafter durchführen.[530] Ihre Zustimmung zu den Abwicklungsmaßnahmen wird dann gemäß § 894 Abs. 1 S. 1 ZPO fingiert.

Der Gesellschafter kann zur Durchsetzung seines Anspruchs auf Beachtung des § 733 Abs. 1 BGB aber auch schlicht auf Unterlassung der Verteilung des Gesellschaftsvermögens vor Schuldenberichtigung klagen.[531] Voraussetzung dafür ist, dass die Abwickler mit Teilungshandlungen begonnen haben, obwohl noch nicht alle gemeinschaftlichen Schulden berichtigt sind.[532] In Betracht kommt dann auch die Erwirkung einer einstweiligen Verfügung gemäß § 935 ZPO, wonach eine Ausschüttung von Gesellschaftsvermögen an die Gesellschafter vor der Befriedigung der Gesellschaftsschulden untersagt wird.[533]

Die vorstehend erörterten prozessualen Möglichkeiten hat auch derjenige Gesellschafter, dem im Rahmen der Liquidation der BGB-Gesellschaft abweichend von der gesetzlichen Regelung in § 730 Abs. 2 S. 2 BGB[534] keine Geschäftsführungsbefugnis zusteht, der mithin kein Liquidator ist.[535] Wenn *Brandani*[536] unter Verweis auf ein Urteil des BGH vom 11. Februar 1980[537] meint, dem Gesellschafter, der nicht selbst Abwickler ist, sei es nicht möglich, Liquidationsmaßnahmen im Wege der Klage oder des einstweiligen Rechtsschutzes durchzusetzen oder zu verhindern, da die gerichtliche Geltendmachung von Geschäftsführungsmaßnahmen prinzipiell ausgeschlossen sei, so ist dem nicht zuzustimmen. Es erscheint bereits bestreitbar, dass die vom BGH[538] für die werbende Kommanditgesellschaft vor dem Hintergrund der alleinigen persönlichen Haftung der geschäftsführenden Gesellschafter aufgestellten Grundsätze ohne weiteres auf die BGB-Gesellschaft, bei der auch die nicht geschäftsführenden Gesellschafter unbeschränkt akzessorisch haften, angewendet werden können. Jedenfalls ist mit *Hillers*[539] anzunehmen, dass die für die werbende Gesellschaft möglicherweise zutreffende Argumentation, die Funktionsfähigkeit der Geschäftsführung und die Zuständigkeitsverteilung in der tätigen Gesellschaft

---

530 JurisPK-BGB/*Trost*, § 733 Rn. 25; Staudinger[12]/*Keßler*, § 733 Rn. 7.

531 JurisPK-BGB/*Trost*, § 733 Rn. 26; Soergel/*Hadding/Kießling*, § 733 Rn. 4; Staudinger[12]/*Keßler*, § 733 Rn. 7.

532 JurisPK-BGB/*Trost*, § 733 Rn. 26; Staudinger[12]/*Keßler*, § 733 Rn. 7.

533 JurisPK-BGB/*Trost*, § 733 Rn. 26; Staudinger[12]/*Keßler*, § 733 Rn. 7.

534 Hierzu ausführlich unter B. II. 1.

535 Staudinger[12]/*Keßler*, § 733 Rn. 7.

536 *Brandani*, S. 120.

537 BGHZ 76, 160 (KG).

538 BGHZ 76, 160 (KG).

539 *Hillers*, S. 52.

verbiete ein auf Durchführung oder Unterlassung von Geschäftsführungsmaßnahmen abzielendes gerichtliches Vorgehen, da dieses auf einen Eingriff in das Geschäftsführungsrecht hinausliefe, auf die Liquidationsgesellschaft nicht übertragen werden kann. Denn der Zweck der Abwicklungsgesellschaft ist regelmäßig nur noch auf die Vollbeendigung gerichtet, nicht aber auf die Tätigkeit am Markt, sodass die Wahrung der Organisationsordnung hinter das berechtigte Gesellschafterinteresse an der Einhaltung der gesetzmäßigen Liquidationsreihenfolge zurücktritt.

Kommt eine Unterlassungsklage zu spät, da die Abwickler das Gesellschaftsvermögen bereits vollständig verteilt haben, kommen unter Umständen Schadensersatzansprüche der Gesellschafter wegen Verletzung der durch §§ 733, 734 BGB festgeschriebenen Reihenfolge gemäß § 280 Abs. 1 BGB in Betracht.[540] Die Geltendmachung von Schadensersatz liegt insbesondere nahe, wenn die vorhandenen Gesellschaftsmittel unter den Gesellschaftern verteilt wurden, obwohl vorrangige Ansprüche einzelner Gesellschafter nicht berichtigt wurden. Erhält ein Gesellschafter dadurch einen geringeren Betrag aus dem Gesellschaftsvermögen als er erhalten würde, wenn der Vorrang der Schuldentilgung beachtet worden wäre, kann er für diesen Schaden bei Vorliegen der Voraussetzungen der §§ 280 Abs. 1, 708 BGB Ersatz verlangen. Wird etwa das Restvermögen einer aufgelösten Gesellschaft von 3.000 € gleichmäßig gemäß § 734 BGB auf ihre drei Gesellschafter verteilt, obwohl einer der Gesellschafter einen nach § 733 Abs. 1 S. 1 BGB vorrangigen Anspruch gegen die Gesellschaft aus dem Gesellschaftsverhältnis über 1.000 € hat, erhält dieser Gesellschafter letztlich 666 € weniger als er bei Beachtung der Verteilungsreihenfolge aus §§ 733, 734 BGB erhalten hätte. Diesen Schaden muss ihm die Gesellschaft nach §§ 280 Abs. 1, 708 BGB ersetzen.

b) Stellung der Drittgläubiger

§ 733 BGB wirkt wie alle Vorschriften zur Liquidation der Gesellschaft bürgerlichen Rechts nur im Innenverhältnis zwischen den Gesellschaftern.[541] Ein außenstehender Gesellschaftsgläubiger kann sich auf den Vorrang der Schuldentilgung dagegen nicht berufen und somit nicht verlangen, dass er vor der Verteilung des

---

540 JurisPK-BGB/*Trost*, § 733 Rn. 27; Palandt/*Sprau*, § 735 Rn. 1.

541 BGHZ 23, 307, 315; KG JR 1951, 22; Bamberger/Roth/*Timm/Schöne*, § 733 Rn. 2; Erman/*Westermann*, § 733 Rn. 1; *Hellmann*, S. 57 f.; jurisPK-BGB/*Trost*, § 733 Rn. 3; MüHdbGesR I/*Gummert*, § 21 Rn. 110; Palandt/*Sprau*, § 733 Rn. 1; a. A. *Brandani*, S. 111.

vorhandenen Gesellschaftsvermögens befriedigt wird.[542] Da die Drittgläubiger der Gesellschaft keinen Anspruch auf Beachtung der im Gesetz vorgesehenen Liquidationsreihenfolge haben, stehen ihnen auch keine Ersatzansprüche – etwa über § 823 Abs. 2 BGB[543] – zu, wenn die Liquidatoren unter Verstoß gegen § 733 BGB die Einlagenrückgewähr vor der Befriedigung der Gesellschaftsschulden vornehmen.[544]

§ 733 Abs. 1 BGB ist vollständig dispositiv, wie die herrschende Meinung[545] unter Verweis auf § 731 S. 1 BGB zutreffend annimmt, sodass die Gesellschafter sogar noch während der laufenden Abwicklung das Gesellschaftsvermögen auch ohne vorherige Gläubigerbefriedigung durch einstimmigen Beschluss jederzeit unter sich aufteilen können. Zwar ist der Hinweis von *Hillers*[546] richtig, dass den Gläubigern der Verlust des Zugriffs auf das „Haftungsobjekt Gesellschaftsvermögen" droht, wenn dieses aus seiner gesamthänderischen Bindung gelöst wird bevor die Gesellschaftsverbindlichkeiten getilgt sind. Die Zulässigkeit abweichender Auseinandersetzungsvereinbarungen wird aber durch die persönliche und unbeschränkte Haftung der BGB-Gesellschafter kompensiert.[547] Durch die Möglichkeit, gegen die Gesellschafter persönlich vorzugehen, sind die Gläubiger ausreichend abgesichert[548]. Im Übrigen sind die Drittgläubiger durch die Auflösung der Gesellschaft nicht gehindert, ihre Forderungen gegen die Gesellschaft

---

542 BGHZ 23, 307, 315; KG JR 1951, 22; Bamberger/Roth/*Timm/Schöne*, § 733 Rn. 2; Erman/*Westermann*, § 733 Rn. 1; *Grziwotz*, DStR 1992, 1365, 1366; jurisPK-BGB/*Trost*, § 733 Rn. 3; MüHdbGesR I/*Gummert*, § 21 Rn. 110; Soergel/*Hadding/Kießling*, § 733 Rn. 1; Staudinger/*Habermeier*, § 733 Rn. 3; a. A. *Brandani*, S. 111, 120, 143 f.

543 Da § 733 BGB nur für das Verhältnis der Gesellschafter untereinander gilt und gerade kein Recht des Gläubigers auf seine Vorausbefriedigung begründet, ist die Vorschrift kein Schutzgesetz im Sinne des § 823 Abs. 2 BGB zugunsten der Gesellschaftsgläubiger, KG JR 1951, 22; Bamberger/Roth/*Timm/Schöne*, § 733 Rn. 2; Palandt/*Sprau*, § 733 Rn. 1; Soergel/*Hadding/Kießling*, § 733 Rn. 1.

544 Bamberger/Roth/*Timm/Schöne*, § 733 Rn. 2; Erman/*Westermann*, § 733 Rn. 1, 4; *Hellmann*, S. 58; NK-BGB/*Hanke*, § 733 Rn. 2.

545 Bamberger/Roth/*Timm/Schöne*, § 730 Rn. 35, § 733 Rn. 2; Erman/*Westermann*, § 733 Rn. 8; *Hellmann*, S. 57; jurisPK-BGB/*Trost*, § 733 Rn. 10; MüKo-BGB/*Schäfer*, § 730 Rn. 37, § 733 Rn. 5, 11; NK-BGB/*Hanke*, § 733 Rn. 2, 15; Palandt/*Sprau*, § 733 Rn. 1; Soergel/*Hadding/Kießling*, § 733 Rn. 3; Staudinger/*Habermeier*, § 733 Rn. 4.

546 *Hillers*, S. 28.

547 Bamberger/Roth/*Timm/Schöne*, § 730 Rn. 12; Soergel/*Hadding/Kießling*, § 733 Rn. 1; Staudinger/*Habermeier*, § 730 Rn. 20.

548 MüKo-BGB/*Schäfer*, § 730 Rn. 37; Soergel/*Hadding/Kießling*, § 730 Rn. 18.

einzuklagen und die Zwangsvollstreckung in noch vorhandenes Gesellschaftsvermögen zu betreiben.[549]

Nach dem eindeutigen Wortlaut des § 731 S. 1 BGB ist zweifelsohne von der Dispositivität des gesamten GbR-Liquidationsrechts auszugehen. Dennoch nimmt eine Mindermeinung in der Literatur[550] im Widerspruch dazu an, § 733 Abs. 1 BGB sei zwingenden Charakters. Zur Begründung wird in erster Linie auf die Interessen der Gesellschaftsgläubiger abgestellt. Diese würden durch die Liquidation nachhaltig berührt, weil mit der Vollbeendigung der Gesellschaft eine Haftungsverschlechterung einhergehe, da den Gläubigern dadurch ein Schuldner genommen werde. Die Argumentation ist an sich einleuchtend: Fällt ein Schuldner weg, erhöht sich für die Gläubiger die Gefahr, keine Befriedigung zu erlangen. Möglicherweise ist die Realisierung der Gläubigeransprüche durch Zugriff auf das Gesellschaftsvermögen auch eher und einfacher gewährleistet als durch Zugriff auf das Privatvermögen der Gesellschafter.[551] Immerhin konkurrieren die Gesellschaftsgläubiger bei der persönlichen Inanspruchnahme eines Gesellschafters mit dessen Privatgläubigern. Wollen sie auf das Privatvermögen eines Gesellschafters zugreifen, stehen sie gleichrangig neben allen sonstigen Gläubigern des Gesellschafters.[552] Kommt es zum Wegfall der BGB-Gesellschaft, ist eine gewisse Verschlechterung der Gläubigerrechte somit nicht von der Hand zu weisen. Insofern hat *Schmidt*[553] der herrschenden Meinung noch im Jahre 1989 „Überschätzung der persönlichen Gesellschafterhaftung"

549 Bamberger/Roth/*Timm/Schöne*, § 733 Rn. 2; Erman/*Westermann*, § 733 Rn. 4; jurisPK-BGB/*Trost*, § 733 Rn. 3; MüKo-BGB/*Schäfer*, § 733 Rn. 11.

550 *Brandani*, S. 111, 120, 143 f.; *Nicknig*, S. 105 ff., der annimmt, dass § 733 Abs. 1 BGB nur zugunsten derjenigen Gläubiger, denen aufgrund vertraglicher oder gesetzlicher Haftungsbeschränkung allein das Gesellschaftsvermögen haftet, zwingend ist. Ebenso wohl auch *Leuthe*, S. 176; *Westermann*, Rn. 746. So wohl auch die frühere Ansicht von *Schmidt* zu § 155 HGB, der ebenso wie § 733 BGB einen Vorrang der Gläubigerbefriedigung vor der Vermögensverteilung vorsieht, vgl. *Schmidt*, ZHR 153 (1989), 270, 284; daran hält *Schmidt* allerdings nunmehr unter Verweis darauf, dass das Personengesellschaftsrecht keine zwingende Kapitalbindung kenne, ausdrücklich nicht mehr fest, vgl. MüKo-HGB/*Schmidt*, § 149 Rn. 40, § 155 Rn. 50.

551 So *Hillers*, S. 28.

552 *Hillers*, S. 103.

553 *Schmidt*, ZHR 153 (1989), 270, 284. Der Aufsatz betrifft die Liquidation der Personenhandelsgesellschaften, insbesondere § 155 HGB, der aber wie § 733 BGB einen Vorrang der Gläubigerbefriedigung vorsieht und von der herrschenden Meinung ebenfalls nicht als zwingend betrachtet wird. *Schmidt* hat sich inzwischen allerdings der herrschenden Meinung angeschlossen, siehe Fn. 550.

vorgeworfen. Davon kann jedoch keinesfalls die Rede sein. Die unbeschränkte persönliche Haftung der Gesellschafter gewährleistet ausreichenden Schutz der Gesellschaftsgläubiger. Die Vertreter der Mindermeinung verkennen, dass die Interessen der Drittgläubiger mittelbar aufgrund des besonderen Interesses der Gesellschafter an der vorrangigen Schuldentilgung geschützt sind. Wie oben[554] dargelegt, laufen die Gesellschafter ansonsten Gefahr, von den Gesellschaftsgläubigern persönlich in Anspruch genommen zu werden. Wie *Hillers*[555] zutreffend bemerkt, steht jedes Abweichen von der vorrangigen Befriedigung der Drittgläubiger der Gesellschaft aus dem Gesellschaftsvermögen damit „unter der sehr viel schärferen Sanktion persönlicher Inanspruchnahme durch Drittgläubiger". Die Gesellschafter werden insofern in aller Regel darauf bestehen, dass die Schulden der Gesellschaft entsprechend der gesetzlichen Regelung aus dem Gesellschaftsvermögen vorab getilgt werden. Angesichts ihrer besseren Kenntnis in Bezug auf die Vermögensverhältnisse der Gesellschaft können sie dafür regelmäßig ohnehin viel effektiver sorgen als die Drittgläubiger.[556] Wollen sich die Gesellschafter auf eine von § 733 BGB abweichende Abwicklung des Gesellschaftsvermögens verständigen, werden sie aufgrund der drohenden persönlichen Inanspruchnahme auf den vollen Forderungsbetrag jedenfalls auf die Gläubigerinteressen besondere Rücksicht nehmen. Soll das gesamte Gesellschaftsvermögen beispielsweise auf einen Gesellschafter oder auch einen Dritten übertragen werden, so werden die Gesellschafter sicherstellen wollen, dass auch die Gesellschaftsverbindlichkeiten übernommen und aus dem Gesellschaftsvermögen beglichen werden. Die Gläubigerinteressen werden somit bereits bei der Willensbildung der Gesellschafter in Bezug auf die Frage, ob sie einer „anderen Art der Auseinandersetzung" zustimmen, ausreichend berücksichtigt werden.[557] Jeder vernünftige Gesellschafter wird seine Zustimmung zu einer Auseinandersetzungsvereinbarung nämlich nur dann erteilen, wenn diese zugleich Gewähr dafür bietet, dass der Gesellschafter nicht persönlich in Anspruch genommen werden muss, da die Interessen der Gläubiger ausreichend geschützt sind.

Zusammenfassend ist festzuhalten, dass § 733 Abs. 1 BGB zwar keinen subjektivrechtlichen Gläubigerschutz begründet, die Gläubiger aber mittelbar durch das Eigeninteresse der Gesellschafter, eine persönliche Inanspruchnahme durch die Gläubiger zu vermeiden, ausreichend geschützt werden. *Hillers*[558] spricht

---

554 Siehe unter C. I. 5. a) .

555 *Hillers*, S. 144.

556 *Hillers*, S. 145.

557 So auch *Hillers*, S. 145.

558 *Hillers*, S. 146.

daher in Bezug auf das Liquidationsrecht der Personengesellschaften zutreffend von dem „System mittelbaren Gläubigerschutzes, das in seiner Effektivität dem kapitalgesellschaftsrechtlichen Gläubigerschutz nicht nachsteht". Angesichts dessen besteht schon gar keine Notwendigkeit für die Annahme, § 733 Abs. 1 BGB sei unabdingbar. Gegen die Auffassung der Mindermeinung spricht zudem, dass die Gesellschaftsgläubiger bei einer zwingenden Geltung der Vorschrift im Abwicklungsstadium der Gesellschaft umfassender geschützt wären als vor ihrer Auflösung.[559] Das Personengesellschaftsrecht kennt keine zwingende Kapitalbindung zugunsten der Gesellschaftsgläubiger.[560] Insofern besteht auch kein Gläubigerschutz bei Einlagenrückgewähr oder darüber hinausgehender Ausschüttungen an die BGB-Gesellschafter.[561] Von Anfang an müssen die Gläubiger einer Gesellschaft bürgerlichen Rechts damit rechnen, nur bei den Gesellschaftern persönlich Befriedigung ihrer Ansprüche zu erlangen.[562] Dass nach Auflösung der Gesellschaft nunmehr etwas anderes gelten soll, leuchtet nicht ein.

III. Einlagenrückerstattung

Aus dem nach Berichtigung der Gesellschaftsschulden verbleibenden Gesellschaftsvermögen sind den Gesellschaftern gemäß § 733 Abs. 2 S. 1 und 2 BGB die geleisteten Einlagen in Geld zurückzuerstatten.

1. Erstattungsfähige Einlagen

Der Begriff der „Einlage" bezeichnet nach herrschender Meinung Beiträge im Sinne des § 706 BGB[563], die bereits geleistet worden sind[564]. Darunter fallen also alle vermögenswerten Leistungen, die die Gesellschafter aufgrund ihrer Beitragsverpflichtungen an die Gesellschaft erbracht haben[565]. Nicht alle erfüllten

559 MüKo-BGB/*Schäfer*, § 733 Rn. 11.

560 MüKo-HGB/*Schmidt*, § 149 Rn. 40.

561 Bamberger/Roth/*Timm/Schöne*, § 733 Rn. 2; Erman/*Westermann*, § 733 Rn. 4; MüKo-BGB/*Schäfer*, § 733 Rn. 11.

562 Soergel/*Hadding/Kießling*, § 733 Rn. 1.

563 Zum Beitragsbegriff unter C. I. 1.

564 BGH NJW 1980, 1744; Bamberger/Roth/*Schöne*, § 706 Rn. 7; *Ensthaler*, S. 18 f.; *Grziwotz*, DStR 1992, 1365, 1366; Hk-BGB/*Saenger*, § 706 Rn. 1; Jauernig/*Stürner*, § 706 Rn. 1; Palandt/*Sprau*, § 706 Rn. 1; RGRK/*v. Gamm*, § 706 Rn. 1; Ruhkamp/*Gerlach*, V. S. 114; *Westermann*, § 23 Rn. 257; so wohl auch *Ullrich*, NJW 1974, 1486, 1488. Vgl. auch RGZ 276, 278 (Verein ohne Rechtsfähigkeit).

565 Nach a. A. sollen unter dem Begriff der „Einlage" nur diejenigen Beiträge der Gesellschafter zu verstehen sein, die in das Gesellschaftsvermögen und damit in die

Gesellschafterbeiträge sind allerdings erstattungsfähig nach § 733 Abs. 2 S. 1 und 2 BGB. Die Erstattungsfähigkeit hängt von der Natur des geleisteten Beitrags und der Art und Weise der Einbringung ab.

a) Einbringung quoad dominium

§ 733 Abs. 2 S. 1 und 2 BGB gilt nach zutreffender Ansicht nur für Vermögensgegenstände, die ein Gesellschafter im Wege der sogenannten Einbringung quoad dominium[566] zu voller Rechtsinhaberschaft in die BGB-Gesellschaft eingelegt hat[567]. Bei dieser in der Praxis häufigsten Form der Einbringung[568] verpflichtet sich der Gesellschafter zur Übertragung eines ihm gehörenden Gegenstands durch Übereignung, Abtretung oder anderweitige Übertragung der

---

Verfügungs- und Verpflichtungszuständigkeit der Gesellschaft übergehen und letztlich das Vermögen der Gesellschaft vermehren, *Bork*, ZHR 154 (1990), 205, 207; *Gädcke*, S. 151; *Huber*, S. 195; MüHdbGesR I/*Weipert*, § 6 Rn. 22; *Schmidt*, GesR, § 20 II. S. 567; *Schmidt*, ZHR 154 (1990), 237, 240 f.; *Wiedemann*, GesR II, § 3 II. S. 184; *Wiedemann*, WM 1992, Sonderbeilage Nr. 7, S. 14; so wohl auch *Berninger*, Societas, S. 74 f.; Staudinger/*Habermeier*, § 706 Rn. 4. Dies widerspricht aber dem Wortlaut des § 733 Abs. 2 S. 3 BGB, wonach Einlagen auch in der Leistung von Diensten oder in der Überlassung der Benutzung eines Gegenstands bestehen können. Wie *Schäfer* zutreffend bemerkt, ist der Streit für die Gesellschaft bürgerlichen Rechts allerdings nicht wesentlich, da die Einlagepflicht kein Begriffsmerkmal der BGB-Gesellschaft ist, MüKo-BGB/*Schäfer*, § 706 Rn. 4.

566 Vgl. OLG Hamm OLGR 1995, 245 (KG); OLG Köln ZEV 1997, 210 (KG); FG Schleswig-Holstein BB 1988, 1217, 1218 (OHG); FG Münster EFG 1999, 678; FG Berlin EFG 2004, 1326, 1327; FG Brandenburg EFG 2006, 1475, 1477; Bamberger/Roth/*Schöne*, § 706 Rn. 11; *Berninger*, Societas, S. 21 ff.; *Berninger*, DStR 2010, 874, 875; *Brandani*, S. 128; *Hillers*, S. 241; jurisPK-BGB/*Bergmann*, § 706 Rn. 10; MüKo-BGB/*Schäfer*, § 706 Rn. 11; NK-BGB/*Heidel*, § 706 Rn. 7; *Piltz*, DStR 1991, 251; *Reimann*, DStR 1991, 154, 155; *Reinhardt*, DStR 1991, 588; *Rupp*, EStB 2007, 225; *Schmidt*, ZHR 154 (1990), 237, 243; *Schmidt*, GesR, § 20 II. S. 569; Soergel/*Hadding/Kießling*, § 733 Rn. 12; Staudinger/*Habermeier*, § 706 Rn. 5; *Sudhoff*, DB 1974, 842; *Sudhoff*, NJW 1978, 1401; Ullrich, NJW 1974, 1486, 1488; *Wiedemann*, GesR II, § 3 II. S. 185; *Wiedemann*, WM 1992, Sonderbeilage Nr. 7, S. 14; *Windbichler*, § 7 Rn. 1.

567 *Ensthaler*, S. 20; *Lang/Mulansky/Mulansky*, VII. S. 344 f.; MüKo-BGB/*Schäfer*, § 733 Rn. 13; NK-BGB/*Hanke*, § 733 Rn. 9; Soergel/*Hadding/Kießling*, § 733 Rn. 12; *Wiedemann*, GesR II, § 6 III. S. 579. Nur zur Benutzung oder dem Werte nach eingebrachte Vermögensgegenstände werden dagegen nicht erfasst, siehe zum Streit über die Behandlung der Einbringung quoad sortem in der Auseinandersetzung ausführlich unter C. I. 3. d) .

568 *Brandani*, S. 128; *Ensthaler*, S. 19.

Inhaberschaft auf die Gesellschaft.[569] Geld wird schon nach der Natur der Sache grundsätzlich zu Eigentum in die Gesellschaft eingebracht, auch wenn es darlehensweise erbracht wird. In Betracht kommt eine Einbringung quoad dominium daneben bei Sachen, Forderungen oder sonstigen Rechten. Die Gesellschafter können sogar die Einbringung eines ganzen Unternehmens vereinbaren.[570]

aa) Wesensmerkmale

Als Erfüllungsgeschäft schuldet der Gesellschafter bei einer Einbringung quoad dominium die Überführung des einzubringenden Vermögensgegenstands in das Gesellschaftsvermögen. Die Erfüllung der Einlageverpflichtung erfordert mithin eine Übertragung des Gegenstands an die Gesellschaft nach Maßgabe der allgemeinen Vorschriften.[571] Sachen sind nach den sachenrechtlichen Vorschriften §§ 929 ff. BGB bzw. §§ 873, 925 BGB an die Gesellschaft zu übereignen, Forderungen nach §§ 398 ff. BGB abzutreten und sonstige Rechte müssen nach §§ 413, 398 ff. BGB auf die Gesellschaft übertragen werden.[572] Grundsätzlich ist ein Eigentumsübergang bei Sachen auch im Wege des gutgläubigen Erwerbs gemäß §§ 932 ff. BGB bzw. §§ 892 f. BGB denkbar, allerdings ist in diesem Zusammenhang zu beachten, dass bereits der böse Glaube auch nur eines Gesellschafters, insbesondere des Einbringenden, einen gutgläubigen Erwerb ausschließt.[573]

---

569 Bamberger/Roth/*Schöne*, § 706 Rn. 11; *Berninger*, Societas, S. 23; *Berninger*, DStR 2010, 874, 875; Erman/*Westermann*, § 706 Rn. 6.

570 JurisPK-BGB/*Bergmann*, § 706 Rn. 10; *Ruhkamp/Gerlach*, V. Rn. 125; *Schmidt*, GesR, § 20 II. S. 574; Soergel/*Hadding/Kießling*, § 706 Rn. 17.

571 *Ensthaler*, S. 19; *Hillers*, S. 241 f.; MüKo-BGB/*Schäfer*, § 706 Rn. 11, 18; NK-BGB/*Heidel*, § 706 Rn. 7; Staudinger/*Habermeier*, § 706 Rn. 13.

572 Bamberger/Roth/*Schöne*, § 706 Rn. 11; *Berninger*, Societas, S. 23; *Berninger*, DStR 2010, 874, 875; *Piltz*, DStR 1991, 251; *Reinhardt*, DStR 1991, 588; *Ruhkamp/Gerlach*, V. Rn. 123 f.; Soergel/*Hadding/Kießling*, § 706 Rn. 15 f. Die Einbringung eines ganzen Unternehmens erfolgt durch Einzelübertragung der Gegenstände des Unternehmensvermögens nach den jeweils maßgeblichen Vorschriften, *Schmidt*, GesR, § 20 II. S. 574.

573 Vgl. BGH WM 1959, 348, 350 (OHG); AnwK-BGB/*Heidel/Hanke*, § 706 Rn 6; Bamberger/Roth/*Schöne*, § 706 Rn 11; Jauernig/*Stürner*, § 706 Rn 6; jurisPK/*Bergmann*, § 706 Rn 10; RGRK/*v. Gamm*, § 706 Rn 9; Soergel/*Hadding/Kießling*, § 706 Rn 15. Allgemein gilt: „Soweit es für die Rechtswirksamkeit, Anfechtbarkeit oder Rechtsfolgen von Geschäften der Gesellschaft auf persönliche Beziehungen, Kenntnisse oder Verhältnisse der Vertragspartner ankommt, genügen die entsprechenden Umstände in der Person eines einzelnen Gesellschafters.“, BGH NJW 1961, 1022 (KG).

Bei einer Einbringung quoad dominium findet somit stets ein Rechtssubjektswechsel statt.[574] Ist eine Forderung oder ein anderes Recht Gegenstand der Einbringung, wird die BGB-Gesellschaft neue Rechteinhaberin. Handelt es sich um eine Sacheinlage, wird die Sache aus dem Eigentum des Gesellschafters in das Eigentum der Gesellschaft übertragen. Infolge der Einbringung erlangt die BGB-Gesellschaft die vollständige Herrschaftsmacht über den Einlagegegenstand. Ihr steht sowohl die dingliche als auch die wertmäßige Berechtigung daran zu. Zivilrechtliche und wirtschaftliche Zuordnung des eingebrachten Vermögensgegenstands stimmen bei der Einbringung quoad dominium mithin vollständig überein.[575] Es versteht sich von selbst, dass die BGB-Gesellschaft als dinglich Berechtigte die volle Verfügungsgewalt über den Einlagegegenstand hat.[576] Ihr steht zudem die unbeschränkte Nutzungsbefugnis zu und auch sonst kann die Gesellschaft alle Eigentümerrechte über den Gegenstand ausüben.

bb) Rechtsgrund

Wie bei den anderen Einbringungsformen[577] ist Rechtsgrund der Einbringung quoad dominium der Gesellschaftsvertrag. Auch die zu voller Rechtsinhaberschaft in die BGB-Gesellschaft einzubringenden Gegenstände werden grundsätzlich allein in Erfüllung der gesellschaftsvertraglichen Beitragsverpflichtungen geleistet[578]. Ein Kauf- oder Schenkungsvertrag kommt daneben in der Regel nicht zustande. Da die Stellung des Gesellschafters, der sich zur Übertragung seines Eigentums verpflichtet, der des Verkäufers ähnelt, nimmt die herrschende Meinung dennoch an, dass die Regelungen des Kaufrechts, insbesondere die Gewährleistungsvorschriften, entsprechend angewendet werden können, wenn die gesellschaftsrechtlichen Besonderheiten und der fehlende Austauschzweck des Gesellschaftsverhältnisses[579] dem nicht entgegen stehen.[580] So kann der

---

574 Bamberger/Roth/*Schöne*, § 706 Rn. 12; *Berninger*, Societas, S. 23; *Berninger*, DStR 2010, 874, 875; Erman/*Westermann*, § 706 Rn. 6.

575 *Berninger*, Societas, S. 23;

576 *Berninger*, Societas, S. 23; *Gädcke*, S. 3.

577 Siehe zur Einbringung quoad usum unter C. I. 2. und zur Einbringung quoad sortem unter C. I. 3.

578 Etwas anderes gilt natürlich im Falle eines Drittgeschäfts zwischen Gesellschaft und Gesellschafter, das nicht auf dem Gesellschaftsverhältnis beruht, hierzu unter C. I. 4.

579 Siehe zum Charakter des Gesellschaftsverhältnisses unter C. I. 2. b) .

580 Bamberger/Roth/*Schöne*, § 706 Rn. 18; *Gädcke*, S. 69; jurisPK-BGB/*Bergmann*, § 706 Rn. 10; *Kübler/Assmann*, § 6 II. S. 48; Palandt/*Sprau*, § 706 Rn. 5; Soergel/*Hadding/Kießling*, § 706 Rn. 12, 19, 21; *Sudhoff*, NJW 1956, 321, 323; Staudinger[12]/*Keßler*, § 706 Rn. 16; vgl. auch die ausführliche Darstellung zur Anwendbarkeit der

Gesellschafter bei Mängeln der Einlage analog § 437 Nr. 1 i. V. m. § 439 BGB zur Nacherfüllung durch Mangelbeseitigung oder erneute mangelfreie Leistung verpflichtet sein.[581] Nicht mit den Funktionsbedingungen der Gesellschaft bürgerlichen Rechts vereinbar sind allerdings die speziell auf synallagmatische Verträge zugeschnittenen Rechte des Käufers zur Minderung und zum Rücktritt, sodass deren Anwendung grundsätzlich ausgeschlossen ist[582]. Zwar mindert ein Mangel der Sache ohne Zweifel deren Einbringungswert und damit auch den von der Gesellschaft in der Auseinandersetzung nach § 733 Abs. 2 S. 2 BGB letztlich geschuldeten Wertersatz[583]. Ein Minderungsrecht der Gesellschaft bei bzw. nach Einbringung kommt aber nicht in Betracht, da der Beitragspflicht des Gesellschafters keine synallagmatische Verpflichtung der Gesellschaft gegenübersteht, die gemindert werden könnte. Rechtsfolge kann daher höchstens eine Wertausgleichspflicht des Beitragsschuldners[584], die freilich in der Auseinandersetzung nach § 733 Abs. 2 S. 2 BGB von der Gesellschaft ebenfalls zu ersetzen wäre, oder ein Anspruch der Mitgesellschafter auf Grundlage der gesellschaftsrechtlichen Treuepflicht auf Anpassung des Gesellschaftsvertrages, insbesondere hinsichtlich der Kapital- und Gewinnbeteiligung, sein[585]. Anstelle des Rücktrittsrechts

---

allgemeinen Leistungsstörungs- und Gewährleistungsregeln auf die Beitragspflicht bei MüKo-BGB/*Schäfer*, § 706 Rn. 24 ff. Der BGH hat – allerdings in Bezug auf eine GmbH – angenommen, „einzelne Regeln der Kaufgewähr" könnten „insoweit auf den Einbringungsvertrag übertragen werden, als sie mit dem Wesen der Einbringung einer Sacheinlage vereinbar sind", BGHZ 45, 338. Ablehnend *Grunewald*, 1. A. Rn. 15; MüHdbGesR I/*Weipert*, § 6 Rn. 31; *Schmidt*, GesR, § 20 III. S. 584; *Wiedemann*, WM 1990, Sonderbeilage Nr. 8, S. 5. *Habermeier* will die Gewährleistungsvorschriften des Kaufrechts nur anwenden, wenn für die Einlage des Gesellschafters eine Gegenleistung vereinbart wurde, Staudinger/*Habermeier*, § 706 Rn. 23.

581 Bamberger/Roth/*Schöne*, § 706 Rn. 18; Erman/*Westermann*, § 706 Rn. 10; MüKo-BGB/*Schäfer*, § 706 Rn. 27; Soergel/*Hadding/Kießling*, § 706 Rn. 21; *Windbichler*, § 6 Rn. 5.

582 MüKo-BGB/*Schäfer*, § 706 Rn. 27; *Ruhkamp/Gerlach*, V. Rn. 145; *Sudhoff*, NJW 1956, 321, 323; *Windbichler*, § 6 Rn. 5.

583 BGH NJW 1986, 51, 52; Erman/*Westermann*, § 733 Rn. 5; MüKo-BGB/*Schäfer*, § 733 Rn. 14; für weitere Nachweise siehe auch C. III. 2. Fn. 646.

584 *Grunewald*, 1. A. Rn. 15; Jauernig/*Stürner*, § 706 Rn. 6; jurisPK-BGB/*Bergmann*, § 706 Rn. 10; vgl. auch Soergel/*Hadding/Kießling*, § 706 Rn. 21; *Sudhoff*, NJW 1956, 321, 323; *Wiedemann*, GesR II, § 3 II. S. 189. So auch die Ansicht des BGH in Bezug auf das Sacheinlageversprechen eines GmbH-Gesellschafters, soweit die Sacheinlage unerfüllbar oder der einzubringende Gegenstand mangelhaft ist, BGHZ 45, 338. Ablehnend MüKo-BGB/*Schäfer*, § 706 Rn. 27.

585 *Grunewald*, 1. A. Rn. 15; MüKo-BGB/*Schäfer*, § 706 Rn. 25, 27; *Wiedemann*, GesR II, § 3 II. S. 189.

kommt ebenfalls nur die „treupflichtbedingte Vertragsanpassung"[586] oder – vorausgesetzt, die mangelfreie Beitragsleistung ist wesentlich für die Erreichung des Gesellschaftszwecks – Kündigung der Gesellschaft (§ 723 BGB) oder Ausschließung des Beitragsschuldners (§ 737 BGB) in Betracht[587].

Soll Gegenstand der Einbringung quoad dominium ein Grundstück sein, ist für das Verpflichtungsgeschäft das Formerfordernis aus § 311b Abs. 1 BGB zu beachten. Da sich der Einbringungsschuldner durch die Vereinbarung einer Einbringung quoad dominium zur Übereignung seines Grundstücks verpflichtet, bedarf die Beitragsverpflichtung zu ihrer Wirksamkeit der notariellen Form.[588] Das gleiche gilt wegen § 15 Abs. 4 S. 1 GmbHG für die Einbringung eines GmbH-Geschäftsanteils. Enthält der Gesellschaftsvertrag die Verpflichtung zur Übereignung eines Grundstücks oder zur Abtretung eines GmbH-Geschäftsanteils, muss mithin der gesamte Gesellschaftsvertrag notariell beurkundet werden.[589] Wird die Form nicht beachtet und wird die fehlende Form auch nicht gemäß § 311b Abs. 1 S. 2 BGB bzw. § 15 Abs. 4 S. 1 GmbHG geheilt, kann eine Umdeutung nach § 140 BGB in Betracht kommen. So ist nach der Rechtsprechung und der herrschenden Literaturmeinung insbesondere die Umdeutung einer formnichtigen Vereinbarung der eigentumsmäßigen Einbringung eines Grundstücks in eine formfrei wirksame Verpflichtung zur Einbringung quoad sortem[590] möglich.[591] Scheidet die Umdeutung aus, ist die Beitragsverpflichtung

---

586 MüKo-BGB/*Schäfer*, § 706 Rn. 27.

587 *Grunewald*, 1. A. Rn. 14 f.; Jauernig/*Stürner*, § 706 Rn. 5 f.; jurisPK-BGB/*Bergmann*, § 706 Rn. 10; MüKo-BGB/*Schäfer*, § 706 Rn. 27; Soergel/*Hadding/Kießling*, § 706 Rn. 20 f.; *Wiedemann*, GesR II, § 3 II. S. 190. Schon das RG vertrat übrigens, dass das Rücktrittsrecht aus § 326 BGB a. F. Durch § 723 BGB als „das den besonderen Verhältnissen des Gesellschaftsrechts sich anpassende Sondergesetz" verdrängt werde, RGZ 81, 303, 305; vgl. auch RGZ 78, 303, 305; 89, 398, 400.

588 RGZ 79, 303, 304 (OHG); BGH WM 1955, 298; 1967, 951, 952 (KG); 1977, 783 (KG); BFH BStBl. 1971 II, 278, 279 (OHG); *Berninger*, Societas, S. 104 f.; *Gädcke*, S. 68; Jauernig/*Stürner*, § 706 Rn. 6; jurisPK-BGB/*Bergmann*, § 706 Rn. 10.

589 RGZ 68, 260, 261 f.; BGH WM 1955, 298; *Berninger*, Societas, S. 105; *Gädcke*, S. 62; MüKo-BGB/*Ulmer/Schäfer*, § 705 Rn. 34; *Reimann*, DStR 1991, 154, 155 f.; Soergel/*Hadding/Kießling*, § 705 Rn. 8 f.; *Sudhoff*, NJW 1956, 321, 323; *Wiedemann*, WM 1990, Sonderbeilage Nr. 8, S. 8 f.; *Wiesner*, NJW 1984, 95.

590 Siehe zur Formfreiheit der Einbringung quoad sortem unter C. I. 3. b) .

591 BGH WM 1967, 951, 952 f. (KG); FG Schleswig-Holstein BB 1988, 1217, 1218 (OHG); FG Brandenburg EFG 2006, 1475, 1477; *Gädcke*, S. 61; jurisPK-BGB/*Bergmann*, § 706 Rn. 10; MüKo-BGB/*Schäfer*, § 706 Rn. 12; Soergel/*Hadding/Kießling*, § 706 Rn. 23; *Wiesner*, NJW 1984, 95, 98 f.

nach § 125 S. 1 BGB nichtig. Die Wirksamkeit des restlichen Gesellschaftsvertrages richtet sich dann nach § 139 BGB, mithin danach, ob angenommen werden kann, dass die Gesellschafter den Gesellschaftsvertrag auch ohne die nichtige Beitragsverpflichtung geschlossen hätten.[592]

cc) Gefahrtragung und Unterhaltung

Als neue dinglich Berechtigte über den Einlagegegenstand trägt die BGB-Gesellschaft nach Vollzug der Einbringung quoad dominium die Sachgefahr[593] und muss auch alle notwendigen Aufwendungen zur Unterhaltung des Gegenstandes tragen. Der Zeitpunkt des Gefahr- und Lastenübergangs auf die Gesellschaft ist mangels anderweitiger Vereinbarung der Gesellschafter entsprechend § 446 BGB die Übergabe.[594] Nicht analog anwendbar ist nach herrschender Meinung[595] § 447 BGB. Dessen Tatbestand wird in der Regel ohnehin nicht verwirklicht sein. Denn die Schuld des Gesellschafters zur Einlageleistung ist als Bringschuld am Sitz der Gesellschaft zu erfüllen, die Sache, die zum Zwecke der Einbringung an die Gesellschaft geschickt wird, wird also schon nicht „nach einem anderen Ort als dem Erfüllungsort versendet“. Auch nach Sinn und Zweck der Einbringung quoad dominium kann aber die Gefahr ohne körperliche Übergabe nicht schon mit Absendung, sondern erst mit dem tatsächlichen Vollzug der Einbringung in das Gesellschaftsvermögen übergehen.[596] Ab diesem Zeitpunkt liegt die Gefahr des Verlustes und sonstiger Wertminderungen allein bei der Gesellschaft. Auf den Anspruch des Gesellschafters auf Rückerstattung seiner Einlage aus § 733 Abs. 2 BGB hat das keinen Einfluss. Den Gesellschafter trifft der

---

592 RGZ 79, 303, 304 (OHG); so im Ergebnis wohl auch *Wiesner*, NJW 1984, 95, 98 f. A. A. MüKo-BGB/*Ulmer/Schäfer*, § 705 Rn. 35, die diese Ansicht für unvereinbar mit der den ganzen Gesellschaftsvertrag erfassenden Geltung des Formerfordernisses halten und sogleich die Grundsätze über die fehlerhafte Gesellschaft anwenden wollen. So auch *Wiedemann*, WM 1990, Sonderbeilage Nr. 8, S. 8. Vgl. auch BGHZ 107, 351 (KG) zur Anwendbarkeit von § 139 BGB auf gesellschaftsvertragliche Bestimmungen.

593 BGH WM 1967, 682, 683 (KG); *Berninger*, Societas, S. 128; Erman/*Westermann*, § 706 Rn. 6; *Grziwotz*, DStR 1992, 1365, 1366; MüKo-BGB/*Schäfer*, § 706 Rn. 11; NK-BGB/*Heidel*, § 706 Rn. 7; Staudinger/*Habermeier*, § 706 Rn. 5; *Wiedemann*, GesR II, § 6 III. S. 577 f.; vgl. auch *Schürmann*, S. 28.

594 MüKo-BGB/*Schäfer*, § 706 Fn. 20; Soergel/*Hadding/Kießling*, § 706 Rn. 22; Staudinger[12]/*Keßler*, § 706 Rn. 28.

595 Jauernig/*Stürner*, § 706 Rn. 6; MüKo-BGB/*Schäfer*, § 706 Fn. 20; RGRK/*v. Gamm*, § 706 Rn. 6; Soergel/*Hadding/Kießling*, § 706 Rn. 22; Staudinger[12]/*Keßler*, § 706 Rn. 28; a. A. Palandt/*Sprau*, § 706 Rn. 5.

596 Soergel/*Hadding/Kießling*, § 706 Rn. 22.

Untergang des Gegenstandes nur noch indirekt über die Gewinnbeteiligung.[597] Er wird, wie *Schürmann*[598] zutreffend bemerkt, „durch den Untergang seiner ihm früher allein gehörenden Sache nicht mehr und nicht minder berührt, wie alle anderen Gesellschafter". Das gleiche gilt in Bezug auf etwaige Wertsteigerungen des Gegenstandes, die nach vollzogener Einbringung nur noch der BGB-Gesellschaft als dinglich Berechtigter gebühren und den Anspruch des Gesellschafters auf Einlagenrückerstattung nicht erhöhen.

dd) Die Auslegungsregel des § 706 Abs. 2 BGB

Nicht immer legen die Gesellschafter explizit fest, dass ein Gegenstand quoad dominium in die Gesellschaft eingebracht werden soll. Stattdessen ist oftmals unklar, welche Form der Beitragsleistung von den Gesellschaftern im konkreten Fall tatsächlich vereinbart wurde. Entscheidend ist stets der Wille der Parteien, der dann durch Auslegung der Umstände im Einzelfall zu ermitteln ist.[599] Zu beachten ist in diesem Zusammenhang die Auslegungsregel des § 706 Abs. 2 BGB, wonach im Zweifel von einer Einbringung zu Eigentum auszugehen ist, wenn vertretbare (§ 91 BGB) oder verbrauchbare (§ 92 BGB) Sachen in die Gesellschaft einzubringen oder Sachen nach einer nicht bloß für die Gewinnverteilung bestimmten Schätzung beizutragen sind. Die Vorschrift stellt eine widerlegliche Vermutung zugunsten der Einbringung quoad dominium auf.[600] Die gesetzliche Vermutung, dass vertretbare und verbrauchbare Sachen im Zweifel Gesellschaftseigentum werden sollen, beruht darauf, dass diese Sachen regelmäßig Bestandteil des Umlaufvermögens werden, da sie mangels ausgeprägter Individualisierungsmerkmale austauschbar bzw. bereits nach ihrer Funktion zum Verbrauch bestimmt sind.[601] Dieser § 706 Abs. 2 S. 1 BGB zugrunde liegende Gedanke kann trotz des Wortlauts der Vorschrift auch auf Forderungen und andere Rechte übertragen werden. So ist von den Gesellschaftern für diejenigen Rechte, die wie vertretbare und verbrauchbare Sachen den

---

597 *Piltz*, DStR 1991, 251; *Schürmann*, S. 28.

598 *Schürmann*, S. 28.

599 FG Schleswig-Holstein BB 1988, 1217, 1219 (OHG); *Schmidt*, GesR, § 20 II. S. 571; *Windbichler*, § 7 Rn. 1.

600 Bamberger/Roth/*Schöne*, § 706 Rn. 12; MüKo-BGB/*Schäfer*, § 706 Rn. 9.

601 Bamberger/Roth/*Schöne*, § 706 Rn. 12. Die Benutzung von verbrauchbaren Sachen durch die Gesellschaft wird zumeist ohnehin eine Verfügung über die Substanz mit sich bringen, sodass es unsinnig wäre, bei Überlassung einer verbrauchbaren Sache nicht zugleich das Eigentum daran auf die Gesellschaft zu übertragen; vgl. auch *Schürmann*, S. 10 f.

Charakter von Umlaufvermögen haben, im Zweifel ein voller Rechtsübergang auf die BGB-Gesellschaft gewollt.[602]

Freilich kann man die Auslegungsregel aus § 706 Abs. 2 BGB nur dann heranziehen, wenn sich nicht schon aus den Umständen ein eindeutiger Wille der Vertragsschließenden ergibt.[603] Steht danach fest, dass der einzubringende Vermögensgegenstand im Alleineigentum des Beitragsschuldners bleiben sollte, bleibt für die Anwendung der gesetzlichen Vermutung selbstverständlich kein Raum.[604] Es ist somit vorrangig zu prüfen, ob sich bereits aus Sinn und Zweck der Beitragsverpflichtung die Art und Weise der Einbringung ermitteln lässt.[605]

Umkehren lässt sich die Auslegungsregel aus § 706 Abs. 2 BGB nicht. Liegen deren Voraussetzungen nicht vor, kann daher kein Umkehrschluss gegen die Einbringung zu Eigentum und für die Vereinbarung einer anderen Einbringungsart gezogen werden.[606] Es bleibt dann bei den allgemeinen Auslegungsgrundsätzen.[607] Eine Vermutung, dass unvertretbare oder nicht verbrauchbare Sachen, die nicht nach einer Schätzung beizutragen sind, der Gesellschaft nur zum Gebrauch überlassen werden, enthält § 706 Abs. 2 BGB nicht.[608] Es ist im Rahmen der Auslegung allerdings zu berücksichtigen, dass dem einbringenden Gesellschafter dann, wenn die Verwirklichung des Gesellschaftszwecks auch ohne Eigentumserwerb der BGB-Gesellschaft möglich, die Übertragung des Eigentums zur Erreichung des Gesellschaftszwecks also gar nicht erforderlich ist, daran gelegen sein wird, sein Eigentum nicht aufzugeben. Ohne entgegenstehende Anhaltspunkte wird die Auslegung bei unvertretbaren oder nicht verbrauchbaren Sachen, deren Substanz nach dem Zweck der Beitragsleistung durch die Gesellschaft nicht berührt werden muss, daher in der Regel ergeben, dass diese der Gesellschaft von dem Eigentümer-Gesellschafter nur zur Benutzung oder dem Werte nach zu überlassen sind.[609] Auch bei Immaterialgüterrechten wird im Zweifel nur die Verpflichtung zur Gebrauchsüberlassung, nicht aber zur vollständigen Übertragung des Rechts auf die Gesellschaft, gewollt sein, da

602 Bamberger/Roth/*Schöne*, § 706 Rn. 12; MüKo-BGB/*Schäfer*, § 706 Rn. 9.
603 *Berninger*, Societas, S. 103.
604 RGZ 109, 380, 381 f.
605 JurisPK-BGB/*Bergmann*, § 706 Rn. 10; Soergel/*Hadding*, § 706 Rn. 13.
606 JurisPK-BGB/*Bergmann*, § 706 Rn. 10; MüKo-BGB/*Schäfer*, § 706 Rn. 9; Soergel/*Hadding*, § 706 Rn. 13.
607 Bamberger/Roth/*Schöne*, § 706 Rn. 12; MüKo-BGB/*Schäfer*, § 706 Rn. 9.
608 Bamberger/Roth/*Schöne*, § 706 Rn. 12; Erman/*Westermann*, § 706 Rn. 6; Palandt/*Sprau*, § 706 Rn. 4; Hk-BGB/*Saenger*, § 706 Rn. 3.
609 So auch *Schürmann*, S. 10.

der Inhaber eines Immaterialgüterrechts von seinem Recht regelmäßig so wenig wie möglich aufgeben will.[610]

In Bezug auf die Beweislastverteilung gelten die allgemeinen Regeln: Wer die Vereinbarung einer Einbringung quoad dominium behauptet, hat diese auch zu beweisen.[611] Beansprucht also ein Gesellschafter statt der gegenständlichen Rückgabe eines eingebrachten Gegenstandes Wertersatz nach § 733 Abs. 2 BGB, obliegt ihm die Beweislast für die Einbringung zu Eigentum bzw. dafür, dass die Vermutungsvoraussetzungen aus § 706 Abs. 2 BGB vorliegen. Macht dagegen die BGB-Gesellschaft einen Anspruch auf Übereignung geltend, muss sie die Verpflichtung des Gesellschafters zur Übertragung des Eigentums beweisen.[612] Handelt es sich nicht um eine vertretbare oder verbrauchbare Sache, hat die Gesellschaft nur darzulegen, dass der Wert des einzubringenden Gegenstandes vorab geschätzt wurde. Wendet der Beitragsschuldner ein, er schulde dennoch keine Übereignung, so trifft ihn die Beweislast dafür, dass die Schätzung nur für die Gewinnverteilung bestimmt war, die Voraussetzungen aus § 706 Abs. 2 S. 2 BGB mithin nicht erfüllt sind.[613]

b) Geleistete Dienste

Für geleistete Dienste kann gemäß § 733 Abs. 2 S. 3 BGB, ebenso wie für Gebrauchsüberlassungen[614], grundsätzlich kein Wertersatz von der Gesellschaft verlangt werden. Dienstleistungen der Gesellschafter sollen nach dem gesetzlichen Modell durch die Gewinnbeteiligung im Rahmen der Gesellschaft bzw. durch die Verteilung des Überschusses in der Auseinandersetzung abschließend abgegolten sein[615]. Zur Begründung der gesetzlichen Regelung führen

---

610 RG WarnR 1936 Nr. 142; RGRK/*v. Gamm*, § 706 Rn. 3; Soergel/*Hadding*, § 706 Rn. 13.

611 Baumgärtel/Laumen/Prütting/*Timme*, § 706 Rn. 5.

612 RG HRR 1935 Nr. 1585; vgl. auch Bamberger/Roth/*Schöne*, § 706 Rn. 11; Baumgärtel/Laumen/Prütting/*Timme*, § 706 Rn. 5; Soergel/*Hadding*, § 706 Rn. 12.

613 Bamberger/Roth/*Schöne*, § 706 Rn. 11; jurisPK-BGB/*Bergmann*, § 706 Rn. 10; NK-BGB/*Heidel*, § 706 Rn. 7; Soergel/*Hadding*, § 706 Rn. 13.

614 Auch für Gebrauchsüberlassungen kann gemäß § 733 Abs. 2 S. 3 BGB nicht Ersatz verlangt werden. Ein der Gesellschaft zur Benutzung überlassener Gegenstand ist grundsätzlich nach § 732 BGB an den Gesellschafter zurückzugeben, siehe hierzu unter C. I.

615 So auch BGH NJW 1966, 501 (stille Gesellschaft); KG GmbHR 1993, 818, 820 (KG); Bamberger/Roth/*Schöne*, § 733 Rn. 14. Vgl. auch MüKo-BGB/*Schäfer*, § 733 Rn. 17; NK-BGB/*Hanke*, § 733 Rn. 12; Soergel/*Hadding/Kießling*, § 733 Rn. 12; Staudinger/*Habermeier*, § 733 Rn. 11. Nach Ansicht von *Ensthaler* sollen nur die ausgeübten Verwaltungs- und Geschäftsführerpflichten der Gesellschafter nichterstattungsfähige

BGH[616] und Lehre[617] an, dass sich der Einsatz physischer und geistiger Arbeitskraft regelmäßig nicht als unmittelbar messbare Steigerung im Gesellschaftsvermögen widerspiegele. Zwar möge es sein, dass sich Dienstleistungen der Gesellschafter über das Ende der Gesellschaft hinaus zu ihren Gunsten auswirken, „sie schlagen sich aber in aller Regel im Geschäftsvermögen nicht in so bestimmter Weise nieder, daß sie dort bei Beendigung der Gesellschaft als fest umrissener und meßbarer Vermögenswert feststellbar wären“[618]. Jedenfalls würde die nachträgliche Bewertung von während der Gesellschaft von den Gesellschaftern erbrachten Dienstleistungen erhebliche Schwierigkeiten bereiten.[619] Auch insofern sollen Ausgleichsansprüche der Gesellschafter in der Liquidation grundsätzlich ausscheiden. Stattdessen soll die in Dienstleistungen bestehende Einlage eines Gesellschafters nach den Ausführungen des BGH[620] bereits dann als „zurückgewährt“ anzusehen sein, sobald der Gesellschafter mit Auflösung der Gesellschaft wieder frei über den Einsatz seiner Arbeitskraft verfügen kann.

Ob unter den Begriff „Dienste“ im Sinne von § 733 Abs. 2 S. 3 BGB nur Dienstleistungen nach §§ 611 ff. BGB fallen oder ob der Terminus weiter gesteckt ist und auch die Leistung anderer Dienste umfasst[621], wird nicht einheitlich beantwortet. Der BGH hat hierzu im Urteil vom 26. November 1979 bemerkt, es möge sein, „daß unter ‚Diensten‘ im Sinne dieser Vorschrift nicht ausschließlich solche im Sinne des Dienstvertragsrechts zu verstehen sind“[622], hat die Frage aber letztlich offen gelassen. Jedenfalls werkvertragliche Leistungen sollen nach herrschender Meinung[623] vom Anwendungsbereich von § 733 Abs. 2 S. 3 BGB

Dienste, unmittelbar den Gesellschaftszweck fördernde Dienste aber gemäß § 733 BGB erstattungsfähig sein, wenn sie ihrem Werte nach in das Gesellschaftsvermögen eingebracht wurden, *Ensthaler*, S. 31.

616 BGH WM 1980, 402, 403; NJW 1966, 501 (stille Gesellschaft).

617 Bamberger/Roth/*Schöne*, § 733 Rn. 14; MüKo-BGB/*Schäfer*, § 733 Rn. 17; *Wiedemann*, WM 1992, Sonderbeilage Nr. 7, S. 15.

618 BGH NJW 1966, 501 (stille Gesellschaft).

619 BGH WM 1980, 402, 403; Bamberger/Roth/*Schöne*, § 733 Rn. 14; MüKo-BGB/*Schäfer*, § 733 Rn. 17; Staudinger/*Habermeier*, § 733 Rn. 11; *Wiedemann*, GesR II, § 3 II. S. 188.

620 BGH NJW 1966, 501 (stille Gesellschaft).

621 So Soergel/*Hadding/Kießling*, § 733 Rn. 12.

622 BGH WM 1980, 402, 403.

623 BGH WM 1980, 402, 403; Bamberger/Roth/*Schöne*, § 733 Rn. 14; MüKo-BGB/*Schäfer*, § 733 Rn. 18; Soergel/*Hadding/Kießling*, § 733 Rn. 12; kritisch Erman/*Westermann*, § 733 Rn. 5; NK-BGB/*Hanke*, § 733 Rn. 13; a. A. offenbar auch Hk-BGB/*Saenger*, § 733 Rn. 4; Palandt/*Sprau*, § 733 Rn. 10.

ausgenommen sein. Da die Einbringung eines Werkes, „mag dieses auch durch Einsatz der Arbeitskraft des Gesellschafters hergestellt sein“[624], den Wert des Gesellschaftsvermögens regelmäßig messbar erhöhe, soll die Gesellschaft nach der Rechtsprechung des BGH[625] für Werkleistungen der Gesellschafter in der Liquidation grundsätzlich Wertersatz nach § 733 Abs. 2 S. 2 BGB schulden. Konsequenz dieser Rechtsprechung ist, dass Architektenleistungen als Werkleistungen grundsätzlich erstattungsfähig sein sollen, während für die Leistungen eines Maklers von der Gesellschaft kein Wertersatz geschuldet wird, da es sich dabei um Dienstleistungen handelt.[626] Dies vermag nicht zu überzeugen. Maklerdienste haben ebenso wie Architektenleistungen einen konkreten feststellbaren Marktwert und erhöhen das Gesellschaftsvermögen entsprechend. Warum gerade die Leistungen des Architekten-Gesellschafters von der Gesellschaft vergütet werden müssen, die des Makler-Gesellschafters aber nicht, erschließt sich nicht. Noch deutlicher werden die Schwächen der herrschenden Meinung am Beispiel von Beitragsleistungen von Gesellschaftern, die zugleich als Rechtsanwalt tätig sind: Für die Erstellung von Verträgen könnte nach der herrschenden Meinung in der Liquidation Ersatz nach § 733 Abs. 2 S. 2 BGB verlangt werden, denn diese Leistungen sind werkvertraglicher Natur[627]. Für die laufende Rechtsberatung der Gesellschaft, die regelmäßig dienstvertraglichen Charakter hat,[628] scheidet ein Wertausgleich gemäß § 733 Abs. 2 S. 3 BGB dagegen aus. Dieses Ergebnis überzeugt nicht. Das Gesellschaftsvermögen wird durch den Wert der Dienstleistungen genauso erhöht wie durch die werkvertraglichen Leistungen. Es ist daher nicht einzusehen, warum die dienstleistenden Gesellschafter zum anteiligen Ausgleich des Wertes der von den Mitgesellschaftern in die Gesellschaft eingebrachten Werkleistungen verpflichtet sein sollen, selbst aber keinen finanziellen Wertausgleich für die von ihnen zu Gunsten der Gesellschaft erbrachten Dienste fordern können. Zu berücksichtigen ist außerdem, dass die Abgrenzung von Dienst- und Werkleistungen häufig schwierig und nicht eindeutig ist. Wie *Hanke*[629] zutreffend bemerkt, ist es oftmals eine Frage der Leistungsdefinition, ob

---

624 BGH WM 1980, 402.

625 BGH WM 1980, 402, 403; NJW 1986, 51; vgl. auch BGH NJW-RR 1988, 1249 in Bezug auf eine BGB-Innengesellschaft.

626 So das Ergebnis in BGH WM 1980, 402.

627 BGH NJW 1996, 661, 662; MüKo-BGB/*Heermann*, § 675 Rn. 26; NK-BGB/*Schwab*, § 675 Rn. 5.

628 BGH NJW 1985, 2642; MüKo-BGB/*Heermann*, § 675 Rn. 26; NK-BGB/*Schwab*, § 675 Rn. 5.

629 NK-BGB/*Hanke*, § 733 Rn. 13.

ein Gesellschafter einen Beitrag als Werk- oder Dienstleistung erbringt. Bei der Vereinbarung der Beitragspflicht werden die Folgen der Leistungsdefinition für die Behandlung in der Liquidation aber regelmäßig gar nicht bedacht werden.[630] Auch aus diesem Grund sind Dienst- und Werkleistungen in der Auseinandersetzung entgegen der herrschenden Meinung grundsätzlich gleich zu behandeln.

Wie die anderen Liquidationsvorschriften ist § 733 Abs. 2 S. 3 BGB kein zwingendes Recht. Die Gesellschafter können daher abweichend von der gesetzlichen Regelung die Werterstattungspflicht der Gesellschaft für in Form von Dienstleistungen erbrachte Beitragsleistungen vereinbaren[631]. Eine derartige Vereinbarung kann sich auch aus den Umständen durch Auslegung ergeben, zum Beispiel, wenn einem Gesellschafter der Wert der von ihm beitragsmäßig geschuldeten Dienste bei Gründung der Gesellschaft auf seinem Kapitalkonto gutgeschrieben wird.[632] In Betracht kommt eine stillschweigende Abweichung von § 733 Abs. 2 S. 3 BGB auch, wenn sich die geleisteten Dienste eines Gesellschafters als fest umrissener und messbarer, dem Gesellschaftsvermögen verbleibender Vermögenswert niedergeschlagen haben und durch den Gewinnanteil des Gesellschafters nicht voll abgegolten sind.[633] Dann kann der Gesellschafter ausnahmsweise Wertausgleich für die Dienstleistungen von der Gesellschaft beanspruchen[634].

2. Inhalt, Entstehung und Durchsetzbarkeit des Einlagenrückerstattungsanspruchs

Auf welche Weise die Rückerstattung zu erfolgen hat, richtet sich nach der Art der Einlage. Geldeinlagen sind nach § 733 Abs. 2 S. 1 BGB in Geld zurückzuerstatten.[635] Für Sacheinlagen der Gesellschafter muss die Gesellschaft gemäß

---

630 *Hanke* spricht daher vom „Zufall der Leistungsdefinition“, NK-BGB/*Hanke*, § 733 Rn. 13.

631 BGH WM 1962, 1086; 1967, 682, 684 (KG).

632 MüKo-BGB/*Schäfer*, § 733 Rn. 17; Soergel/*Hadding/Kießling*, § 733 Rn. 14.

633 BGH NJW 1966, 501 (stille Gesellschaft); 1986, 51; NJW-RR 1991, 422; OLG Schleswig OLGR 2002, 45; Bamberger/Roth/*Schöne*, § 733 Fn. 42; jurisPK-BGB/*Trost*, § 733 Rn. 17; MüHdbGesR I/*Gummert*, § 21 Rn. 113; MüKo-BGB/*Schäfer*, § 733 Rn. 17; NK-BGB/*Hanke*, § 733 Rn. 12; Palandt/*Sprau*, § 733 Rn. 10; Soergel/*Hadding/Kießling*, § 733 Rn. 14.

634 Die Abweichung von § 733 Abs. 2 S. 3 BGB ergibt sich dann entweder aufgrund stillschweigender Vereinbarung oder durch ergänzende Vertragsauslegung, MüKo-BGB/*Schäfer*, § 733 Rn. 17; NK-BGB/*Hanke*, § 733 Rn. 12; Staudinger/*Habermeier*, § 733 Rn. 11.

635 JurisPK-BGB/*Trost*, § 733 Rn. 15; Palandt/*Sprau*, § 733 Rn. 8.

§ 733 Abs. 2 S. 2 BGB Wertersatz in Geld leisten.[636] Die gegenständliche Rückgabe, wie sie für zur Benutzung überlassene oder dem Werte nach in die Gesellschaft eingebrachte Gegenstände gefordert werden kann[637], kann bei zu Eigentum eingelegten Sachen grundsätzlich nicht beansprucht werden.[638] Entsprechend kann ein Gesellschafter auch nicht zur Rücknahme des von ihm quoad dominium eingebrachten Gegenstands verpflichtet werden[639], wenn er daran kein Interesse hat und eine Werterstattung nach der gesetzlichen Regelung bevorzugt. Natürlich können die Gesellschafter aber etwas anderes vereinbaren, beispielsweise die dingliche Rückgabe einer zu Eigentum der Gesellschaft eingelegten Sache an den ursprünglich berechtigten Gesellschafter[640]. Eine vom Gesetz abweichende Vereinbarung kann sich auch aus den Umständen, insbesondere der Natur der Gesellschaftereinlage ergeben[641]. So ist nach allgemeiner Ansicht von der BGB-Gesellschaft in Auseinandersetzung im Zweifel kein Wertersatz geschuldet, wenn Gegenstand der Einbringung die Bestellung eines beschränkt dinglichen Rechts an einem Grundstück des einbringenden Gesellschafters war, sondern die Rückgewähr bzw. Löschung des Rechts.[642] Denn ein beschränkt dingliches Recht soll nach dem Willen der Gesellschafter in der Regel nur für die Dauer des Bestehens der Gesellschaft gelten.[643] Wenn das Recht dagegen explizit ohne zeitliche Begrenzung eingeräumt wurde und über den Auflösungszeitpunkt

---

636 Bamberger/Roth/*Schöne*, § 733 Rn. 11; *Hillers*, S. 326; jurisPK-BGB/*Trost*, § 733 Rn. 16; MüHdbGesR I/*Gummert*, § 21 Rn. 113.

637 Zum Anspruch auf Rückgabe der Gesellschaft zum Gebrauch überlassener bzw. dem Werte nach eingebrachter Gegenstände unter C. I.

638 Bamberger/Roth/*Schöne*, § 733 Rn. 11; *Berninger*, DStR 2010, 874, 876; Erman/*Westermann*, § 706 Rn. 6; *Hillers*, S. 326; Jauernig/*Stürner*, §§ 731–735 Rn. 4; jurisPK-BGB/*Trost*, § 733 Rn. 16; MüHdbGesR I/*Gummert*, § 21 Rn. 113; MüKo-BGB/*Schäfer*, § 706 Rn. 11; NK-BGB/*Hanke*, § 733 Rn. 10; Palandt/*Sprau*, § 733 Rn. 9; *Piltz*, DStR 1991, 251; Soergel/*Hadding/Kießling*, § 733 Rn. 11; Staudinger/*Habermeier*, § 706 Rn. 5; *Wiedemann*, WM 1992, Sonderbeilage Nr. 7, S. 14.

639 Bamberger/Roth/*Schöne*, § 733 Rn. 11; *Hillers*, S. 326; jurisPK-BGB/*Trost*, § 733 Rn. 16; MüHdbGesR I/*Gummert*, § 21 Rn. 113; NK-BGB/*Hanke*, § 733 Rn. 10; Palandt/*Sprau*, § 733 Rn. 9; Soergel/*Hadding/Kießling*, § 733 Rn. 11.

640 Soergel/*Hadding/Kießling*, § 733 Rn. 14.

641 Palandt/*Sprau*, § 733 Rn. 9.

642 MüKo-BGB/*Schäfer*, § 733 Rn. 13; Palandt/*Sprau*, § 733 Rn. 9; Soergel/*Hadding/Kießling*, § 733 Rn. 14; Staudinger/*Habermeier*, § 733 Rn. 8; vgl. auch Bamberger/Roth/*Schöne*, § 733 Rn. 13

643 Staudinger[12]/*Keßler*, § 733 Rn. 17.

der Gesellschaft fortbestehen sollte, hat der einbringende Gesellschafter gemäß § 733 Abs. 2 S. 2 BGB Anspruch auf Wertersatz in Geld.[644]

Maßgeblich für die Höhe des Wertersatzes nach § 733 Abs. 2 S. 2 BGB ist grundsätzlich der objektive wirtschaftliche Wert des Einlagegegenstands zum Zeitpunkt der Einbringung.[645] Zu berücksichtigen sind also auch etwaige Mängel einer Sache bei Einbringung, denn diese mindern ihren Einbringungswert und daher auch den von der Gesellschaft zu ersetzenden Betrag,[646] es sei denn der einbringende Gesellschafter hat den Mangel im Wege der Nacherfüllung behoben. Spätere Veränderungen im Wert treffen aber, wie auch bei der Einbringung quoad sortem[647], die Gesellschaft: Sie trägt einerseits das Risiko eines Wertverlusts, profitiert auf der anderen Seite aber auch von etwaigen Wertsteigerungen.[648] Diese gebühren nach vollzogener Einbringung quoad dominium nur noch der BGB-Gesellschaft als dinglich Berechtigter und erhöhen den Anspruch des Gesellschafters auf Einlagenrückerstattung nach § 733 Abs. 2 S. 2 BGB nicht. Aus diesem Grund muss die Gesellschaft den in einer Sachleistung bestehenden rückständigen Beitrag eines Gesellschafters auch im Auseinandersetzungsstadium noch einfordern können, selbst wenn der Gegenstand zur Durchführung der Abwicklung gar nicht benötigt wird.[649] Wie *Hellmann*[650] zutreffend bemerkt, besteht nämlich stets die Chance, dass die Sache zu einem höheren Erlös als ihrem Einbringungswert verwertet werden kann, insbesondere wenn sich die Auseinandersetzung der Gesellschaft – wie so oft – länger hinzieht.

---

644 Bamberger/Roth/*Schöne*, § 733 Rn. 13; RGRK/*v. Gamm*, § 733 Rn. 9; Soergel/*Hadding/Kießling*, § 733 Rn. 14; Staudinger[12]/*Keßler*, § 733 Rn. 17.

645 Bamberger/Roth/*Schöne*, § 733 Rn. 11; Erman/*Westermann*, § 733 Rn. 5; *Grziwotz*, DStR 1992, 1365, 1366; Hk-BGB/*Saenger*, § 733 Rn. 4; jurisPK-BGB/*Trost*, § 733 Rn. 16; MüHdbGesR I/*Gummert*, § 21 Rn. 113; *Lang/Mulansky/Mulansky*, VII. 1.3.6 S. 344; MüKo-BGB/*Schäfer*, § 733 Rn. 14; NK-BGB/*Hanke*, § 733 Rn. 10; Palandt/*Sprau*, § 733 Rn. 9; Soergel/*Hadding/Kießling*, § 733 Rn. 13; Staudinger/*Habermeier*, § 733 Rn. 10; *Windbichler*, § 11 Rn. 9.

646 BGH NJW 1986, 51, 52; Bamberger/Roth/*Schöne*, § 733 Rn. 12; Erman/*Westermann*, § 733 Rn. 5; MüKo-BGB/*Schäfer*, § 733 Rn. 14; NK-BGB/*Hanke*, § 733 Rn. 10; Palandt/*Sprau*, § 733 Rn. 9; Soergel/*Hadding/Kießling*, § 733 Rn. 13; Staudinger/*Habermeier*, § 733 Rn. 10.

647 Siehe hierzu unter C. I. 3.

648 BGH WM 1967, 682, 683 (KG); Bamberger/Roth/*Schöne*, § 733 Rn. 11; *Hillers*, S. 326; jurisPK-BGB/*Trost*, § 733 Rn. 16; MüKo-BGB/*Schäfer*, § 733 Rn. 16; NK-BGB/*Hanke*, § 733 Rn. 10; Palandt/*Sprau*, § 733 Rn. 9; Soergel/*Hadding/Kießling*, § 733 Rn. 13; Staudinger/*Habermeier*, § 733 Rn. 10.

649 *Hellmann*, S. 44; a. A. *Ensthaler*, S. 58; *Hillers*, S. 242; *Messer*, FS Stimpel, S. 205, 211 f.

650 *Hellmann*, S. 44.

Auch der in Ausnahmefällen bzw. bei entsprechender Vereinbarung von der Gesellschaft geschuldete Wertausgleich für geleistete Dienste eines Gesellschafters[651] richtet sich nach dem tatsächlichen Wert der Dienste zum Einbringungszeitpunkt unter Berücksichtigung etwaiger Mängel der Leistung[652], wobei zur Bestimmung des tatsächlichen Werts § 612 Abs. 2 BGB bzw. im Fall von Werkleistungen § 632 Abs. 2 BGB herangezogen werden kann. Der Ansicht von *Hadding/Kießling*[653], die unter Verweis auf ein Urteil des OLG Schleswig[654] meinen, für die Höhe des Ersatzanspruchs komme es ausschließlich darauf an, welcher Wert zum Zeitpunkt der Auflösung der Gesellschaft noch im Gesellschaftsvermögen vorhanden sei, nicht aber auf den objektiven Wert der Dienstleistung nach § 612 Abs. 2 BGB, kann nicht gefolgt werden. Denn Konsequenz dieser Auffassung wäre, dass derjenige Gesellschafter, dessen Leistungserfolge vor Auflösung der Gesellschaft zufällig untergehen, schlechter gestellt wäre als ein Mitgesellschafter, dessen Leistungen noch im Gesellschaftsvermögen vorhanden sind. Die Höhe des von der Gesellschaft zu leistenden Wertersatzes wäre also purer Zufall. Auch für ganz erhebliche Bauleistungen eines Gesellschafters müsste die Gesellschaft trotz ursprünglicher Vereinbarung der Ausgleichspflicht beispielsweise nur deswegen keinen Wertersatz leisten, weil das Bauwerk vor Auflösung der Gesellschaft abgebrannt ist. Dies vermag nicht zu überzeugen. Für die Höhe des Wertesatzes für geleistete Dienste kann es wie bei Sacheinlagen nicht darauf ankommen, um welchen Betrag das Gesellschaftsvermögen zum Zeitpunkt der Auflösung der Gesellschaft noch erhöht ist. Entscheidend ist allein, dass die Gesellschaft zum Zeitpunkt der Einbringung eine Leistung erhalten hat, die das Gesellschaftsvermögen erhöht hat. Den tatsächlichen Wert dieser Leistung muss sie bei entsprechender Vereinbarung – wie bei allen anderen Leistungen auch – in der Auseinandersetzung ersetzen.[655]

Um Streitigkeiten über die Bewertung zu umgehen, können die Gesellschafter den Wert ihrer Einlagen auch bereits bei Einbringung bzw. im Gesellschaftsvertrag bindend festsetzen. Haben sie dies getan und den entsprechenden Betrag

---

651 Zur Erstattungsfähigkeit von Diensten unter C. III. 1. b) .

652 BGH NJW 1986, 51, 52; Hk-BGB/*Saenger*, § 733 Rn. 4; jurisPK-BGB/*Trost*, § 733 Rn. 17; Palandt/*Sprau*, § 733 Rn. 10; a. A. BGH NJW 1966, 501 (stille Gesellschaft); OLG Schleswig OLGR 2002, 45; Soergel/*Hadding/Kießling*, § 733 Rn. 14.

653 Soergel/*Hadding/Kießling*, § 733 Rn. 14.

654 OLG Schleswig OLGR 2002, 45.

655 Dies entspricht der Rechtsprechung des BGH, vgl. BGH NJW 1986, 51, 52. In einem Urteil vom 22. November 1965, BGH NJW 1966, 501, hatte der BGH in Bezug auf eine stille Gesellschaft allerdings vertreten, dass sich die Höhe des Anspruchs auf Ersatz einer im Geschäftsvermögen verbliebenen Einlage des stillen Gesellschafters nach den Verhältnissen im Zeitpunkt der Auflösung der Gesellschaft richte.

dem jeweiligen Kapitalkonto des betreffenden Gesellschafters gutgeschrieben, ist der vereinbarte Einbringungswert im Zweifel auch für die Einlagenerstattung in der Auseinandersetzung maßgebend.[656] Die Einbringung einer Sache zum Buchwert reicht allerdings nicht aus, um auf eine entsprechende, auch in der Liquidation bindende Bewertung durch die Gesellschafter zu schließen, denn die Einbringung zum Buchwert ist regelmäßig allein steuerrechtlich bedingt und soll nicht zu einer Umverteilung der stillen Reserven auf alle Gesellschafter führen.[657] Im Zweifel ist dem einbringenden Gesellschafter in diesem Fall mithin nicht lediglich der Buchwert nach § 733 Abs. 2 S. 2 BGB zu erstatten, sondern der gesamte objektive Wert bei Einbringung einschließlich der stillen Reserven.[658]

Wie der Anspruch auf Rückgabe der zur Benutzung überlassenen Gegenstände entsteht auch der Anspruch auf Einlagenrückerstattung bereits mit Auflösung der Gesellschaft. Besteht der Erstattungsanspruch, wie zumeist, in Geld, unterliegt er allerdings grundsätzlich der Durchsetzungssperre[659] und ist erst im Rahmen der Schlussabrechnung zu berücksichtigen.[660] Im Regelfall scheidet die isolierte Geltendmachung des Anspruchs aus § 733 Abs. 2 BGB mithin aus. Durchsetzbar ist der Erstattungsanspruch entsprechend der anerkannten Ausnahme zum Grundsatz der Durchsetzungssperre[661] nur, soweit bereits zu diesem Zeitpunkt feststeht, dass der Betrag in keinem Fall zurückgezahlt werden muss. Die Durchsetzungssperre bewirkt die Saldierung des Einlagenrückerstattungsanspruchs mit einem etwaigen Nachschussanspruch der Gesellschaft gemäß

---

656 Bamberger/Roth/*Schöne*, § 733 Rn. 12; *Ensthaler*, S. 20 f.; Erman/*Westermann*, § 733 Rn. 5; *Hillers*, S. 326; MüKo-BGB/*Schäfer*, § 733 Rn. 14; NK-BGB/*Hanke*, § 733 Rn. 11; Soergel/*Hadding/Kießling*, § 733 Rn. 14; Staudinger/*Habermeier*, § 733 Rn. 10.

657 Bamberger/*Roth/Schöne*, § 733 Rn. 12; Erman/*Westermann*, § 733 Rn. 5; MüKo-BGB/*Schäfer*, § 733 Rn. 15; Palandt/*Sprau*, § 733 Rn. 9; Soergel/*Hadding/Kießling*, § 733 Rn. 14; Staudinger/*Habermeier*, § 733 Rn. 10; a. A. *Ensthaler*, S. 21.

658 Soergel/*Hadding/Kießling*, § 733 Rn. 14. Nach Ansicht von *Hanke* könne die Frage, ob der Buchwert oder der wirkliche wirtschaftliche Wert der Sacheinlage für die Höhe der Erstattung maßgebend sein sollen, nicht im Wege eines klaren Entweder-oder beantwortet werden, sondern es komme allein auf die Auslegung der Buchwertklausel im Einzelfall und insbesondere darauf an, ob die Gesellschafter die Wirkung der Buchwertklausel in der Liquidation bedacht haben, NK-BGB/*Hanke*, § 733 Rn. 11.

659 Siehe zum Grundsatz der Durchsetzungssperre und den dazu bestehenden Ausnahmen ausführlich unter B. II. 2.

660 JurisPK-BGB/*Trost*, § 733 Rn. 13; Soergel/*Hadding/Kießling*, § 733 Rn. 11; Staudinger/*Habermeier*, § 733 Rn. 9.

661 Siehe zur Ausnahme vom Grundsatz der Durchsetzungssperre mangels Gefahr von Hin- und Herzahlungen unter B. II. 2. b) cc) .

§ 735 BGB. Es gibt daher keinen Grund, den Anspruch auf Einlagenrückgewähr entgegen dem Wortlaut von § 733 Abs. 2 S. 2 BGB im Falle eines Einlagenverlustes von vornherein zu mindern, wie *Ensthaler*[662] meint[663].

IV. Begrenzte Vermögensversilberung

Gemäß § 733 Abs. 3 BGB ist das Gesellschaftsvermögen zur Berichtigung der Schulden und zur Rückerstattung der Einlagen, soweit erforderlich, in Geld umzusetzen. Reicht die Liquidität der BGB-Gesellschaft zur Berichtigung der Schulden und zur Rückerstattung der Gesellschaftereinlagen bzw. zum Wertersatz für sie in Geld nicht aus, ist das Gesellschaftsvermögen im Regelfall also zu versilbern,[664] allerdings auch nur insoweit[665]. Es hat eine begrenzte Versilberung des Gesellschaftsvermögens, soweit für Schuldentilgung und Einlagenrückerstattung notwendig, stattzufinden[666], die sich nach herrschender Meinung[667] ohne anderweitige Vereinbarung[668] nach §§ 731 S. 2, 753, 754 BGB richtet.

---

662 Nach Ansicht von *Ensthaler* soll nur „der gegenwärtige Wert der Einlage – also die Einlage, wie sie sich durch Gewinne, Verluste, Entnahmen bis zum Zeitpunkt der Liquidation verändert hat -" erstattet werden, wenn das Gesellschaftsvermögen zur Erstattung des ursprünglichen Werts der Einlagen nicht ausreicht, *Ensthaler*, S. 37 f.

663 Ähnlich auch *Wiedemann*, GesR II, § 6 III. S. 579, der vertritt, dass sich der Anspruch aus § 733 Abs. 2 BGB bei einem Wertverlust der Einlage um die vom Gesellschafter zu tragende Verlustausgleichquote mindere, da ansonsten eine von der Verlustbeteiligung unabhängige Vorabzahlung erfolgen würde.

664 OLG Hamm NJW-RR 2001, 245; Bamberger/Roth/*Schöne*, § 733 Rn. 17; *Hillers*, S. 33; Jauernig/*Stürner*, §§ 731–735 Rn. 3; Palandt/*Sprau*, § 733 Rn. 11; Soergel/*Hadding/Kießling*, § 733 Rn. 15; *Windbichler*, § 11 Rn. 9.

665 Nach Ansicht von *Brandani* und *Hellmann* soll dagegen in der Regel das gesamte Gesellschaftsvermögen, nicht lediglich der für die Begleichung der Schulden oder Rückerstattung der Einlagen erforderliche Anteil, in Geld umzusetzen sein, *Brandani*, S. 171, 186; *Hellmann*, S. 39. Das widerspricht aber dem eindeutigen Gesetzeswortlaut.

666 So schon RGZ 100, 165, 166.

667 Bamberger/Roth/*Schöne*, § 733 Rn. 17; *Brandani*, S. 174; *Bunk*, S. 218 Fn. 1049; *Ensthaler*, S. 35; MüKo-BGB/*Schäfer*, § 733 Rn. 23; NK-BGB/*Hanke*, § 733 Rn. 14; Palandt/*Sprau*, § 733 Rn. 11. Nach veralteter früherer Ansicht soll § 753 BGB dagegen nicht anwendbar und die Versilberung in Anwendung der §§ 157, 242 BGB nach der Verkehrssitte erfolgen, derzufolge zunächst der freihändige Verkauf in angemessener Zeit zu angemessenem Preis zu versuchen ist, vgl. RGZ 166, 160, 164; RGRK/*v. Gamm*, § 733 Rn. 12; Staudinger[12]/*Keßler*, § 733 Rn. 19. Erst wenn sich ein entsprechender Preis nicht erzielen lasse, müsse zur öffentlichen Versteigerung geschritten werden.

668 Eine stillschweigende Abweichung der Gesellschafter von § 753 BGB soll aus der Verkehrssitte gefolgert werden können, *Brandani*, S. 174, 187; *Bunk*, S. 218 Fn. 1049;

Fällige Forderungen der Gesellschaft und solche, die kurzfristig[669], z. B. durch Kündigung, fällig gestellt werden können, sind demnach einzuziehen[670], und zwar, soweit das für die Abwicklung erforderlich ist, auch diejenigen gegen die Gesellschafter[671]. § 754 S. 2 BGB begründet für die Gesellschafter eine Mitwirkungspflicht im Innenverhältnis[672]. Jeder Gesellschafter kann also, sofern für die Schuldentilgung und Rückerstattung der Einlagen erforderlich, von den anderen Mitwirkung bei der Einziehung der fälligen Forderungen der Gesellschaft verlangen.[673] Es besteht allerdings keine Verpflichtung der Gesellschafter an einem etwaigen Rechtsstreit über die Forderung mitzuwirken, da die Prozessführung über die Einziehung hinausgeht[674].

Für die Versilberung aller übrigen Vermögensgegenstände gilt § 753 BGB. Danach erfolgt die Umsetzung in Geld bei Grundstücken und grundstücksgleichen Rechten durch Zwangsversteigerung gemäß §§ 180 ff. ZVG[675], im Übrigen durch Verkauf nach den Vorschriften über den Pfandverkauf. Die Veräußerung der beweglichen Sachen der Gesellschaft richtet sich mithin

---

MüKo-BGB/*Schäfer*, § 733 Rn. 23; Staudinger/*Habermeier*, § 733 Rn. 13. Nach Ansicht von *Hadding/Kießling* könne man sogar „in der Regel“ davon ausgehen, „dass die Gesellschafter stillschweigend anstelle der Pfandverwertung eine Veräußerung auf verkehrsüblichem Weg, zu angemessener Zeit und zum bestmöglichen Preis vereinbart haben“, Soergel/*Hadding/Kießling*, § 733 Rn. 16; vgl. auch MüHdbGesR I/*Gummert*, § 21 Rn. 114.

669 Nach Staudinger/*Eickelberg*, § 754 Rn. 5, in „etwa bis zu sechs Monaten“, da nicht damit zu rechnen sei, dass das Verfahren nach §§ 753, 1277 BGB i. V. m. § 857 Abs. 5 ZPO schneller abzuwickeln sei. Im Rahmen von § 733 Abs. 3 BGB kann es im Falle von dringenden Schulden der Gesellschaft allerdings gerade auf die Schnelligkeit der Versilberung einzelner Vermögensgegenstände ankommen, sodass Forderungen, die nur unter Einhaltung einer längeren Kündigungsfrist fällig gestellt werden können, zumeist nicht die erste Wahl der Abwickler bei der Auswahl der zu versilbernden Vermögensgegenstände sein sollten. So auch *Dietz*, S. 213.

670 Bamberger/Roth/*Schöne*, § 733 Rn. 17; NK-BGB/*Hanke*, § 733 Rn. 14; Soergel/*Hadding/Kießling*, § 733 Rn. 15; Staudinger[12]/*Keßler*, § 733 Rn. 19.

671 In diesem Fall besteht eine Ausnahme vom Grundsatz der Durchsetzungssperre; hierzu ausführlich unter B. II. 2. b) bb) .

672 Staudinger/*Eickelberg*, § 754 Rn. 9 in Bezug auf die Teilhaber der Bruchteilsgemeinschaft.

673 MüKo-BGB/*Schmidt*, § 754 Rn. 6.

674 Bamberger/Roth/*Gehrlein*, § 754 Rn. 3; Staudinger/*Eickelberg*, § 754 Rn. 11.

675 MüKo-BGB/*Schmidt*, § 753 Rn. 16; Staudinger/*Eickelberg*, § 753 Rn. 5.

nach den §§ 1235 ff. BGB. In der Regel sind diese also öffentlich zu versteigern gemäß §§ 1235, 383 Abs. 3 BGB.[676] Allerdings kann jeder Gesellschafter über § 1246 Abs. 1 BGB von den Mitgesellschaftern eine nach billigem Ermessen besser geeignete Art der Versilberung, insbesondere den freihändigen Verkauf, fordern.[677] Da die Vorschriften über den Pfandverkauf sich nur auf bewegliche Sachen beziehen, geht die Verweisung des § 753 Abs. 1 S. 1 BGB bei Rechten ins Leere.[678] Der Verkauf von Rechten, insbesondere nicht fälligen Forderungen (vgl. § 754 S. 1 BGB), richtet sich stattdessen nach § 1277 BGB.[679] Danach findet die Verwertung „nur auf Grund eines vollstreckbaren Titels nach den für die Zwangsvollstreckung geltenden Vorschriften" statt, sofern keine Sonderregelungen eingreifen[680]. Als Verwertungsform kommt letztlich allerdings nur die Anordnung der Veräußerung (entweder durch Versteigerung oder durch freihändigen Verkauf) durch das Vollstreckungsgericht gemäß § 857 Abs. 5 ZPO in Betracht, da nur so der Verkauf eines Rechts erreicht werden kann.[681]

Etwas anderes gilt, wenn das Gesellschaftsvermögen nur in einem einzigen Vermögensgegenstand besteht. Dann hat zur Schuldenberichtigung und Einlagenerstattung naturgemäß die vollständige Versilberung des Gesellschaftsvermögens durch Veräußerung des Vermögensgegenstands zu erfolgen, wobei sich nach der Rechtsprechung des BGH[682] in diesen Fällen das Liquidationsermessen der Gesellschafter auf die günstigste Art der Verwertung verringert.

Wie *Ensthaler*[683] zutreffend bemerkt, ist die Einschätzung für die Liquidatoren, in welchem Umfang sie Vermögensgegenstände veräußern müssen, nicht

---

676 BayObLG DB 1983, 2245; *Dietz*, S. 211; Palandt/*Sprau*, § 753 Rn. 2.

677 BayObLG DB 1983, 2245; Bamberger/Roth/*Schöne*, § 733 Rn. 17; *Brandani*, S. 174; MüKo-BGB/*Schäfer*, § 733 Rn. 23; NK-BGB/*Hanke*, § 733 Rn. 14; Soergel/*Hadding/Kießling*, § 733 Rn. 16; Staudinger/*Habermeier*, § 733 Rn. 13; vgl. auch LG Hamburg MDR 1957, 419, 420.

678 Staudinger/*Eickelberg*, § 753 Rn. 15.

679 MüKo-BGB/*Schmidt*, § 753 Rn. 15; Staudinger/*Eickelberg*, § 753 Rn. 16, 30, § 754 Rn. 3.

680 Sondervorschriften bestehen für Grund- und Rentenschulden, die nach §§ 1291, 1282 ff. BGB durch Einziehung zu versilbern sind, Inhaberpapiere, die gemäß § 1293 BGB wie bewegliche Sachen zu behandeln sind, und Orderpapiere mit Börsen- oder Marktpreis, die nach §§ 1295, 1221 BGB durch freihändigen Verkauf zum laufenden Preis zu verwerten sind, Staudinger/*Eickelberg*, § 753 Rn. 15, 20 f.

681 Staudinger/*Eickelberg*, § 753 Rn. 18.

682 BGHZ 116, 222, 228.

683 *Ensthaler*, S. 34 f.

immer einfach und mit Risiken verbunden: Veräußern sie zu viele Güter, könnten sie Schadensersatzansprüchen, insbesondere der Gesellschafter, ausgesetzt sein. Diese Gefahr umgehen sie, wenn sie nur diejenigen Gegenstände versilbern, bei denen eine Teilung in Natur gemäß § 752 BGB nicht möglich ist, da die unteilbaren Vermögensgegenstände der Gesellschaft im Rahmen der Schlussverteilung unter den Gesellschaftern im Gegensatz zu den teilbaren Gegenständen[684] über §§ 731 S. 2, 753 BGB letztlich ohnehin veräußert werden, auch wenn dies zur Schuldenberichtigung und Einlagenerstattung nicht erforderlich ist.[685]

Im Übrigen müssen sich die Abwickler bei der Auswahl der in Geld umzusetzenden Gegenstände am Grundsatz der Wirtschaftlichkeit orientieren[686]. *Hillers* spricht in diesem Zusammenhang vom „Anspruch des Gesellschafters auf bestmögliche Verwertung des Gesellschaftsvermögens“[687], also „darauf, zu angemessener Zeit, zu angemessenem Preis und auf üblichem Wege bestmöglich das Gesellschaftsvermögen zu liquidieren, d. h. die Aktiva möglichst günstig zu versilbern und die Passiva mit dem geringsten Aufwand zu tilgen“[688]. In der Regel müssen die Liquidatoren also der Einziehung fälliger Forderungen der Gesellschaft und dem Verkauf von Gegenständen, für die am schnellsten der beste Preis erzielt werden kann, den Vorzug geben. Eine von § 733 Abs. 3 BGB abweichende Auseinandersetzung kann der Grundsatz der Wirtschaftlichkeit bzw. der bestmöglichen Verwertung des Gesellschaftsvermögens aber nicht rechtfertigen. Weder kann unter Verweis auf die Unwirtschaftlichkeit der Veräußerung davon abgesehen und das Gesellschaftsvermögen stattdessen in Bruchteilseigentum überführt werden[689], noch kann das Vermögen der Gesellschaft

684 Diese sind zur Verteilung des Überschusses an die Gesellschafter gemäß §§ 734, 731 S. 2, 752 BGB in Natur zu teilen; hierzu ausführlich unter C. V. 2.

685 *Ensthaler*, S. 34 f.

686 OLG Hamm NZG 2004, 1106; Bamberger/Roth/*Schöne*, § 733 Rn. 17; *Bunk*, S. 219; *Hellmann*, S. 40; MüKo-BGB/*Schäfer*, § 733 Rn. 22; NK-BGB/*Hanke*, § 733 Rn. 14. Vgl. auch Staudinger[12]/*Keßler*, § 733 Rn. 20, wonach die Auswahl der zu versilbernden Vermögensstücke „in der dem Interesse der Gesellschaft am meisten dienenden Weise“ erfolgt, die Schnelligkeit des Verkaufs gegenüber der Höhe des Erlöses bei dringenden Schulden aber vorrangig sein kann.

687 *Hillers*, S. 60.

688 *Hillers*, S. 63.

689 So aber das Ergebnis des OLG Hamm in einem Fall, in dem das Vermögen einer zweigliedrigen Gesellschaft nur noch in einem Miteigentumsanteil an einer Wegeparzelle bestand, dessen Veräußerung keinen nennenswerten Ertrag versprach, OLG Hamm NZG 2004, 1106. Zustimmend Bamberger/Roth/*Schöne*, § 733 Rn. 17; MüKo-BGB/*Schäfer*, § 733 Rn. 22.

als Ganzes veräußert werden, nur weil dabei ein höherer Preis als beim Verkauf einzelner Bestandteile erzielt werden kann[690]. Dafür ist wegen der darin liegenden Abweichung von den gesetzlichen Vorschriften stets die Zustimmung aller Gesellschafter erforderlich[691]. *Hillers*[692] will den Gesellschaftern in besonders gelagerten Ausnahmefällen allerdings einen Anspruch auf Zustimmung zu einem abweichenden Auseinandersetzungsverfahren auf der Grundlage der Gesellschaftertreupflicht zuerkennen, soweit das zur bestmöglichen Verwertung des Gesellschaftsvermögens erforderlich ist. Er stützt sich auf die Rechtsprechung des BGH[693], wonach die Gesellschafter aufgrund der gesellschaftlichen Treuepflicht verpflichtet sein können, einer Änderung des Gesellschaftsvertrages zuzustimmen, wenn diese mit Rücksicht auf das bestehende Gesellschaftsverhältnis oder mit Rücksicht auf die Rechtsbeziehungen der Gesellschafter zueinander erforderlich ist, etwa zur Erhaltung wesentlicher, in gemeinsamer Arbeit geschaffener Werte oder zur Vermeidung wesentlicher Verluste, und den einzelnen Gesellschaftern unter Berücksichtigung ihrer eigenen Belange auch zumutbar ist. Damit der richterlichen Vertragsgestaltung kein zu weiter Spielraum eröffnet wird, darf eine aus der Treupflicht fließende Verpflichtung der Gesellschafter, Vertragsänderungen zuzustimmen, aber nur mit Zurückhaltung anerkannt werden[694]. Wie der II. Senat des BGH im Urteil vom 10. Juni 1965[695]

690 So aber MüHdbGesR I/*Gummert*, § 21 Rn. 114. Ähnlich auch *Bunk*, S. 226, und Peres/Senft/*Peres*, § 9 Rn. 158, die von einer Zustimmungspflicht der Gesellschafter zur Veräußerung des betriebenen Unternehmens als Ganzes ausgehen, wenn diese zu höheren Liquidationsanteilen der Gesellschafter als die Zerschlagung des Gesellschaftsvermögens führt. Etwas widersprüchlich *Hillers*, der auf S. 66 einerseits annimmt, im Regelfall folge aus dem Grundsatz bestmöglicher Verwertung, dass die Liquidatoren versuchen müssten, das Unternehmen als Ganzes zu veräußern, und andererseits auf S. 76 ausführt, in der Gesellschaft bürgerlichen Rechts sei das Vermögen nach § 733 Abs. 3 BGB nur eingeschränkt zu versilbern. Da er auf S. 64 anerkennt, dass „die nach dem Gesetz erforderlichen Liquidationsmaßnahmen dem Grundsatz optimaler Verwertung übergeordnet" sind, soll sich erstere Annahme vermutlich nur auf die Personenhandelsgesellschaften beziehen, deren Vermögen in der Liquidation nach § 149 HGB vollständig in Geld umzusetzen ist.

691 MüKo-BGB/*Schäfer*, § 730 Rn. 86 in Bezug auf die Veräußerung des Gesellschaftsvermögens im Ganzen. So im Grundsatz auch *Bunk*, S. 225.

692 *Hillers*, S. 78 ff.

693 BGHZ 64, 253, 257 f. (KG); BGH BB 1954, 456 (OHG); WM 1961, 301, 302 (OHG); 1985, 256, 257 (KG); 1987, 133, 134 (OHG). Vgl. auch OLG Hamm NZG 2000, 252, 253 (KG); OLG München NZG 2001, 793, 794 (KG).

694 MüKo-BGB/*Ulmer/Schäfer*, § 705 Rn. 232.

695 BGHZ 44, 40, 42 (OHG).

in Bezug auf eine OHG zutreffend ausgeführt hat, kann es grundsätzlich nicht die Aufgabe des Richters sein, durch Anerkennung einer Zustimmungspflicht ändernd in einen Gesellschaftsvertrag einzugreifen, nur weil er das für billig oder angemessen hält. Ein besonders gelagerter Ausnahmefall, der eine Anpassung der gesellschaftsvertraglichen Grundlagen erfordert, soll nach *Hillers*[696] daher nur dann bejaht werden können, wenn die wirtschaftliche Situation der Gesellschaft dergestalt von der typischen Situation einer Liquidationsgesellschaft abweicht, dass die gesetzliche Regelung schlicht unangemessen wäre. Widerspricht ein Gesellschafter der Durchführung einer vom Gesetz abweichenden Auseinandersetzung, werden die Mitgesellschafter das oftmals wirtschaftlich nachteilige Ergebnis bei Anwendung von § 733 Abs. 3 BGB also in der Regel hinzunehmen haben, wie das folgende Beispiel verdeutlicht:

Beispiel 5

Die Brüder A und B übernehmen gemeinsam die Kfz-Werkstatt ihres Vaters, der sich zur Ruhe setzt. Da das Unternehmen keinen in kaufmännischer Weise eingerichteten Geschäftsbetrieb erfordert, bilden sie eine Gesellschaft bürgerlichen Rechts. Einen schriftlichen Gesellschaftsvertrag setzen sie nicht auf. Nach einem Streit kündigt A die Gesellschaft. In der Folgezeit verhandeln A und B über die Übernahme der Werkstatt durch B unter Abfindung von A, kommen aber zu keiner Einigung. A will die Werkstatt daher an einen Dritten veräußern. B, der die Werkstatt seines Vaters unbedingt „halten" möchte, blockiert den Verkauf und versucht, A so unter Druck zu setzen, um den Betrieb doch noch billig übernehmen zu können.

Da die Gesellschaft Pachtschulden in Höhe von 2.000 €, aber kein nennenswertes Bar- und Forderungsvermögen hat, ist nach § 733 Abs. 3 BGB die teilweise Versilberung des Gesellschaftsvermögens, soweit zur Tilgung der Pachtschulden erforderlich, vorgeschrieben. Es müsste also vorab beispielsweise die Hebebühne der Werkstatt im Wert von ca. 2.500 € veräußert und mit dem Erlös die Verbindlichkeit gegenüber dem Verpächter beglichen werden. Den Verkauf der Werkstatt kann A dagegen nicht verlangen, obwohl dadurch voraussichtlich höhere Auseinandersetzungsanteile der Gesellschafter erzielt werden können als durch die nach den gesetzlichen Liquidationsvorschriften vorgesehene Zerschlagung. Nur durch die Veräußerung des Unternehmens insgesamt können nämlich in der Regel die immateriellen Geschäftswerte wie Kundenstamm, Ruf und Lage der Werkstatt – der sogenannte Goodwill – realisiert werden.[697] Dennoch ist B nicht zur Zustimmung zum Verkauf verpflichtet. Ein besonders gelagerter Ausnahmefall, der nach Ansicht von *Hillers*[698] eine solche Zustimmungspflicht rechtfertigen könnte, ist hier nicht gegeben. Die wirtschaftliche Situation der Gesellschaft weicht nicht von der typischen Situation einer Abwicklungsgesellschaft ab. Im Gegenteil: Dass

696 *Hillers*, S. 80.
697 BGH NJW 1980, 1628 (OHG).
698 *Hillers*, S. 78 ff.

die Veräußerung des Unternehmens als Ganzes wirtschaftlich vorteilhafter ist als die nach § 733 Abs. 3 BGB nur begrenzte Umsetzung des Gesellschaftsvermögens in Geld wird dem Regelfall bei einer unternehmenstragenden BGB-Gesellschaft in Auseinandersetzung entsprechen[699].

V. Verteilung des Überschusses

Für den Fall, dass nach der Berichtigung der Gesellschaftsschulden und der Erstattung der Einlagen ein Überschuss verbleibt, bestimmt § 734 BGB die Verteilung unter den Gesellschaftern gemäß ihren Gewinnanteilen.

1. Ermittlung des Überschusses

Der Überschuss entspricht dem nach Schuldentilgung, Hinterlegung der auf noch nicht fällige oder streitige Forderungen entfallenden Beträge und Einlagenerstattung verbleibenden Aktivvermögen der Gesellschaft.[700] Ein Überschuss liegt mithin nur vor, wenn und soweit das Aktivvermögen die Forderungen der Gesellschaftsgläubiger und der Gesellschafter gegen die Gesellschaft einschließlich der Ansprüche auf Rückerstattung der Einlagen bzw. Wertersatz dafür übersteigt.[701] Zum Aktivvermögen der Gesellschaft gehören auch ihre Sozialansprüche gegen die Gesellschafter.[702] Ebenso wie die auf dem Gesellschaftsvertrag beruhenden Forderungen der Gesellschafter gegen die Gesellschaft – trotz des Wortlauts von § 734 BGB, der den Grundsatz der Durchsetzungssperre nicht beachtet – sind diese zwar grundsätzlich liquidationsbefangen und können von der Gesellschaft in der Auseinandersetzung daher in der Regel nicht mehr real eingezogen werden. Die wechselseitigen Ansprüche zwischen Gesellschaftern und Gesellschaft sind bei der Ermittlung des Überschusses aber zumindest „auf dem Papier“ zu berücksichtigen.[703] Dabei ist auch die in §§ 733, 734 BGB festgeschriebene Verteilungsreihenfolge zu beachten, die, anders als im Recht der

699 Vgl. *Hillers*, S. 66. Vgl. auch BGH NJW 1980, 1628 (OHG); LG Hamburg MDR 1957, 419, 420; *Hellmann*, S. 38.

700 Hk-BGB/*Saenger*, § 734 Rn. 1; Soergel/*Hadding/Kießling*, § 734 Rn. 3.

701 Vgl. Bamberger/Roth/*Schöne*, § 734 Rn. 2; *Ensthaler*, S. 34; jurisPK-BGB/*Trost*, § 734 Rn. 3; MüKo-BGB/*Schäfer*, § 734 Rn. 3; NK-BGB/*Hanke*, § 734 Rn. 2; Palandt/*Sprau*, § 734 Rn. 1; Staudinger/*Habermeier*, § 734 Rn. 2.

702 BGHZ 191, 293, 305 f.; Bamberger/Roth/*Schöne*, § 734 Rn. 2; *Grziwotz*, DStR 1992, 1365, 1366; jurisPK-BGB/*Trost*, § 734 Rn. 3; MüKo-BGB/*Schäfer*, § 734 Rn. 3; NK-BGB/*Hanke*, § 734 Rn. 2; Staudinger/*Habermeier*, § 734 Rn. 2.

703 *Hillers*, S. 331.

Personenhandelsgesellschaften, insbesondere den Vorrang der Einlagenerstattung vor einer etwaigen Überschussverteilung vorsieht. Zur Verdeutlichung soll folgendes Beispiel dienen:

Beispiel 6

A, B und C gründen eine Gesellschaft bürgerlichen Rechts, um gemeinsam eine Kita in einer Eigentumswohnung von C zu betreiben. Wohnung und Mobiliar bringt C gegen Zahlung einer deutlich unter dem Mietspiegel liegenden Miete zur Nutzung in die Gesellschaft ein. A und B leisten jeweils eine Bareinlage in Höhe von 5.000 €. In Bezug auf die Gewinnverteilung vereinbaren die Gesellschafterinnen, dass jede von ihnen für die Tätigkeit in der Kita eine monatliche Vorabzahlung in Höhe von 2.000 € erhält. Soweit der verbleibende Gewinn 5.000 € übersteigt, soll er jeweils am Jahresende zu gleichen Teilen an die Gesellschafterinnen ausgezahlt werden.

Im vierten Jahr nach der Eröffnung der Kita gerät A in finanzielle Schwierigkeiten. Um diese zu überbrücken, bedient sie sich aus dem Gesellschaftsvermögen. Zusätzlich zu dem ihr nach dem Gesellschaftsvertrag monatlich zustehenden Betrag entnimmt sie 5.900 € von dem Gesellschaftskonto. Am Ende des Jahres beträgt das Barvermögen der Kita 9.200 €. Noch vor Auszahlung der sich insofern ergebenden Gewinnansprüche der Gesellschafterinnen in Höhe von jeweils 1.400 € pfändet ein Privatgläubiger von A deren Gesellschaftsanteil und kündigt die Gesellschaft gemäß § 725 Abs. 1 BGB. Da der Gesellschaftsvertrag keine Fortsetzungsklausel nach § 736 Abs. 1 BGB enthält, ist die Gesellschaft damit aufgelöst.[704]

Die Auseinandersetzung hat mangels abweichender vertraglicher Regelungen nach den §§ 730 ff. BGB zu erfolgen. Zunächst sind daher Wohnung und Mobiliar gemäß § 732 BGB an C herauszugeben. Neben dem Barvermögen hat die Gesellschaft einen Regressanspruch gegen A wegen der unzulässigen Entnahme. Ihr Aktivvermögen beträgt mithin 15.100 €. Da die Schulden der Gesellschaft und die Ansprüche der Gesellschafter auf Rückerstattung ihrer Einlagen gemäß § 733 BGB vorrangig zu befriedigen sind, sind vor der Überschussverteilung die wechselseitigen Forderungen „auf dem Papier" wie folgt auszugleichen:

Tabelle 2.

Gesellschafter	**A**	**B**	**C**
Sozialansprüche der Gesellschaft	-5.900,00 €	-	-
Sozialverbindlichkeiten der Gesellschaft	1.400,00 €	1.400,00 €	1.400,00 €
Einlagenerstattungsansprüche	5.000,00 €	5.000,00 €	-
Ergebnis	**500,00 €**	**6.400,00 €**	**1.400,00 €**

704 Vgl. MüKo-BGB/*Schäfer*, § 725 Rn. 19.

Aufgrund des Vorrangs der Schuldentilgung und Einlagenrückgewähr stehen A unter Berücksichtigung des Sozialanspruchs der Gesellschaft 500 € aus dem Gesellschaftsvermögen zu, B gebühren 6.400 € davon und C 1.400 €. Nach Abzug dieser Beträge verbleibt ein Barvermögen der Gesellschaft von 900 €. Trotz deutlich größeren Aktivvermögens der Gesellschaft zum Zeitpunkt ihrer Auflösung besteht nur in dieser Höhe ein Überschuss.

Besitzt die BGB-Gesellschaft nur Bar- und Forderungsvermögen, wie in dem Beispielsfall, ist die Ermittlung des Überschusses leicht. In der Regel, insbesondere bei unternehmerisch tätigen Gesellschaften, ist aufgrund diverser Vermögensgegenstände der Gesellschaft aber nicht auf den ersten Blick ersichtlich, ob und worin ein Überschuss besteht. In diesen Fällen empfiehlt es sich, eine umfassende Vermögensaufstellung, gegebenenfalls sogar eine förmliche Liquidationseröffnungsbilanz, wie sie für die Personenhandelsgesellschaften vorgeschrieben ist (§ 154 HGB), zu erstellen.[705] Darin sind auf der Aktivseite alle Vermögensgegenstände des Gesellschaftsvermögens mit ihrem tatsächlichen Wert in Ansatz zu bringen. Stille Reserven sind mithin aufzulösen; maßgeblich ist für alle Gegenstände der Gesellschaft mit Ausnahme des Bar- und Forderungsvermögens der vorsichtig geschätzte Veräußerungswert.[706] Auch die Forderungen der Gesellschaft sind zu bewerten. Bestehen ernsthafte Zweifel an deren Werthaltigkeit, zum Beispiel weil es greifbare Anhaltspunkte dafür gibt, dass ein Gläubiger nicht in der Lage ist, die Ansprüche der Gesellschaft zu begleichen, muss sich das durch einen Bewertungsabschlag auch in der Bilanz widerspiegeln.[707] Die Verbindlichkeiten der Gesellschaft einschließlich der Sozial- und Einlagenrückerstattungsansprüche bilden die Passivposten der Bilanz. Stellt man diese dem Aktivvermögen gegenüber, ergibt sich, ob die Gesellschaft einen Überschuss oder einen Fehlbetrag erwirtschaftet hat[708]. Worin und in welcher Höhe der Überschuss im Sinne von § 734 BGB besteht, lässt sich allerdings zumeist

---

705 MüHdbGesR I/*Gummert*, § 21 Rn. 99. Vorgeschrieben ist eine solche Liquidationseröffnungsbilanz für die Gesellschaft bürgerlichen Rechts aber gerade nicht. Die Gesellschafter haben mithin auch keinen Anspruch auf Erstellung einer Liquidationseröffnungsbilanz bzw. Mitwirkung daran gegen ihre Mitgesellschafter, OLG Hamm NZG 1999, 996. A. A. ist offenbar *Brandani*, die meint, auch in der BGB-Gesellschaft sei „stets eine zumindest einfache Liquidationseröffnungsbilanz anzufertigen", *Brandani*, S. 169; ähnlich auch *Hillers*, S. 32 f.

706 Bamberger/Roth/*Schöne*, § 734 Rn. 2; Erman/*Westermann*, § 734 Rn. 1; *Grziwotz*, DStR 1992, 1365, 1366; MüKo-BGB/*Schäfer*, § 734 Rn. 5; NK-BGB/*Hanke*, § 734 Rn. 2; Soergel/*Hadding/Kießling*, § 734 Rn. 4; Staudinger/*Habermeier*, § 734 Rn. 2.

707 BGHZ 191, 293, 305 f.

708 BGHZ 191, 293, 305.

erst im Anschluss an die zur Schuldenberichtigung und Einlagenrückerstattung erforderliche Vermögensversilberung nach § 733 Abs. 3 BGB ermitteln[709], wie folgende Abwandlung des Beispiels zeigt:

Der Sachverhalt entspricht dem im Beispiel 6, allerdings hat die Gesellschaft Wohnung und Mobiliar von einem Dritten erworben. Finanziert wurde die Anschaffung durch Einlagen der drei Gesellschafterinnen in Höhe von jeweils 35.000 € und die Aufnahme eines Kredits über 100.000 €, wobei zum Zeitpunkt der Auflösung der Gesellschaft noch eine Restschuld in Höhe von 88.000 € besteht. Diese Verbindlichkeit ist, ebenso wie die Gewinnansprüche der Gesellschafterinnen in Höhe von jeweils 1.400 € und ihre Ansprüche auf Rückgewähr der Einlagen, auf der Passivseite der Liquidationseröffnungsbilanz einzustellen. Die Aktivposten sind demgegenüber das Barvermögen der Gesellschaft in Höhe von 9.200 €, ihre Forderung gegen A wegen der unzulässigen Entnahme von 5.900 € sowie die Eigentumswohnung mit Mobiliar. Der vorsichtig geschätzte Veräußerungswert der Wohnung beträgt zum Zeitpunkt der Auflösung der Gesellschaft 195.000 €. Das Mobiliar ist ca. 5.000 € wert. Das Aktivvermögen der Gesellschaft übersteigt somit die Passivposten. Es liegt also ein Überschuss vor. Bei dessen genauerer Bestimmung ist allerdings zu berücksichtigen, dass zur Begleichung der Gesellschaftsschulden einschließlich der Sozialansprüche der Gesellschafterinnen und Rückerstattung ihrer Einlagen die Umsetzung der Eigentumswohnung in Geld gemäß § 733 Abs. 3 BGB erforderlich ist, da das Bar- und Forderungsvermögen der Gesellschaft hierfür nicht ausreicht. Bei der Veräußerung der Wohnung wird ein Preis von 210.000 € erzielt. Der Überschuss besteht somit in dem nach wie vor vorhandenen Mobiliar und einem Geldbetrag in Höhe von 27.900 €, denn folgende Beträge stehen den Gesellschafterinnen aufgrund der gesetzlichen Verteilungsreihenfolge von dem nach Begleichung der Kreditschuld verbleibenden Barvermögen über 131.200 € vorrangig zu:

Tabelle 3.

Gesellschafter	**A**	**B**	**C**
Sozialansprüche der Gesellschaft	-5.900,00 €	-	-
Sozialverbindlichkeiten der Gesellschaft	1.400,00 €	1.400,00 €	1.400,00 €
Einlagenerstattungsansprüche	35.000,00 €	35.000,00 €	35.000,00 €
Ergebnis	**30.500,00 €**	**36.400,00 €**	**36.400,00 €**

709 Die Ermittlung des Überschusses setzt dagegen nicht die Verwertung der unteilbaren Gegenstände des Gesellschaftsvermögens voraus, wie *Hadding/Kießling* meinen, vgl. Soergel/*Hadding/Kießling*, § 734 Rn. 8. Diese ist lediglich Voraussetzung für die letztliche Verteilung unter den Gesellschaftern; hierzu unter C. V. 2.

2. Verteilungsmaßstab und Durchführung der Verteilung

Die Verteilung des Überschusses richtet sich gemäß § 734 BGB grundsätzlich nach dem Verhältnis der Gesellschafteranteile am Gewinn und nicht, wie bei den Personenhandelsgesellschaften, nach den Kapitalanteilen der Gesellschafter[710]. Sofern kein spezieller Verteilungsschlüssel für die Auseinandersetzung vereinbart wurde, ist mithin der für den laufenden Gewinn der werbenden Gesellschaft geltende Gewinnverteilungsschlüssel maßgeblich.[711] Haben die Gesellschafter auch diesbezüglich keine Vereinbarung getroffen[712], ist auf § 722 Abs. 1 BGB zurückzugreifen[713], wonach jeder Gesellschafter ohne Rücksicht auf die Art und die Größe seines Beitrags einen gleichen Anteil am Gewinn der Gesellschaft hat. Im Zweifel muss der Überschuss also nach Köpfen verteilt werden.[714] In Bezug auf den Ausgangsfall gilt:

---

710 *Grziwotz*, DStR 1992, 1365, 1366; MüKo-BGB/*Schäfer*, § 734 Rn. 6.

711 *Grziwotz*, DStR 1992, 1365, 1366; *Ensthaler*, S. 34; MüKo-BGB/*Schäfer*, § 734 Rn. 6; NK-BGB/*Hanke*, § 734 Rn. 4.

712 Eine vom Grundsatz gleicher Gewinnanteile abweichende Regelung kann ausdrücklich oder konkludent getroffen sein bzw. aus einer ergänzenden Vertragsauslegung folgen, BGH NJW 1982, 2816, 2817; NJW-RR 1990, 736, 737; Bamberger/Roth/*Schöne*, § 722 Rn. 2; MüHdbGesR I/*Gummert*, § 15 Rn. 3, 12 f.; MüKo-BGB/*Schäfer*, § 722 Rn. 6; Soergel/*Hadding/Kießling*, § 722 Rn. 3. Letzteres kann nach der Rechtsprechung des BGH insbesondere bei unterschiedlich hoher Beitragsleistung der Gesellschafter einer gewerblich tätigen Gesellschaft in Betracht kommen, da § 722 Abs. 1 BGB dem zu vermutenden Willen von Unternehmern im allgemeinen nicht gerecht, sondern von dem Erfahrungssatz verdrängt werde, dass es unter Kaufleuten regelmäßig als sachgerecht empfunden werde, den Chancen- und Risikoanteil eines jeden Beteiligten am Geschäftsergebnis nach dem Verhältnis der für den gemeinschaftlichen Zweck eingesetzten Vermögenswerte zu bestimmen, BGH NJW 1982, 2816, 2817; NJW-RR 1990, 736, 737. Unter Verweis auf diese Rechtsprechung vertreten einige Stimmen in der juristischen Literatur, im Zweifel sei die Ergebnisverteilung bei Gesellschaften zwischen Unternehmern anhand des jeweiligen Vermögenseinsatzes vorzunehmen; so Bamberger/Roth/*Schöne*, § 722 Rn. 2; MüKo-BGB/*Schäfer*, § 722 Rn. 2, 6. Nach Ansicht von *Hadding/Kießling* soll man gar bei allen Gesellschaften mit im weitesten Sinn wirtschaftlicher Zwecksetzung davon auszugehen haben, dass die Gesellschafter § 722 BGB abbedungen haben, Soergel/*Hadding/Kießling*, § 722 Rn. 6. Gibt es dafür sonst überhaupt keine Anhaltspunkte, lassen sich diese Auffassungen allerdings nicht mit der gesetzlichen Regelung in Einklang bringen.

713 Erman/*Westermann*, § 734 Rn. 2; jurisPK-BGB/*Trost*, § 734 Rn. 4; MüHdbGesR I/*Gummert*, § 21 Rn. 115.

714 Bamberger/Roth/*Schöne*, § 734 Rn. 5; *Ensthaler*, S. 34; *Grziwotz*, DStR 1992, 1365, 1366; Hk-BGB/*Saenger*, § 734 Rn. 1; jurisPK-BGB/*Trost*, § 734 Rn. 4;

Haben die Gesellschafterinnen für die Auseinandersetzung keine anderen Quoten vereinbart, ist der Überschuss von 900 € zu gleichen Teilen unter ihnen aufzuteilen. A erhält somit letztlich 800 €, B 6.700 € und C 1.700 € des bei Auflösung der Gesellschaft vorhandenen Barvermögens.

Schwieriger wird die Verteilung des Überschusses, wenn das Gesellschaftsvermögen bei Auflösung der Gesellschaft, wie im Regelfall, nicht nur aus Bar- und Sozialforderungsvermögen besteht. Denn die vollständige Versilberung der Vermögensgegenstände ist im BGB-Gesellschaftsrecht anders als bei Liquidation der Personenhandelsgesellschaften nicht vorgesehen. Sofern die Gesellschafter nichts Abweichendes vereinbart haben, richtet sich die Durchführung der Verteilung stattdessen gemäß § 731 S. 2 BGB nach den Vorschriften über die Gemeinschaft.[715] Natürlich handelt es sich dabei um eine Rechtsfolgenverweisung; die Gesellschafter erwerben nicht etwa Bruchteilseigentum an den Vermögensgegenständen der Gesellschaft, sondern diese bleiben Gesellschaftsvermögen. Nur der Vollzug der Überschussverteilung findet nach §§ 752 ff. BGB statt.[716]

Alle Vermögensgegenstände der Gesellschaft, die sich ohne erhebliche[717] Verminderung des Wertes in gleichartige, den Anteilen der Gesellschafter entsprechende Teile zerlegen lassen, sind gemäß § 752 BGB in Natur zu teilen. Der Realteilung unterliegen alle teilbaren Gegenstände, insbesondere Geld und andere vertretbare Sachen sowie unbebaute Grundstücke[718]. Bei letzteren wird es allerdings oftmals an der für die Teilbarkeit erforderlichen Gleichartigkeit der zu

---

MüHdbGesR I/*Gummert*, § 21 Rn. 115; MüKo-BGB/*Schäfer*, § 734 Rn. 6; NK-BGB/*Hanke*, § 734 Rn. 4; Soergel/*Hadding/Kießling*, § 734 Rn. 5.

715 OLG Hamm NJW-RR 2001, 245; Bamberger/Roth/*Schöne*, § 734 Rn. 4; *Ensthaler*, S. 34; Hk-BGB/*Saenger*, § 734 Rn. 1; NK-BGB/*Hanke*, § 734 Rn. 4; Palandt/*Sprau*, § 734 Rn. 2. A. A. *Hillers*, S. 381, der vertritt, dass entgegen dem Wortlaut des § 731 S. 2 BGB das Gesellschaftsvermögen insoweit versilbert werden müsse, als es für die Befriedigung der Liquidationsanteile der Gesellschafter erforderlich ist. Nur im Übrigen sollen die Vorschriften über die Teilung nach Gemeinschaftsrecht anwendbar sein, wobei unklar bleibt, inwiefern dann überhaupt noch ein Anwendungsbereich für die §§ 752 ff. BGB verbleiben soll.

716 *Ensthaler*, S. 35; *Hillers*, S. 381 f.; Staudinger[12]/*Keßler*, § 734 Rn. 2.

717 Soergel/*Hadding/Kießling*, § 734 Rn. 8.

718 Bamberger/Roth/*Gehrlein*, § 752 Rn. 3; *Dietz*, S. 210.

bildenden Teile fehlen, beispielsweise im Falle unterschiedlicher Bebaubarkeit[719] oder Straßenanbindung der einzelnen Teilflächen[720].

Bei unteilbaren Sachen erfolgt die Überschussverteilung im Regelfall dagegen gemäß § 753 Abs. 1 S. 1 BGB durch Verkauf nach §§ 1235 ff. BGB bzw. §§ 180 ff. ZVG[721] und Erlösverteilung unter den Gesellschaftern. Eine Teilung in Natur kommt nur dann in Betracht, wenn es sich um einen Vorrat gleichartiger Sachen handelt. Ein solcher kann durch Zuweisung einzelner Sachen an die Gesellschafter geteilt werden, auch wenn diese für sich unteilbar sind.[722] Das kann dazu führen, dass eine Sachgesamtheit teilweise nach § 752 BGB real geteilt und zum anderen Teil gemäß § 753 BGB verkauft werden muss[723], etwa in oben stehender Abwandlung des Beispiels 6:

> Der Überschuss bestand dort in dem Mobiliar sowie einem Geldbetrag in Höhe von 27.900 €. Letzterer steht den Gesellschafterinnen ohne abweichende Vereinbarung, genauso wie der Überschuss in dem Ausgangsbeispiel, zu gleichen Teilen zu. Aber auch in Bezug auf das Mobiliar kann gemäß § 752 BGB die Teilung in Natur vorgeschrieben sein. Besteht dieses nämlich aus mehreren gleichartigen Stücken, beispielsweise 4 Tischen, 13 Kinderstühlen, 3 Lampen, 32 Tellern und Bechern, so sind diese, soweit möglich, unter den Gesellschafterinnen aufzuteilen. Das heißt, jede von ihnen erhält 1 Tisch, 4 Kinderstühle, 1 Lampe sowie 10 Teller und Becher. Die übrigen Gegenstände, also 1 Tisch, 1 Kinderstuhl, 2 Teller und Becher sowie alle Einzelstücke wie Herd, Spülmaschine, Waschmaschine und Kühlschrank, sind dagegen mangels Teilbarkeit nach § 753 BGB zu veräußern. Der Erlös ist dann nach Köpfen auf die Gesellschafterinnen zu verteilen.

Außer bei einem Vorrat gleichartiger Sachen ist die Realteilung für jede teilbare Sache gesondert durchzuführen.[724] Sie erfolgt durch tatsächliche Zerlegung des Gegenstandes, Zuordnung der realen Anteile an die Gesellschafter gemäß ihrer Beteiligung am Gewinn der Gesellschaft, bei gleichartigen und gleichwertigen Anteilen durch Losentscheid, und Vollzug der Teilung im Wege der Einzelrechtsübertragung von der Rechtsträgerschaft der Gesellschaft in die Rechtsträgerschaft der Gesellschafter[725]. Ein teilbares, unbebautes Grundstück

---

719 BGH WM 1973, 82, 83.

720 Das OLG Hamm meint daher, dass Gleichartigkeit der Teile bei der Teilung von Grundstücken in der Regel nicht gewährleistet sei, OLG Hamm NJW-RR 1992, 665, 666.

721 Siehe zum Verkauf nach § 753 Abs. 1 S. 1 BGB unter C. IV.

722 RGZ 91, 416, 418; MüKo-BGB/*Schmidt*, § 752 Rn. 4; Staudinger/*Eickelberg*, § 752 Rn. 10.

723 MüKo-BGB/*Schmidt*, § 752 Rn. 14.

724 BGH NJW-RR 2001, 369; Soergel/*Hadding*, § 752 Rn. 3.

725 Bamberger/Roth/*Gehrlein*, § 752 Rn. 5; *Dietz*, S. 210; Soergel/*Hadding/Kießling*, § 734 Rn. 6; Staudinger/*Eickelberg*, § 752 Rn. 19.

der Gesellschaft ist also durch Zerlegung in den Gewinnanteilen der Gesellschafter entsprechende Teilflächen zwischen den Gesellschaftern aufzuteilen, sofern durch die Teilung kein Wertverlust eintritt, beispielsweise durch schlechtere Bebaubarkeit der einzelnen Teilgrundstücke. Dass die Aufteilung selbst möglicherweise hohen Kostenaufwand zum Beispiel durch die notwendige Vermessung verursacht, ist unbeachtlich[726], denn dies führt nicht zu einer Wertminderung des Grundstücks. Richtet sich die Gewinnverteilung mangels abweichender Vereinbarung der Gesellschafter nach Köpfen, müssen jeweils gleich große und gleichwertige Teilflächen gebildet, den Gesellschaftern durch Losentscheid zugeordnet und ihnen schließlich von der Gesellschaft durch Auflassung und Eintragung im Grundbuch übereignet werden.

Auch für Rechte und Forderungen gilt in erster Linie § 752 BGB. Rechte, die sich ohne Verminderung des Werts in gleichartige Teile zerlegen lassen, wie Briefhypotheken sowie Forderungen auf Geld und andere teilbare Leistungen, sind daher ebenfalls in Natur zu teilen. Nur wenn eine Teilung mangels Teilbarkeit ausscheidet, kommt ein Rechteverkauf gemäß §§ 753 Abs. 1 S. 1, 1277 BGB i. V. m. § 857 Abs. 5 ZPO[727] in Betracht. Allerdings ist bei fälligen und innerhalb von sechs Monaten fällig zu stellenden Forderungen[728] § 754 BGB zu beachten, wonach deren Einziehung vorrangig vor dem Verkauf ist. Die Verteilung überschüssigen Forderungsvermögens an die Gesellschafter hat mithin grundsätzlich wie folgt abzulaufen: Alle teilbaren Forderungen der Gesellschaft müssen gemäß § 752 BGB in Natur geteilt und die entsprechenden Teilforderungen an die einzelnen Gesellschafter abgetreten werden. Fällige Forderungen, bei denen eine Teilung nicht in Betracht kommt, sind nach § 754 BGB einzuziehen; das dabei Erlangte ist nach den Regeln der §§ 752, 753 BGB zu teilen bzw. zu verwerten und der Erlös entsprechend den Gewinnanteilen unter den Gesellschaftern zu verteilen[729]. Forderungen, die mangels Fälligkeit noch nicht eingezogen werden können, sind gemäß §§ 753 Abs. 1 S. 1, 1277 BGB i. V. m. § 857 Abs. 5 ZPO zu veräußern. Der Erlös ist wiederum nach dem Verhältnis ihrer Anteile am Gewinn unter den Gesellschaftern aufzuteilen.

Gerade bei Rechten können die gesetzlichen Regelungen zur Überschussverteilung allerdings zu ungewollten Ergebnissen führen, wie das folgende Beispiel zeigt:

---

726 MüKo-BGB/*Schmidt*, § 752 Rn. 9; Staudinger/*Eickelberg*, § 752 Rn. 13.

727 Siehe hierzu unter C. IV.

728 *Dietz*, S. 213; Staudinger/*Eickelberg*, § 754 Rn. 5.

729 BGH NJW-RR 2001, 369; *Dietz*, S. 213.

Beispiel 7

A und B sind Rechtsanwälte, die eine gemeinsame Sozietät in Form einer Gesellschaft bürgerlichen Rechts gründen. A, der zuvor bereits als selbständiger Rechtsanwalt tätig war, bringt seine laufenden Mandate in die Sozietät ein. Er bearbeitet diese Mandate auch nach Gründung der Sozietät im Wesentlichen selbst, allerdings unter Verwendung des gemeinsamen Sozietätsbriefkopfs. Die im Laufe ihrer gemeinsamen Tätigkeit neu hinzukommenden Mandate bearbeiten A und B teilweise allein und teilweise zusammen. Nach einigen Jahren kündigt B den Sozietätsvertrag, da er den Rechtsanwaltsberuf aufgeben will. A will weiter als selbständiger Rechtsanwalt tätig sein, kann sich aber mit B nicht auf die Übernahme der Kanzlei oder eine andere Form der Auseinandersetzung einigen. Auch im Sozietätsvertrag haben A und B diesbezüglich keine Regelungen getroffen.

Schulden hat die Sozietät keine. Das Gesellschaftsvermögen besteht im Wesentlichen in den Mandaten bzw. dem Mandantenstamm und der darin enthaltenen „Chance, die [...] Mandanten weiterzubetreuen und auf dem vorhandenen Bestand den weiteren Ausbau der Klientenbeziehungen zu betreiben“[730]. Beides ist vermögensrechtlich der Gesellschaft zuzuordnen[731].[732] Denn Vertragspartnerin der Mandanten ist die Sozietät, unabhängig davon, wer die Mandate bearbeitet hat.[733] Das gilt auch in Bezug auf die

730 *Bunk*, S. 32.

731 Zur Vermögenszuordnung der kapitalisierten Chance auf künftige Mandatierung vgl. *Bunk*, S. 79 ff., 290 ff.

732 Nach Ansicht von *Heller* sollen dem Goodwill der Sozietät nur diejenigen Mandate zuzuordnen sein, die der Sozietät unabhängig von einem Gesellschafterwechsel erhalten bleiben würden, nicht aber die rein personenbezogenen Mandate, die die Sozien bei ihrem (gedachten) Ausscheiden (voraussichtlich) mitnehmen könnten, *Heller*, S. 115, 117 f. Abgesehen davon, dass die Abgrenzung zwischen personenbezogenen und personenunabhängigen Mandaten praktisch sehr schwierig sein dürfte, ignoriert *Heller* dabei vollständig, wer Vertragspartner der Mandanten ist. Nur darauf kann es aber für die vermögensrechtliche Zuordnung der Mandate ankommen.

733 Nach früherer ständiger Rechtsprechung des BGH kam der Anwaltsvertrag bei Mandatierung eines Rechtsanwalts, der Mitglied einer Anwaltssozietät ist, im Zweifel mit allen der Sozietät angehörenden Rechtsanwälten zustande, da der das Mandat annehmende Rechtsanwalt regelmäßig auch seine Kollegen verpflichten und sich der Mandant die Vorteile einer Sozietät zu Nutze machen wolle, BGHZ 56, 355, 359; 70, 247, 249; 124, 47, 48 f.; BGH NJW 2000, 1560, 1561. Seit Anerkennung der eigenständigen Rechtspersönlichkeit der Gesellschaft bürgerlichen Rechts durch den BGH wird der Vertrag regelmäßig allein mit der Sozietät als solcher geschlossen, *Bunk*, S. 60, S. 77; *Damm*, FS Raiser, S. 23, 29; Erman/*Berger*, § 675 Rn. 54; MüKo-BGB/*Heermann*, § 675 Rn. 35; *Schmidt*, NJW 2005, 2801, 2805, 2809; vgl. auch *Breuninger*, S. 208 f., der das schon vor Anerkennung der Rechtsfähigkeit durch den BGH angenommen hat. Der BGH hat bislang offen gelassen, ob der Vertragsschluss durch einen Sozietätsanwalt nach dem Parteiwillen typischerweise die Sozietät verpflichten soll, vgl. BGHZ 193, 193, 199; BGH WM 2011, 1770, 1772.

von A bei Gründung der Sozietät eingebrachten Mandate. Zwar wurde diesbezüglich ursprünglich A direkt mandatiert. Durch die Bearbeitung unter dem gemeinsamen Briefkopf der Sozietät wurden aber die bisherigen Einzelmandate auf die Sozietät übertragen[734]. A kann diese Mandate also nicht gemäß § 732 S. 1 BGB herausverlangen. Stattdessen steht ihm dafür in der Liquidation Wertersatz nach § 733 Abs. 2 BGB zu. Die Höhe richtet sich nicht etwa nach dem tatsächlich erzielten Umsatz, sondern nach dem objektiven Wert zum Einbringungszeitpunkt in Form einer Prognose für die Zukunft. Dieser kann regelmäßig nur durch einen Sachverständigen eingeschätzt werden, da der weitere Geschäftsverlauf von vielen Unwägbarkeiten beeinflusst ist[735]. Ein Mandat, das in der Vergangenheit sehr viel Umsatz gebracht hat, kann sich in der Zukunft als umsatzschwach herausstellen und umgekehrt.[736] Auch ist ungewiss, ob und in welchem Umfang sich ein Mandant in Zukunft weiterhin an den Rechtsanwalt wendet.[737] Der wesentliche Vermögenswert liegt eben nur in einer Chance auf weitere Mandatierung und Ausbau der Mandantenbeziehungen. Ob sich diese Chance tatsächlich realisiert, lässt sich vorab nicht beurteilen.

Wendet man die gesetzlichen Liquidationsvorschriften an, so kann A die Mandate auch nicht gemäß § 734 BGB beanspruchen. Für die Realteilung nach § 731 S. 2 i. V. m. § 752 BGB müsste zunächst der Wert der einzelnen Mandate durch einen Sachverständigen ermittelt werden. In einem solchen Fall scheidet aber die Anwendung von § 752 BGB aus, denn Teile, deren Wert erst durch Gutachten geschätzt werden muss, sind per definitionem nicht gleichartig.[738] Stattdessen müsste die Mandantenkartei der Sozietät gemäß § 731 S. 2 i. V. m. § 753 BGB veräußert und der Erlös unter A und B aufgeteilt werden. § 32 BORA, wonach die Sozien bei Auflösung einer Sozietät mangels anderer vertraglicher Regelung jeden Mandanten darüber zu befragen haben, wer künftig seine laufenden Sachen bearbeiten soll, vermag die vorrangigen gesellschaftsrechtlichen Liquidationsregelungen als untergesetzliche Satzung nicht zu modifizieren.[739]

---

734 In einem Schreiben unter dem Sozietätsbriefkopf liegt ein Angebot, den ursprünglich nur einem der Rechtsanwälte einer Sozietät erteilten Auftrag nunmehr als Sozietät auszuführen, das die Mandanten stillschweigend annehmen, indem sie die Bearbeitung unter dem Sozietätsbriefkopf ausführen lassen, BGH WM 1990, 188, 191.

735 OLG München NZG 2002, 235; OLG Düsseldorf, Urteil vom 30. Dezember 2008, Az. I-15 U 64/07, Rn. 71 (juris).

736 OLG München NZG 2002, 235.

737 OLG Düsseldorf, Urteil vom 30. Dezember 2008, Az. I-15 U 64/07, Rn. 71 (juris).

738 Staudinger/*Eickelberg*, § 752 Rn. 4. A. A. offenbar *Dietz*, S. 218, der allerdings zutreffend darauf hinweist, dass sich bei der Begutachtung durch einen Sachverständigen häufig herausstellen wird, dass eine Teilung entsprechend der maßgeblichen Quoten gar nicht möglich ist.

739 *Bunk*, S. 82 Fn. 310; *Steinkraus*, S. 277; vgl. auch Feuerich/Weyland/*Böhnlein*, § 32 BORA Rn. 1; *Kleine-Cosack*, Anh. I 1, § 32 BORA Rn. 2. Nach Ansicht von *Heller* kommt es bei der Beurteilung von zivilrechtlichen Auswirkungen berufsrechtlicher Vorschriften in Form von Satzungen darauf an, „ob die zivilrechtliche Auswirkung

Abgesehen davon ist der in § 32 BORA vorgesehene Entscheidungsmechanismus hier auch gar nicht passend, da B seine Tätigkeit als Rechtsanwalt aufgibt.

Der II. Senat des BGH[740] hat in Bezug auf eine Partnerschaftsgesellschaft von Rechtsanwälten ausgeführt, dass den ausgeschiedenen Partnern im Falle einer unwirksamen Abfindungsregelung nach den „allgemeinen Regeln" das rechtlich uneingeschränkte Recht zustehe, um die Mandanten der Sozietät zu werben, und sie daher die Akten derjenigen Mandate mitnehmen dürften, die auf Wunsch der Mandanten von den Ausgeschiedenen weitergeführt werden sollten. Diese „allgemeinen Regeln" sollen nach einem Urteil des OLG Düsseldorf[741] auch im Falle der Auflösung einer in Form der Gesellschaft bürgerlichen Rechts betriebenen Freiberuflersozietät zur Anwendung kommen, wenn die Gesellschafter keine Einigung hinsichtlich des Ausgleichs des in den Beziehungen zu den Mandanten bestehenden Goodwills getroffen haben. Soweit es um die Verteilung des Goodwill gehe und es keine vertraglichen Vereinbarungen dazu gebe, sei bei der Auseinandersetzung einer Sozietät der Grundsatz zu berücksichtigen, dass die unbeschränkte Möglichkeit zur Mitnahme von Mandaten grundsätzlich einen hinreichenden Ersatz für die Beteiligung an dem Wert der Sozietät darstelle[742]. Den Gesellschaftern, die die rechtliche und tatsächliche Möglichkeit hatten, um die Mandanten zu werben, stehe daher kein Ausgleichsanspruch für den Goodwill der Steuerberatersozietät zu. Der BGH[743] hat dieses Ergebnis bestätigt: Sei eine Vereinbarung über eine andere Art der Auseinandersetzung des Mandantenstammes nicht zustande gekommen, verbleibe es dabei, dass die Gesellschafter uneingeschränkt um die Mandanten der Sozietät werben dürften, um sich den in der Vergangenheit geschaffenen Wert der Mandantenbeziehungen wirtschaftlich nutzbar zu machen[744]. Nach diesen Ausführungen scheint es, als würden die dispositiven gesetzlichen Liquidationsregelungen für die Auseinandersetzung der Mandate einer Freiberuflersozietät nicht gelten. In der Tat soll nach der Rechtsprechung[745] die Teilung der Sachwerte und die rechtlich nicht beschränkte Möglichkeit, um die bisherigen Mandanten zu werben, die sachlich nahe liegende und angemessene Art der Auseinandersetzung einer als Gesellschaft bürgerlichen Rechts betriebenen Freiberuflersozietät sein[746]. Natürlich werden die gesetzlichen Vorschriften aber nicht einfach so verdrängt. Dazu bedarf es einer Vereinbarung der Gesellschafter.

---

von der berufsrechtlichen oder der zivilrechtlichen Vorschrift ausgesprochen wird", *Heller*, S. 111. Da § 32 BORA nur die Verhaltenspflichten der sich trennenden Sozien untereinander betreffe, habe die Regelung keine zivilrechtlichen Folgen, *Heller*, S. 33.

740 BGH WM 2008, 1312.

741 OLG Düsseldorf, Urteil vom 30. Dezember 2008, Az. I-15 U 64/07, Rn. 61 ff. (juris).

742 OLG Düsseldorf, Urteil vom 30. Dezember 2008, Az. I-15 U 64/07, Rn. 71 (juris).

743 BGH WM 2010, 1604.

744 BGH WM 2010, 1604.

745 BGH WM 1994, 596, 598; 2010, 1604; 2011, 1372, 1373 f.; OLG München NZG 2002, 235.

746 Dass es sich dabei um eine vom Gesetz abweichende Form der Auseinandersetzung handelt, steht außer Zweifel, vgl. *Bunk*, S. 229 f.

Eine solche lag in den den Entscheidungen der Rechtsprechung zugrunde liegenden Fällen vor, entweder explizit[747] oder konkludent durch Befragung der Mandanten entsprechend der Regelung in § 32 BORA[748] bzw. indem die Gesellschafter gegen die Mitnahme von Mandaten durch ihren Mitgesellschafter rechtlich nicht vorgegangen sind, sondern lediglich Wertausgleich dafür beansprucht haben[749]. Anders war es auch im Fall des OLG Düsseldorf[750] nicht: Alle Gesellschafter hatten, nachdem sie „ihre" Mandanten – wenn auch in separaten Schreiben – über die Auflösung informiert hatten, die von ihnen betreuten Mandate „mitgenommen", soweit die Mandanten nicht zu einem anderen Steuerberatungsbüro „abgewandert" waren. Nur zum Wertausgleich für die mitgenommenen Mandate hatten die Gesellschafter keine Vereinbarung getroffen. Der Fall ist mit dem hier zu behandelnden Beispiel also nicht vergleichbar. Denn A und B haben gar keine Vereinbarung zur Auseinandersetzung erzielt.

Zu einer von §§ 734, 731 S. 2 i. V. m. § 753 BGB abweichenden Lösung könnte man durch ergänzende Vertragsauslegung[751] kommen. Die Auseinandersetzung durch Teilung der Sachwerte und die rechtlich nicht beschränkte Möglichkeit, um die bisherigen Mandanten zu werben, hätten redliche und verständige Gesellschafter im Hinblick auf den mit dem Vertrag verfolgten Zweck bei sachgerechter Abwägung ihrer beiderseitigen Interessen nach Treu und Glauben und unter Berücksichtigung der Verkehrssitte allerdings sicher nicht für den Fall vereinbart, dass einer von ihnen den Beruf aufgibt. Dem hypothetischen Parteiwillen könnte höchstens ein Übernahmerecht des weiterhin als Rechtsanwalt Tätigen entsprechen[752]. Voraussetzung, um den Gesellschaftsvertrag überhaupt ergänzend auslegen zu können, ist allerdings in jedem Fall eine Regelungslücke im Vertrag. Eine solche ist aber nicht schon dann anzunehmen, wenn ein Punkt in einem Vertrag nicht geregelt ist.[753] Treffen die Vertragsschließenden keine Regelung, kann nach der Rechtsprechung des BGH[754] meist angenommen werden, dass sie die Ausgestaltung den Gesetzesvorschriften überlassen, es sei denn, es steht fest, dass sie

747 So im Fall von BGH WM 1994, 596.

748 So im Fall von OLG München NZG 2002, 235.

749 So im Fall von BGH WM 2011, 1372.

750 OLG Düsseldorf, Urteil vom 30. Dezember 2008, Az. I-15 U 64/07 (juris), bestätigt durch BGH WM 2010, 1604.

751 Die ergänzende Auslegung von Gesellschaftsverträgen ist nach herrschender Meinung vorrangig gegenüber der Anwendung des dispositiven Gesellschaftsrechts, BGH WM 1979, 327, 328; 1984, 1506; 1993, 2008, 2009; *Bunk*, S. 163 f.

752 Da der Gesellschaftsvertrag – bei einer zweigliedrigen BGB-Gesellschaft auch nicht weiter verwunderlich – keine Fortsetzungsklausel enthält, kommt ein gesetzliches Übernahmerecht analog § 737 BGB von vornherein nicht in Betracht, MüKo-BGB/*Schäfer*, § 730 Rn. 76.

753 BGHZ 40, 91, 103; BGH WM 1975, 419, 421.

754 BGHZ 40, 91, 103; BGHZ 77, 301, 304; BGH WM 1975, 419, 421.

die gesetzliche Regelung nach ihrem mutmaßlichen Willen nicht wollten[755]. Letzteres wird man hier schwerlich annehmen können, noch dazu, wo A und B aufgrund ihres Berufs besonders rechtserfahren sind. Obwohl ein Verkauf der Mandate, der zumeist mit einem Wettbewerbsverbot für die Veräußerer einhergehen wird[756], für A möglicherweise die Zerstörung all dessen bedeuten könnte, das er sich in seinem bisherigen Berufsleben erarbeitet hat, dürfte eine Abweichung von den gesetzlichen Liquidationsvorschriften ohne Zustimmung von B insofern nicht in Betracht kommen.

Für die Vermögensgegenstände der Gesellschaft, die weder in Natur geteilt noch veräußert werden können, treffen die §§ 752 ff. BGB keine Regelung. In Bezug auf die Bruchteilsgemeinschaft wird daher von manchen Stimmen[757] angenommen, dass im Falle der Unteilbarkeit und Unveräußerlichkeit des gemeinsamen Gegenstandes grundsätzlich kein Anspruch auf Aufhebung der Gemeinschaft bestehe, die Beendigung von den Teilhabern mithin nicht erzwungen werden könne. Übertragen auf die BGB-Gesellschaft würde das bedeuten, dass die aufgelöste Gesellschaft ohne die Einigung der Gesellschafter auf eine vom Gesetz abweichende Teilungsart zeitlich unbegrenzt fortbestehen würde, nur weil ein Vermögensgegenstand der Gesellschaft weder teilbar noch verkäuflich ist. Das kann nicht sein. Denn anders als die Bruchteilsgemeinschaft, die sich in auf den gemeinsamen Gegenstand bezogenen Verwaltungs- und Benutzungsregelungen erschöpft, besteht bei der Gesellschaft bürgerlichen Rechts zwischen den Gesellschaftern ein bewusst eingegangenes, vertragliches Schuldverhältnis mit dauernder Pflichtenanspannung[758]. Ein Fortbestehen der Gesellschaft aufgrund mangelnder Verteilbarkeit des Gesellschaftsvermögens nach den §§ 752 ff. BGB wäre mit der der Vertragsfreiheit immanenten, in § 723 Abs. 3 BGB zum Ausdruck kommenden „Vertragsbeendigungsfreiheit“[759] nicht vereinbar.

---

755 Dann sind die dem Vertrag fehlenden Regelungen nicht durch Gesetzesvorschriften zu schließen, BGH WM 1990, 1202, 1204.

756 *Bunk*, S. 192 Fn. 929; vgl. auch BGHZ 16, 71, 75 ff. in Bezug auf einen Praxistausch unter Ärzten.

757 OLG Hamm NJW-RR 1992, 665, 666; LG München II ZMR 1990, 301, 302; jurisPK-BGB/*Habermeier*, § 749 Rn. 10; MüKo-BGB/*Schmidt*, § 749 Rn. 20; NK-BGB/*Kuhn/Radlmayr*, § 753 Rn. 8.

758 MüKo-BGB/*Ulmer/Schäfer*, Vor § 705 Rn. 15.

759 MüKo-BGB/*Schäfer*, § 723 Rn. 51; vgl. zu dem § 723 Abs. 3 BGB zugrunde liegenden Rechtsgedanken, dass es mit der persönlichen Freiheit von Vertragsschließenden unvereinbar ist, eine Bindung ohne zeitliche Begrenzung und ohne Kündigungsmöglichkeit einzugehen auch BGHZ 126, 226, 230; BGH NJW 1954, 106; NJW 1973, 1602; *Groth*, S. 104 f.

Es stellt sich mithin die Frage, wie mit unteilbaren und unveräußerlichen Gegenständen der Gesellschaft in der Liquidation zu verfahren ist. Sofern der Gegenstand zum Verkauf geeignet ist und sich nur kein Käufer gefunden hat, könnte das Prozedere nach § 753 BGB natürlich einfach so lange wiederholt werden, bis die Veräußerung schließlich gelingt. Jeder misslungene Verkaufsversuch verursacht allerdings Kosten, die die Gesellschaft tragen muss, die also letztlich den Überschuss schmälern, es sei denn, die Wiederholung der Veräußerung nach dem ersten Versuch unter den Bedingungen des § 753 Abs. 1 BGB wurde von einem Gesellschafter explizit verlangt. Nur dann hat dieser gemäß § 753 Abs. 2 BGB die Kosten des weiteren fehlgeschlagenen Veräußerungsversuchs zu tragen. Schon aus Kostengründen können daher ohne das Verlangen eines Gesellschafters nicht unbegrenzt Veräußerungsversuche zugelassen werden, wenn nicht alle Gesellschafter damit einverstanden sind und der Erfolg völlig ungewiss oder beispielsweise mangels Veräußerungswerts des Gegenstands gar aussichtslos ist. Ist allerdings abzusehen, dass die Veräußerung in überschaubarer Zeit gelingen wird, ist der Fortbestand der Gesellschaft bis zu diesem Zeitpunkt zumutbar[760]. In diesem Fall müssen die Liquidatoren also auch ohne das Verlangen eines Gesellschafters einen weiteren Veräußerungsversuch nach § 753 BGB vornehmen, allerdings erst dann, wenn dieser voraussichtlich Erfolg hat.

Ist der Verkauf in naher Zukunft nicht abzusehen und besteht keiner der Gesellschafter auf einen weiteren Veräußerungsversuch, stellt sich die Frage, wie mit dem unteilbaren und nicht veräußerlichen Gegenstand zu verfahren ist, wenn die Gesellschafter sich nicht darüber einigen. In Betracht kommt in erster Linie die Versteigerung des Gegenstands unter den Gesellschaftern. Immerhin ist diese Möglichkeit in § 753 Abs. 1 S. 2 BGB generell vorgesehen, allerdings nach dem Gesetzeswortlaut nur für den Fall, dass die Veräußerung an einen Dritten unstatthaft, d. h. aufgrund Gesetzes, Vereinbarung oder letztwilliger Anordnung verboten ist[761]. Nach zutreffender Ansicht des OLG Hamm im Urteil vom 5. Juni 2000[762] kann die Versteigerung unter den Gesellschaftern aber auch ohne Vorliegen eines Veräußerungsverbots geboten sein[763].

---

760 So in Bezug auf die Bruchteilsgemeinschaft *Dietz*, S. 229.

761 OLG Oldenburg NJW-RR 1996, 136, 137; Bamberger/Roth/*Gehrlein*, § 753 Rn. 5; jurisPK-BGB/*Habermeier*, § 753 Rn. 8; MüKo-BGB/*Schmidt*, § 753 Rn. 11.

762 OLG Hamm NJW-RR 2001, 245.

763 *Dietz* meint dagegen in Bezug auf die Bruchteilsgemeinschaft, die Versteigerung unter den Gesellschaftern entspreche nicht der Billigkeit, da sie dem ersteigernden Teilhaber in jedem Fall ein vermögensrechtliches Opfer aufbürde, obwohl der Gegenstand häufig gerade keinen spezifischen Vermögenswert habe, *Dietz*, S. 229.

Einige Stimmen in der Literatur[764] halten im Falle der Unveräußerlichkeit eines im Eigentum einer Bruchteilsgemeinschaft stehenden Gegenstands ausnahmsweise eine gestaltende Billigkeitsentscheidung des Richters gemäß § 242 BGB für zulässig, zum Beispiel die Zuweisung des Gegenstands an den „näher berechtigten“[765] Teilhaber unter Entschädigung der übrigen. Sie stützen ihre Ansicht auf zwei Entscheidungen des BGH[766] sowie ein Urteil des Amtsgerichts Walsrode[767]. In keinem dieser Fälle ging es allerdings um unveräußerliche Gegenstände. Der BGH hatte sowohl im Urteil vom 31. Januar 1972[768] als auch im Urteil vom 27. April 1977[769] stattdessen gerade über die Zulässigkeit von Teilungsversteigerungen zum Zwecke der Aufhebung der Gemeinschaft nach § 753 Abs. 1 BGB zu entscheiden, kam jedoch – ebenso wie das Amtsgericht Walsrode im Urteil vom 23. Dezember 2003[770] – zu dem Ergebnis, dass die Anwendung von § 753 BGB in dem konkreten Einzelfall nach dem allgemeinen Rechtsprinzip von Treu und Glauben unzulässig, da einem Teilhaber nicht zumutbar sei. Gleichzeitig hat der BGH im Urteil vom 31. Januar 1972[771] unter ausdrücklichem Verweis auf die Motive zum Entwurf des BGB darauf hingewiesen, dass der Gesetzgeber bewusst von der Möglichkeit einer richterlichen Teilung abgesehen habe, da „eine Realteilung von nicht gleichartig teilbaren Gegenständen durch Gestaltungsakt den Richter vor kaum befriedigend zu lösende Schwierigkeiten stellen und sich der auch im Gemeinschaftsrecht geltende Grundsatz der gleichmäßigen Behandlung der Teilhaber regelmäßig nur durch eine Umsetzung des gemeinschaftlichen Gegenstandes in Geld und dessen Verteilung zuverlässig erreichen lassen“

---

764 JurisPK-BGB/*Habermeier*, § 753 Rn. 21; Palandt/*Sprau*, § 753 Rn. 8; Soergel/*Hadding*, § 753 Rn. 7; a. A. Bamberger/Roth/*Gehrlein*, § 753 Rn. 7; MüKo-BGB/*Schmidt*, § 753 Rn. 35; NK-BGB/*Kuhn/Radlmayr*, § 753 Rn. 8. Nach Ansicht von *Dietz* sollte in Fällen, in denen die Naturalteilung und der öffentliche Verkauf sich nicht als angemessen erweisen, dem Gericht nach freiem Ermessen die Wahl der geeigneten Teilungsart überlassen werden. Er schlägt daher vor, § 753 BGB um folgenden Abs. 3 zu ergänzen: „Ist Naturalteilung oder der Verkauf unmöglich oder widerstreitet eine dieser Maßnahmen dem Interesse eines oder mehrerer Teilhaber, so bestimmt das Gericht nach seinem Ermessen die Teilungsart.“, *Dietz*, S. 229.

765 Palandt/*Sprau*, § 753 Rn. 8. Ist keiner der „näher berechtigte“, so soll entsprechend dem Rechtsgedanken aus § 752 S. 2 BGB das Los entscheiden.

766 BGHZ 58, 146; 68, 299.

767 AG Walsrode NJW-RR 2004, 365.

768 BGHZ 58, 146.

769 BGHZ 68, 299.

770 AG Walsrode NJW-RR 2004, 365.

771 BGHZ 58, 146, 147.

würde. Eine Abweichung von dieser gesetzgeberischen Entscheidung muss auf wirkliche Ausnahmefälle beschränkt bleiben[772]. Wie *Eickelberg*[773] zutreffend aufzeigt, besteht in den meisten Fällen auch gar keine Notwendigkeit für ein Gestaltungsurteil, denn die Teilhaber haben es in der Hand, den Gegenstand selbst zu ersteigern und so einen eventuellen Fehlschlag der Veräußerung und damit der Aufhebung der Gemeinschaft zu verhindern. Das gilt für die Gesellschafter einer aufgelösten BGB-Gesellschaft gleichermaßen.

Es gibt allerdings auch Gegenstände, die nicht auf Dritte und nicht auf einzelne Gesellschafter übertragen, also ihrer Natur nach weder nach § 752 BGB noch nach § 753 BGB verteilt werden können. Auch in solchen Fällen ist aber im geltenden Recht kein Raum für eine Billigkeitsentscheidung des Richters. Die Vertragsbeendigungsfreiheit der Gesellschafter kann vielmehr dadurch gewährleistet werden, indem die Gesellschafter an dem unteilbaren und unveräußerlichen Gegenstand fortan eine Bruchteilsgemeinschaft bilden, deren Aufhebung an § 275 BGB scheitert. Da dann keine Gesellschafterpflichten mehr bestehen, sondern nur noch Gebrauchsrechte bzw. Verwaltungs- und Benutzungsregelungen und es keinen Grundsatz des Inhalts gibt, dass jede Gemeinschaft unter den Voraussetzungen des § 749 BGB irgendwie aufgehoben werden muss,[774] ist das aber unschädlich.

3. Durchsetzbarkeit des Anspruchs auf Überschuss

Auch im Rahmen der Überschussverteilung ist der Grundsatz der Durchsetzungssperre zu beachten. Die Zahlungsansprüche der Gesellschafter nach § 734 BGB können also grundsätzlich nicht isoliert geltend gemacht werden, sondern werden erst in der Schlussabrechnung berücksichtigt. Das betrifft die Realteilung von Geld nach § 752 BGB sowie die Erlösverteilung nach § 753 BGB[775]. Die Realteilung und Übertragung der nicht in Geld bestehenden teilbaren Vermögensgegenstände der Gesellschaft können die Gesellschafter mit Auflösung der Gesellschaft dagegen unmittelbar beanspruchen. Insofern ist es nicht ganz richtig, wenn einige Autoren der juristischen Literatur[776] schreiben, die Verteilung des Überschusses setze in der Regel die Aufstellung einer Schlussabrechnung

772 OLG Oldenburg NJW-RR 1996, 136, 137; FamRZ 1996, 1437.
773 Staudinger/*Eickelberg*, § 753 Rn. 48.
774 MüKo-BGB/Schmidt, § 753 Rn. 35.
775 Soergel/*Hadding/Kießling*, § 734 Rn. 9.
776 JurisPK-BGB/*Trost*, § 735 Rn. 12; MüKo-BGB/*Schäfer*, § 734 Rn. 1; Staudinger/*Habermeier*, § 734 Rn. 1.

voraus. Das gilt nur für die Verteilung von Geld und auch nur, wenn keine Ausnahme vom Grundsatz der Durchsetzungssperre eingreift, beispielsweise da feststeht, dass das Geforderte in keinem Fall zurückgezahlt werden muss.

VI. Einziehung von Nachschüssen

Reicht das Gesellschaftsvermögen zur Tilgung der Gesellschaftsschulden und zur Einlagenrückerstattung nicht aus, tritt an die Stelle der Überschussverteilung die Einziehung von Nachschüssen der Gesellschafter nach § 735 BGB. Anders als in der werbenden Gesellschaft, wo gemäß § 707 BGB eine Verlustausgleichspflicht der Gesellschafter grundsätzlich nicht besteht[777], kann die Gesellschafter im Rahmen der Auseinandersetzung eine Nachschusspflicht treffen.

1. Nachschusspflicht bei Fehlbetrag

Voraussetzung für die Nachschusspflicht der Gesellschafter ist nach § 735 S. 1 BGB ein Fehlbetrag, der, wie der Überschuss[778], anhand einer Gegenüberstellung von Aktivvermögen und Verbindlichkeiten der Gesellschaft von den Liquidatoren zu ermitteln ist. Der Betrag, um den die Verbindlichkeiten einschließlich der Sozial- und Einlagenrückerstattungsansprüche der Gesellschafter das Aktivvermögen der Gesellschaft nach Versilberung ihrer Vermögensgegenstände gemäß § 733 Abs. 3 BGB[779] übersteigen, ist der Fehlbetrag[780], den die Gesellschafter nach § 735 BGB entsprechend ihrer Verlustbeteiligung ausgleichen müssen. Wenn *Ensthaler*[781] meint, § 735 BGB ordne keine „Verpflichtung der Gesellschafter zum Nachschießen des für die Vollrückerstattung der Einlagen erforderlichen Betrages“ an, da es sonst zu dem „Kuriosum“ komme, dass die Gesellschafter den Einlagenverlust zunächst ausgleichen müssten, um den Betrag im Zuge der Einlagenrückgewähr wieder erstattet zu bekommen, so verkennt er, dass dieses

---

777 § 707 BGB gilt nur für die Dauer der werbenden Gesellschaft, nicht aber in der Auseinandersetzung, BGHZ 191, 293, Rn. 20; Bamberger/Roth/*Schöne*, § 735 Rn. 1.

778 Die Ausführungen zur Ermittlung des Überschusses unter C. V. 1. gelten für die Ermittlung des Fehlbetrages entsprechend.

779 Vor der Umsetzung des Gesellschaftsvermögens in Geld können von den Gesellschaftern keine Nachschüsse nach § 735 S. 1 BGB verlangt werden, OLG Köln NZG 1999, 152; Soergel/*Hadding/Kießling*, § 735 Rn. 4. Die Versilberung der Vermögensgegenstände ist im Übrigen notwendig, um die tatsächliche Höhe des Fehlbetrages ermitteln zu können, *Hillers*, S. 261.

780 JurisPK-BGB/*Trost*, § 735 Rn. 6.

781 *Ensthaler*, S. 35 f.

Hin und Her bereits durch den Grundsatz der Durchsetzungssperre verhindert wird. Dieser gilt, wie für alle auf dem Gesellschaftsverhältnis beruhenden Zahlungsansprüche, auch für den Anspruch der Gesellschaft auf Nachschuss aus § 735 BGB und bewirkt, dass Nachschuss- und Einlagenrückerstattungsansprüche im Rahmen der Schlussabrechnung verrechnet werden. Es besteht also keine Notwendigkeit, sich über den Wortlaut des Gesetzes hinwegzusetzen und bereits die Ansprüche aus § 735 S. 1 BGB und § 733 Abs. 2 BGB zu kürzen. Stattdessen sind diese in voller Höhe in die Schlussabrechnung einzustellen[782]: die Einlagenrückerstattungsansprüche der Gesellschafter in Höhe des jeweiligen Wertes ihrer Einlage zum Zeitpunkt der Einbringung[783] und die Ansprüche der Gesellschaft auf Nachschuss in Höhe des jeweiligen Gesellschafteranteils an dem zur Deckung der Gesellschaftsschulden und Rückgewähr der Einlagen benötigten Fehlbetrag.

Soweit die Gesellschafter für die Verlustverteilung in der Liquidation keine besondere Regelung getroffen haben, richtet sich die Höhe der Gesellschafteranteile an dem Fehlbetrag nach dem für die werbende Gesellschaft vereinbarten Verlustverteilungsschlüssel[784]. Wurde ein Gesellschafter explizit von der Verlustbeteiligung ausgeschlossen, trifft ihn also auch keine Nachschusspflicht gemäß § 735 BGB.[785] Da § 735 BGB vollständig dispositiv ist, kann die Nachschusspflicht sogar für alle Gesellschafter ausgeschlossen werden[786].[787] Die

782 So auch *Hillers*, S. 252, unter Hinweis darauf, dass der Einlagenverlust nicht von den Gesellschaftern im Verhältnis ihrer Einlagen, sondern wie jeder andere Gesellschaftsverlust nach Maßgabe des Verlustbeteiligungsschlüssels übernommen werden solle.

783 Näheres unter C. III. 2.

784 JurisPK-BGB/*Trost*, § 735 Rn. 8; MüKo-BGB/*Schäfer*, § 735 Rn. 4; Soergel/*Hadding/Kießling*, § 735 Rn. 5.

785 BGH WM 1967, 346, 347; Bamberger/Roth/*Schöne*, § 735 Rn. 8; jurisPK-BGB/*Trost*, § 735 Rn. 7; Palandt/*Sprau*, § 735 Rn. 1; Soergel/*Hadding/Kießling*, § 735 Rn. 5.

786 Ein etwaiger Ausgleich unter den Gesellschaftern beispielsweise wegen von der Gesellschaft nicht erstatteter Aufwendungen wird dadurch freilich nicht ausgeschlossen, Soergel/*Hadding/Kießling*, § 735 Rn. 5; a. A. MüKo-BGB/*Schäfer*, § 735 Rn. 4; Staudinger/*Habermeier*, § 735 Rn. 3.

787 *Grziwotz*, DStR 1992, 1365, 1366; MüKo-BGB/*Schäfer*, § 735 Rn. 4; NK-BGB/*Hanke*, § 735 Rn. 2; Staudinger/*Habermeier*, § 735 Rn. 3; a. A. *Brandani*, S. 111. A. A. sind auch *Aderhold* und *Leuthe*, die die Nachschusspflicht für zwingend halten, wenn nur das Gesellschaftsvermögen für die Gesellschaftsschulden haftet und solches nicht mehr vorhanden ist, *Aderhold*, S. 249 ff.; *Leuthe*, S. 175 f. Das ist angesichts der Entscheidungen des BGH für die akzessorische Gesellschafterhaftung und gegen die Zulässigkeit einer BGB-Gesellschaft mit beschränkter Haftung allerdings überholt, vgl. BGHZ 142, 315; 154, 88.

Gesellschaftsgläubiger sind durch die unbeschränkte persönliche Haftung der BGB-Gesellschafter ausreichend geschützt.[788] Sie können sich auf den nur im Innenverhältnis geltenden § 735 BGB[789] ohnehin nicht berufen, sondern eine bestehende Nachschussverpflichtung, die von den Liquidatoren der Gesellschaft nicht verfolgt wird, nur durch Erwirken eines Titels gegen die Gesellschaft und anschließende Pfändung und Überweisung des Anspruchs aus § 735 BGB durchsetzen[790]. Die Gesellschafter dürften an der Durchsetzung der Nachschusspflicht allerdings regelmäßig ein besonderes Interesse haben, weil sich damit das Risiko ihrer persönlichen Inanspruchnahme durch die Gesellschaftsgläubiger reduziert.[791]

Haben die Gesellschafter keine Vereinbarung über die Verlustbeteiligung getroffen,[792] gilt nach § 722 Abs. 2 BGB die Regelung zur Gewinnverteilung entsprechend. Gibt es auch eine solche nicht bzw. soll der vereinbarte Gewinnverteilungsschlüssel explizit nicht für die Verlustbeteiligung gelten, haften die Gesellschafter gemäß § 722 Abs. 1 BGB zu gleichen Teilen. Das gilt grundsätzlich auch für den Fall, dass die Gesellschafter unterschiedlich hohe Einlagen erbracht haben.[793] Denn umgekehrt partizipieren nach § 722 Abs. 1 BGB alle Gesellschafter ja auch gleich am Gewinn. Der Gesellschafter, der nur einen geringeren

788 JurisPK-BGB/*Trost*, § 735 Rn. 3; MüHdbGesR I/*Gummert*, § 21 Rn. 117; Soergel/*Hadding/Kießling*, § 735 Rn. 2.

789 JurisPK-BGB/*Trost*, § 735 Rn. 2; MüHdbGesR I/*Gummert*, § 21 Rn. 117; MüKo-BGB/*Schäfer*, § 735 Rn. 2; NK-BGB/*Hanke*, § 735 Rn. 1; Palandt/*Sprau*, § 735 Rn. 1; Soergel/*Hadding/Kießling*, § 735 Rn. 2; a. A. *Brandani*, S. 111.

790 *Aderhold*, S. 245 f.; Bamberger/Roth/*Schöne*, § 735 Rn. 7; *Ensthaler*, S. 56; jurisPK-BGB/*Trost*, § 735 Rn. 3; *Leuthe*, S. 174: MüKo-BGB/*Schäfer*, § 735 Rn. 2; NK-BGB/*Hanke*, § 735 Rn. 1; Palandt/*Sprau*, § 735 Rn. 1; Staudinger/*Habermeier*, § 735 Rn. 1. A. A. unter Verweis auf §§ 717 S. 1 BGB, 851 Abs. 1 ZPO *Thielmann*, ZHR 136 (1972), 397, 414, der allerdings übersieht, dass der Anspruch aus § 735 BGB nicht den Gesellschaftern, sondern der Gesellschaft zusteht.

791 Staudinger/*Habermeier*, § 735 Rn. 1.

792 Auch eine sich aus den konkreten Umständen ergebende „stillschweigende anderweitige Vereinbarung" schließt die Anwendung der in § 722 Abs. 2 BGB statuierten Zweifelsregelung aus, OLG Hamm FamRZ 1993, 1200, 1202.

793 MüHdbGesR I/*Gummert*, § 15 Rn. 11; MüKo-BGB/*Schäfer*, § 722 Rn. 2; Soergel/*Hadding/Kießling*, § 722 Rn. 3; Staudinger/*Habermeier*, § 722 Rn. 3. Insbesondere bei gewerblicher Betätigung der Gesellschaft kann sich nach der Rechtsprechung des BGH aufgrund ergänzender Vertragsauslegung aber eine abweichende Gewinn- und Verlustverteilung nach der Höhe der von den Gesellschaftern geleisteten Beiträge ergeben, BGH NJW-RR 1990, 736, 737. Siehe hierzu auch Fn. 712.

Beitrag in die Gesellschaft eingebracht hat, erhält dieselbe Chance auf Gewinn wie derjenige, der eine höhere Einlage geleistet hat, trägt aber gleichzeitig auch dasselbe Verlustrisiko. Im Falle eines Einlagenverlustes der Gesellschaft können auf ihn hohe Nachschussverpflichtungen, die seine Einlage weit übersteigen, zukommen. Wie *Ensthaler*[794] zutreffend bemerkt, wird sich der Gesellschafter allerdings der Folgen, die sich aus seiner geringen Kapitalbeteiligung an der Gesellschaft ergeben, oftmals gar nicht bewusst sein, sondern eine unangenehme Überraschung erleben, wenn er in der Liquidation den Einlagenverlust seines Mitgesellschafters teilweise ausgleichen soll. So ist es im folgenden Beispiel:

Beispiel 8
A ist Koch und will ein Restaurant eröffnen. Da er selbst nicht über die dafür notwendigen finanziellen Mittel verfügt, sucht er in seinem Freundeskreis nach Geldgebern. B und C, denen die Vorstellung eines „eigenen" Restaurants gefällt, wollen sich beteiligen. Gemeinsam mit A gründen sie eine Gesellschaft bürgerlichen Rechts. Im Gesellschaftsvertrag verpflichten sich B und C zu einer Bareinlage von jeweils 100.000 €. Anders als C, der seine Einlageverpflichtung voll erfüllt, zahlt B allerdings nur 90.000 € auf das Gesellschaftskonto ein. A leistet keinen finanziellen Beitrag. Stattdessen soll er nach dem Gesellschaftsvertrag seine gesamte Arbeitskraft in die Gesellschaft einbringen. Angesichts dessen vereinbaren die Gesellschafter trotz der unterschiedlichen Kapitalbeteiligung ausdrücklich gleiche Gewinnanteile. Eine Regelung zur Verlustverteilung treffen sie nicht.

Das Restaurant ist von Beginn an defizitär. Da es A nicht gelingt, es in die Gewinnzone zu bringen, ist das Kapital schon einige Monate nach der Eröffnung nahezu aufgebraucht. A, B und C kommen daher überein, das Restaurant zu schließen und die Gesellschaft aufzulösen. Im Rahmen der Auseinandersetzung veräußern sie alle Vermögensgegenstände der Gesellschaft. Dennoch können die Drittschulden der Gesellschaft aber nicht vollständig beglichen werden. Es verbleiben Verbindlichkeiten gegenüber Dritten in Höhe von 31.100 €. Außerdem schuldet die Gesellschaft B und C die Rückerstattung ihrer Einlagen gemäß § 733 Abs. 2 BGB. Demgegenüber steht als Aktivvermögen der Gesellschaft lediglich ihr Sozialanspruch gegen B wegen dessen nicht voll erfüllter Beitragspflicht. Es besteht mithin ein Fehlbetrag von 221.100 €. Daran sind die Gesellschafter nach Köpfen beteiligt. Denn gemäß § 722 Abs. 2 BGB gilt die getroffene Regelung zur Gewinnverteilung im Zweifel auch für einen Verlust der Gesellschaft. Eine abweichende stillschweigende Vereinbarung, die der Zweifelsregelung vorgehen würde,[795] kann hier aus den konkreten Umständen nicht gefolgert werden. Und auch eine ergänzende Auslegung des Gesellschaftsvertrages ergibt keinen anderen Verlustverteilungsschlüssel. Zwar soll es nach herrschender Meinung[796] ein wesentliches Indiz

794 *Ensthaler*, S. 41 f.
795 OLG Hamm FamRZ 1993, 1200, 1202.
796 BGH NJW-RR 1990, 736, 737; OLG Schleswig NJW-RR 2004, 972, 974; Soergel/*Hadding/Kießling*, § 722 Rn. 6.

für eine vom Grundsatz gleicher Gewinn- und Verlustanteile abweichende Regelung sein, wenn die Gesellschafter einer erwerbswirtschaftlich tätigen Gesellschaft unterschiedlich hohe Beiträge leisten. Dieser Umstand allein rechtfertigt aber keine Ergebnisverteilung nach Kapitalanteilen.[797] Dafür bedürfte es weiterer Anhaltspunkte, etwa die Orientierung sonstiger Rechte und Pflichten der Gesellschafter an der Höhe der jeweils erbrachten Einlage.[798] Hier kommt hinzu, dass die Gesellschafter explizit gleiche Anteile am Gewinn bestimmt haben. Jedenfalls insofern erscheint es zweifelhaft, dass sie alle, wäre ihnen die Regelungslücke bewusst gewesen, eine Verlustverteilung entsprechend ihrer Kapitalbeteiligung gewollt hätten. Gerade für einen solchen Zweifelsfall gibt es aber § 722 Abs. 2 BGB, wonach der vereinbarte Gewinnverteilungsschlüssel im Zweifel auch für einen Verlust gilt. A muss daher 73.700 € nachschießen, während B und C noch Zahlungen beanspruchen können, wie nachfolgende Abrechnung zeigt:

Tabelle 4.

Gesellschafter	**A**	**B**	**C**
Sozialansprüche der Gesellschaft	-	-10.000,00 €	-
Einlagenerstattungsansprüche	-	100.000,00 €	100.000,00 €
Nachschusspflichten	-73.700,00 €	-73.700,00 €	-73.700,00 €
Ergebnis	**-73.700,00 €**	**16.300,00 €**	**26.300,00 €**

A muss also nicht nur für die offenen Drittschulden der Gesellschaft, sondern auch für den Einlagenverlust seiner Mitgesellschafter anteilig aufkommen. Damit hatte er bei Gründung der Gesellschaft nicht gerechnet. Unbewusst hat er sich daher mit dem Restaurant finanziell völlig übernommen. Letztlich muss er Insolvenz anmelden, da er keine 73.700 € aufbringen kann.

2. Subsidiäre Ausfallhaftung

Kann der Nachschuss aus § 735 S. 1 BGB von einem oder mehreren Gesellschaftern nicht beigetrieben werden, sei es aufgrund von Zahlungsunfähigkeit oder aus sonstigen Gründen[799], müssen die übrigen Gesellschafter gemäß § 735 S. 2 BGB im Verhältnis ihrer Verlustanteile für den Ausfall aufkommen. Es

797 A. A. offenbar Bamberger/Roth/*Schöne*, § 722 Rn. 2; MüKo-BGB/*Schäfer*, § 722 Rn. 2, 6; Soergel/*Hadding/Kießling*, § 722 Rn. 6 unter Verweis auf BGH NJW 1982, 2816 und BGH NJW-RR 1990, 736. Das lässt sich mit § 722 BGB aber nicht in Einklang bringen.

798 Vgl. MüHdbGesR I/*Gummert*, § 15 Rn. 14. Auch in den vom BGH behandelten Fällen lagen neben der gewerblichen Betätigung weitere Anhaltspunkte dafür vor, dass die Gesellschafter nicht von der gesetzlich im Zweifel vorgesehenen Ergebnisverteilung nach Köpfen ausgingen, vgl. BGH NJW 1982, 2816; NJW-RR 1990, 736.

799 BGHZ 191, 293, 304; BGH WM 2012, 507, 510; Palandt/*Sprau*, § 735 Rn. 2.

ist also möglich, dass manche Gesellschafter letztlich Ausgleichszahlungen leisten müssen, die weit höher sind als die ihnen nach dem Verlustverteilungsschlüssel zugeordneten Anteile an dem von der BGB-Gesellschaft erwirtschafteten Fehlbetrag. Nach der Rechtsprechung des BGH[800] kann die Gesellschafterversammlung - jedenfalls die einer Publikumsgesellschaft[801] - bereits dann, wenn greifbare Anhaltspunkte bestehen, dass der ermittelte Fehlbetrag nicht aufgebracht werden kann, weil zu erwarten ist, dass Gesellschafter teilweise nicht in der Lage sein werden, die auf sie nach § 735 S. 1 BGB entfallenden Nachschüsse zu leisten, die Liquidatoren anweisen, von vornherein erhöhte Ausgleichszahlungen von den Gesellschaftern einzufordern. Das kann aber natürlich nur vorläufig sein[802]. Zur endgültigen Feststellung der subsidiären Ausfallhaftung nach § 735 S. 2 BGB haben die Liquidatoren darzulegen, dass und gegebenenfalls in welcher Höhe die Gesellschaft mit Nachschussforderungen gemäß § 735 S. 1 BGB gegen Gesellschafter konkret ausgefallen ist.[803] Sie müssen dafür die erfolglose Zwangsvollstreckung oder Tatsachen nachweisen, die das erfolgreiche Belangen von Gesellschaftern ausschließen, wie ein unbekannter Aufenthaltsort oder sonstige dauerhafte Unerreichbarkeit.[804]

Die Höhe der im Rahmen der Schlussabrechnung zu berücksichtigenden Nachschussverpflichtungen der Gesellschafter hängt mithin letztlich davon ab, ob die Ansprüche auf Nachschuss gegen die anderen Gesellschafter durchgesetzt werden können, wie sich anhand obenstehenden Beispiels 8 gut darstellen lässt:

---

800 BGHZ 191, 293, 304; BGH WM 2012, 507, 510 f.; GWR 2013, 89.

801 Nach zutreffender Ansicht von *Schäfer*, MüKo-BGB/*Schäfer*, § 735 Rn. 5, und *Gummert*, MüHdbGesR I/*Gummert*, § 21 Rn. 116, muss dies allgemein gelten und nicht nur für Publikumsgesellschaften, denn die vom BGH, BGHZ 191, 293, 306 f.; BGH WM 2012, 507, 510, aufgezeigten Vorteile, „dass die Liquidation der Gesellschaft rascher abgeschlossen werden kann und die Verbindlichkeiten der Gesellschaft durch frühzeitigen Ausgleich der voraussichtlich uneinbringlichen Nachschusszahlungen schneller getilgt werden können, sodass weitere finanzielle Belastungen der Gesellschaft durch anfallende Zinsen vermieden werden und zudem das Risiko einer unmittelbaren Inanspruchnahme der Gesellschafter durch die Gläubiger der Gesellschaft verringert wird", gelten für alle BGB-Gesellschaften gleichermaßen.

802 Sollte sich am Ende herausstellen, dass die Liquidatoren zunächst zu hohe Nachschüsse eingefordert haben, weil die Ausfälle geringer als erwartet waren, ist dies im Rahmen der endgültigen Schlussabrechnung zwischen der Gesellschaft und den Gesellschaftern zu berücksichtigen, BGHZ 191, 293, 307; BGH WM 2012, 507, 511.

803 BGHZ 191, 293, 304; BGH WM 2012, 507, 510.

804 MüKo-BGB/*Bydlinski*, § 426 Rn. 36.

Darin hängt die Höhe der Nachschussverpflichtungen von B und C davon ab, inwieweit der Anspruch auf Nachschuss gegenüber A durchgesetzt werden kann. Gelingt es A vor Beantragung der Insolvenz immerhin 35.000 € aufzubringen, müssen B und C nach § 735 S. 2 BGB nur den Ausfall von 38.700 € tragen. Ihr Verlustanteil erhöht sich also um jeweils 19.350 €, was im Rahmen der nachfolgend dargestellten Schlussabrechnung zwischen B und C dazu führt, dass sich das Auseinandersetzungsguthaben von C auf 6.950 € reduziert, während B sogar noch 3.050 € einzahlen muss:

Tabelle 5.

Gesellschafter	**B**	**C**
Sozialansprüche der Gesellschaft	-10.000,00 €	-
Einlagenerstattungsansprüche	100.000,00 €	100.000,00 €
Nachschusspflichten	-93.050,00 €	-93.050,00 €
Ergebnis	**-3.050,00 €**	**6.950,00 €**

Der nach Tilgung der Drittverbindlichkeiten verbleibende Restbetrag des von A geleisteten Nachschusses steht in diesem Fall mithin vollständig C zu, ebenso wie der von B geschuldete Betrag.

Fällt die Nachschussforderung gegenüber A dagegen vollständig aus, muss auch C eine Nachzahlung leisten. Denn die Nachschussverpflichtung von B und C erhöht sich dann auf jeweils 110.550 €, so dass die Schlussabrechnung zwischen ihnen wie folgt aussieht:

Tabelle 6.

Gesellschafter	**B**	**C**
Sozialansprüche der Gesellschaft	-10.000,00 €	-
Einlagenerstattungsansprüche	100.000,00 €	100.000,00 €
Nachschusspflichten	-110.550,00 €	-110.550,00 €
Ergebnis	**-20.550,00 €**	**-10.550,00 €**

B ist danach verpflichtet, zur Befriedigung der Drittschuldner der Gesellschaft 20.550 € aufzubringen. C muss den Restbetrag der Gesellschaftsverbindlichkeiten gegenüber Dritten in Höhe von 10.550 € begleichen.

Die subsidiäre Ausfallhaftung nach § 735 S. 2 BGB gilt nicht nur für die Nachschusspflicht der Gesellschafter aus § 735 S. 1 BGB, sondern auch in Bezug auf alle sonstigen uneinbringlichen Sozialansprüche gegen einen Gesellschafter.[805]

---

805 Bamberger/Roth/*Schöne*, § 735 Rn. 9; Erman/*Westermann*, § 735 Rn. 2; jurisPK-BGB/*Trost*, § 735 Rn. 9; MüKo-BGB/*Schäfer*, § 735 Rn. 7; NK-BGB/*Hanke*, § 735 Rn. 5; Palandt/*Sprau*, § 735 Rn. 2; Staudinger/*Habermeier*, § 735 Rn. 5.

Kann also die Gesellschaft irgendeine auf dem Gesellschaftsverhältnis beruhende Forderung gegen einen Gesellschafter nicht einziehen, da dieser untergetaucht oder zahlungsunfähig ist, so müssen die übrigen Gesellschafter für den Ausfall aufkommen. Die Sachlage ist mit der Konstellation aus § 426 Abs. 1 S. 2 BGB vergleichbar, wenn ein Gesamtschuldner ausfällt und die übrigen dessen Anteil mittragen müssen. In diesem Fall ist anerkannt, dass der ausfallende Gesamtschuldner nicht endgültig befreit wird, sondern die anderen für dessen Anteil nur in Vorlage gehen und ihn innerhalb der geltenden Verjährungsfrist in Anspruch nehmen können, wenn dieser wieder greifbar wird bzw. zu Vermögen kommt.[806] Das muss auch in Bezug auf § 735 S. 2 BGB gelten. Die Gesellschafter, die für die Schuld ihres Mitgesellschafters aufkommen mussten, können diesen also in Regress nehmen. Allerdings kommt ein Bereicherungsanspruch nicht in Betracht, da durch § 735 S. 2 BGB keine endgültige Befreiung des ursprünglichen Schuldners herbeigeführt wird. Sieht man das anders, wäre die Befreiung angesichts der Ausgleichsverpflichtung der übrigen Gesellschafter aus § 735 S. 2 BGB jedenfalls mit rechtlichem Grund geschehen[807]. Ansprüche aus §§ 677, 683 S. 1, 670 BGB scheiden ebenfalls aus, da die nach § 735 S. 2 BGB zum Ausgleich verpflichteten Gesellschafter kein fremdes Geschäft führen, sondern allein ihrer eigenen Pflicht, den Ausfall zu decken, nachkommen wollen. Eher kommen Ansprüche aus § 426 BGB in Betracht, allerdings nicht direkt, da die Gesellschafter für die Nachschuss- und Sozialansprüche der Gesellschaft nicht als Gesamtschuldner haften. Insofern wird man von einem Forderungsübergang analog § 426 Abs. 2 BGB oder § 774 Abs. 2 BGB ausgehen müssen.[808]

VII. Schlussabrechnung

Den „Schlusspunkt der Auseinandersetzung“[809] bildet die Schlussabrechnung – man spricht auch von Auseinandersetzungsrechnung -, die zur endgültigen Abwicklung der Rechtsverhältnisse der Gesellschafter von den Liquidatoren aufzustellen ist[810]. Zwar ist im Gesetz von der Notwendigkeit einer Schlussabrechnung

---

806 MüKo-BGB/*Bydlinski*, § 426 Rn. 36; Palandt/*Grüneberg*, § 426 Rn. 7.

807 Vgl. BGH NJW 2007, 1208, 1210 zu einer vergleichbaren Konstellation.

808 Nach Ansicht von *Hillers* können die Gesellschafter entsprechend § 255 BGB von der Gesellschaft die Abtretung des Verlustausgleichsanspruchs gegen den an sich ausgleichspflichtigen Gesellschafter verlangen, *Hillers*, S. 268.

809 MüKo-BGB/*Schäfer*, § 730 Rn. 57.

810 OLG Bremen OLGR 2009, 659; OLG München, Urteil vom 2. Juli 2009, Az. 23 U 4240/08, Rn. 46 (juris); *Messer*, FS Stimpel, S. 205 f.; jurisPK-BGB/*Trost*,

nicht explizit die Rede. Dass die endgültige Abwicklung grundsätzlich die Aufstellung einer auf den Zeitpunkt der Vollbeendigung bezogenen[811] Auseinandersetzungsrechnung voraussetzt, ist aber allgemein anerkannt[812]. Hierauf haben alle Gesellschafter einen Anspruch, der zur Not klageweise durchgesetzt werden kann.[813] Einer Schlussabrechnung, aus der sich nach Verrechnung aller auf dem Gesellschaftsverhältnis beruhenden wechselseitigen Zahlungsansprüche zwischen Gesellschaft und Gesellschaftern letztlich ergibt, ob ein Gesellschafter am Ende der Auseinandersetzung noch etwas von der Gesellschaft fordern kann, er also ein Auseinandersetzungsguthaben hat, oder er im Gegenteil in das Gesellschaftsvermögen einzuzahlen hat[814], bedarf es nur dann nicht, „wenn die Verhältnisse bei der Auseinandersetzung des Gesellschaftsvermögens so einfach gelagert sind, dass sofort und eindeutige Zahlungsverpflichtungen zulasten oder Auseinandersetzungsguthaben zugunsten einzelner Gesellschafter erkennbar sind“[815].

---

§ 730 Rn. 38; MüKo-BGB/*Schäfer*, § 730 Rn. 59; Soergel/*Hadding/Kießling*, § 730 Rn. 27; Staudinger/*Habermeier*, § 730 Rn. 25.

811 Die Schlussabrechnung muss entgegen der Ansicht des OLG Koblenz, NJW-RR 2002, 827, nicht die wirtschaftliche Situation zum Auflösungszeitpunkt wiedergeben. Der Zeitpunkt der Vollbeendigung der Gesellschaft ist der maßgebliche Stichtag für den Wertausgleich zwischen den Beteiligten, BGHZ 191, 293, 305; BGH WM 2012, 507, 510; Soergel/*Hadding/Kießling*, § 730 Rn. 25; vgl. auch OLG Hamm NZG 1999, 996.

812 BGH LM Nr. 2 zu § 730 BGB; OLG Saarbrücken NZG 2002, 669, 670; *Grziwotz*, DStR 1992, 1365, 1366; MüHdbGesR I/*Gummert*, § 21 Rn. 99.

813 BGH ZIP 2008, 2359 (KG); OLG Bremen OLGR 2009, 659; OLG Koblenz NJW-RR 2002, 827; OLG Hamm BB 1983, 1304; NZG 1999, 996; Erman/*Westermann*, § 730 Rn. 15; MüHdbGesR I/*Gummert*, § 21 Rn. 99; MüKo-BGB/*Schäfer*, § 730 Rn. 59 f.; Soergel/*Hadding/Kießling*, § 730 Rn. 27; Staudinger/*Habermeier*, § 730 Rn. 25. Auf Erstellung der Auseinandersetzungsrechnung können neben der Gesellschaft auch die Gesellschafter, insbesondere die geschäftsführenden Gesellschafter, verklagt werden, BGH ZIP 2008, 2359, 2360 (KG); vgl. auch BGH NZG 2011, 697; OLG Koblenz NJW-RR 2002, 669; a. A. offenbar Soergel/*Hadding/Kießling*, § 730 Rn. 27. Die Vollstreckung richtet sich nach § 887 ZPO, MüKo-BGB/*Schäfer*, § 730 Rn. 60; Soergel/*Hadding/Kießling*, § 730 Rn. 27.

814 *Brandani*, S. 121; Erman/*Westermann*, § 730 Rn. 15; Soergel/*Hadding/Kießling*, § 730 Rn. 25; vgl. auch BGH WM 2011, 1372, 1373; ZIP 1993, 1307, 1309; *Messer*, FS Stimpel, S. 205, 206.

815 Soergel/*Hadding/Kießling*, § 730 Rn. 31; vgl. auch MüKo-BGB/*Schäfer*, § 730 Rn. 56. Bereits das RG war übrigens der Auffassung, dass die Gesellschafter ihre Ansprüche auch ohne Erstellung einer Schlussabrechnung geltend machen können, „wenn die Verhältnisse so einfach liegen, dass sich das, was jeder zu beanspruchen hat, ohne besonderes Abrechnungsverfahren ermitteln lässt“, RGZ 123, 23, 26.

Da das Gesetz für die BGB-Gesellschaft eine Schlussabrechnung nicht ausdrücklich vorschreibt, ist dafür anders als im Personengesellschaftsrecht (vgl. § 154 HGB) auch keine besondere Form vorgegeben[816]. Form und Inhalt richten sich in erster Linie nach den Vereinbarungen der Gesellschafter[817]. Insbesondere bei unternehmerisch tätigen Gesellschaften wird allerdings angenommen, dass es einer nach den Grundsätzen ordnungsgemäßer Buchführung zu erstellenden Auseinandersetzungsbilanz bedarf, wenn die finanziellen Verhältnisse der auseinanderzusetzenden BGB-Gesellschaft nicht ohne weiteres überschaubar sind und eine Auseinandersetzung unter Berechnung der auf die einzelnen Gesellschafter entfallenden Guthaben oder Nachschüsse ohne Auseinandersetzungsbilanz zu Unsicherheit führen würde.[818] Idealerweise handelt es sich dabei um eine Fortschreibung der Liquidationseröffnungsbilanz. Auf der Passivseite ändert sich nicht viel: Dort sind die Sozialansprüche der Gesellschafter und ihre Ansprüche auf Einlagenrückerstattung einzustellen, Gesellschaftsschulden gegenüber Dritten aber natürlich nur noch, soweit diese im Rahmen der Liquidation nicht getilgt wurden. Unter Aktiva dürfte neben den Sozialforderungen der Gesellschaft gegen die Gesellschafter am Ende der Liquidation nur noch Barvermögen der Gesellschaft stehen. Denn entweder hat die Gesellschaft einen Fehlbetrag erwirtschaftet und daher alle nicht in Geld bzw. Kontoguthaben bestehenden Vermögensgegenstände gemäß § 733 Abs. 3 BGB versilbert. Oder die Gesellschaft hat einen Überschuss erzielt und diesen nach § 752 BGB unter den Gesellschaftern verteilt bzw. gemäß § 753 BGB veräußert.[819]

---

816 OLG Bremen OLGR 2009, 659; MüHdbGesR I/*Gummert*, § 21 Rn. 99; MüKo-BGB/*Schäfer*, § 730 Rn. 58; NK-BGB/*Hanke*, § 730 Rn. 19; Soergel/*Hadding/Kießling*, § 730 Rn. 26; Staudinger/*Habermeier*, § 730 Rn. 24.

817 MüHdbGesR I/*Gummert*, § 21 Rn. 99.

818 OLG Bremen OLGR 2009, 659; MüKo-BGB/*Schäfer*, § 730 Rn. 58; *Ruhkamp/Gerlach*, XV. Rn. 644; Soergel/*Hadding/Kießling*, § 734 Rn. 4; Staudinger/*Habermeier*, § 730 Rn. 24; a. A. offenbar Erman/*Westermann*, § 730 Rn. 11; NK-BGB/*Hanke*, § 730 Rn. 19. Auch der BGH nimmt an, dass es zur Ermittlung der Liquidationsanteile der einzelnen Gesellschafter regelmäßig einer Bilanz bedarf, BGH ZIP 1993, 1307, 1309; vgl. auch BGH WM 1969, 591, 592, wobei nach Ansicht des BGH in diesem Fall „die Art der hier abzuwickelnden Rechtsbeziehungen nicht die Aufstellung einer regelrechten Auseinandersetzungsbilanz" erforderte.

819 Haben die Gesellschafter die Verteilung überschüssiger Vermögensgegenstände der Gesellschaft allerdings abweichend von den gesetzlichen Regelungen vorgenommen, kann dies in der Schlussabrechnung zu berücksichtigen sein. Wurden beispielsweise bestimmte Gegenstände einzelnen Gesellschaftern zugewiesen, wird es zumeist dem Willen der Gesellschafter entsprechen, dass der Wert den anderen Gesellschaftern gutgeschrieben wird.

Auch die Zahlungsansprüche aus § 734 BGB und § 735 BGB müssen natürlich in die abschließende Auseinandersetzungsbilanz eingestellt werden: Die Nachschussforderungen der Gesellschaft auf der Aktivseite und die Überschussansprüche der Gesellschafter auf der Passivseite.[820] Sie sind mit den anderen aus dem Gesellschaftsverhältnis resultierenden Ansprüchen im Rahmen der Schlussabrechnung zu den positiven bzw. negativen Liquidationsanteilen der Gesellschafter zu saldieren. Die Schlussabrechnung erschöpft sich im Regelfall also nicht in der Überschussverteilung oder der Einziehung von Nachschüssen.[821] Es kann daher trotz der Erwirtschaftung eines Überschusses dazu kommen, dass ein Gesellschafter keine Auszahlung aus dem Gesellschaftsvermögen erhält, sondern einen negativen Saldo auszugleichen hat, wie folgendes Beispiel zeigt:

Beispiel 9

Drei Bauunternehmen, die AB GmbH, die CD GmbH und die EF AG, schließen sich zu einer Arbeitsgemeinschaft, der ABCDEF ARGE, zusammen, um gemeinsam einen Auftrag zum Rohbau eines Einkaufszentrums durchzuführen. Als Vertragsgrundlage für ihre Zusammenarbeit verwenden sie den vom Hauptverband der deutschen Bundesindustrie e. V. und vom Zentralverband des deutschen Baugewerbes e. V. herausgegebenen ARGE-Mustervertrag in der Fassung von 2005. Nach der Präambel des Vertrages ist die ARGE eine Gesellschaft bürgerlichen Rechts. In § 3 vereinbaren die Vertragsparteien folgende Beteiligungsverhältnisse, die u. a. für die Gewinn- und Verlustbeteiligung gelten:

AB GmbH mit 30 %
CD GmbH mit 30 %
EF AG mit 40 %

Die technische Geschäftsführung wird der EF AG übertragen. Zum kaufmännischen Geschäftsführer wird die AB GmbH bestimmt. In § 10.1 des Gesellschaftsvertrages ist dafür jeweils eine Vergütung in Höhe von 2 % des Umsatzes festgelegt.

Nach dem mit dem Bauherrn geschlossenen Bauvertrag sollen die von der ARGE geschuldeten Rohbauarbeiten innerhalb von acht Monaten fertiggestellt sein. Tatsächlich verzögert sich die Fertigstellung des Rohbaus wegen Versäumnissen der CD GmbH aber um ein halbes Jahr. Nach der Abnahme durch den Bauherrn stellt die ARGE die Schlussrechnung über 60.000 € netto bzw. 71.400 € einschließlich Umsatzsteuer. Der Bauherr erhebt Einwendungen und macht Schadensersatzansprüche wegen der verspäteten Fertigstellung geltend und verweigert auf dieser Grundlage die Zahlung der Schlussrechnung. Die ARGE erhebt daraufhin Klage gegen den Bauherrn, wobei die AB GmbH mangels finanzieller Mittel der ARGE den Gerichtskostenvorschuss in Höhe von 2.358 € und Anwaltskosten in Höhe von 5.000 € netto vorstreckt. Das Gericht hält

820 Gleichzeitig können die Ansprüche freilich nicht bestehen, denn Überschuss und Fehlbetrag schließen sich naturgemäß aus, MüKo-BGB/*Schäfer*, § 735 Rn. 3.

821 Soergel/*Hadding/Kießling*, § 734 Rn. 1.

die vom Bauherrn im Wege der Hilfsaufrechnung geltend gemachten Schadensersatzansprüche wegen verspäteter Fertigstellung in Höhe von 35.000 € für begründet. Statt des geforderten Betrages muss er nach dem Urteil nur 36.400 € Bruttohonorar an die ARGE zahlen. Die Kosten des Rechtsstreits werden gegeneinander aufgehoben. Die ARGE erhält vom Bauherrn daher neben dem ausgeurteilten Honorar noch 1.179 € Gerichtskosten erstattet. Nach Abführung der Umsatzsteuer an das Finanzamt verbleibt der ARGE ein Barvermögen in Höhe von 26.179 €. Daneben hat sie einen Schadensersatzanspruch gegen die CD GmbH in Höhe des dem Bauherrn wegen der verspäteten Fertigstellung des Bauwerks zuerkannten Anspruchs, da diese den Bauverzug zu vertreten hatte. Das Aktivvermögen der Gesellschaft beträgt mithin 61.179 €. Es übersteigt die Verbindlichkeiten (Vergütungsansprüche der EF AG und AB GmbH in Höhe von jeweils 1.200 € sowie Anspruch der AB GmbH auf Ersatz der von ihr getätigten Auslagen in Höhe von 7.358 €) um 51.421 €. Bei diesem Betrag handelt es sich um den Abwicklungsgewinn der ARGE. Denn die Gesellschaft ist bereits seit der Fertigstellung und Abnahme des Rohbaus wegen Zweckerreichung gemäß § 726 BGB aufgelöst[822]. Der Überschuss ist den Gesellschaftern entsprechend dem in § 3 des ARGE-Vertrages festgelegten Beteiligungsverhältnis zuzuordnen, so dass die Schlussabrechnung wie folgt ausfällt:

Tabelle 7.

Gesellschafter	**AB GmbH**	**CD GmbH**	**EF AG**
Sozialansprüche der Gesellschaft	-	-35.000,00 €	-
Sozialverbindlichkeiten der Gesellschaft	8.558,00 €	-	1.200,00 €
Ansprüche auf Überschuss	15.426,30 €	15.426,30 €	20.568,40 €
Ergebnis	**23.984,30 €**	**-19.573,70 €**	**21.768,40 €**

Die AB GmbH hat also ein Auseinandersetzungsguthaben in Höhe von 23.984,30 €, die EF AG in Höhe von 21.768,40 €. Der Liquidationsanteil der CD GmbH ist aufgrund des von ihr geschuldeten Schadensersatzes negativ, obwohl die ARGE einen Überschuss erwirtschaftet hat: Nach Verrechnung der beiden Ansprüche kann die Gesellschaft immer noch 19.573,70 € von der CD GmbH fordern.

---

822 Vgl. Burchardt/Pfülb/*Burchardt/Class*, Vorbemerkungen zu §§ 23 und 24 Rn. 7, Rn. 16. § 726 BGB ist zwingendes Recht und kann nicht abbedungen werden, Burchardt/Pfülb/*Burchardt/Class*, § 22 Rn. 17, MüKo-BGB/*Schäfer*, § 726 Rn. 9. Die Regelung in § 22 des ARGE-Vertrages, wonach dieser „mit der Erfüllung der sich aus ihm und dem Bauvertrag ergebenden Rechte und Pflichten, insbesondere der Pflichten wegen Mängelhaftung", endet, betrifft daher nicht die Auflösung der Gesellschaft, sondern allein die Vertragsbeendigung, Burchardt/Pfülb/*Burchardt/Class*, § 22 Rn. 10.

Ebenso kann einem Gesellschafter trotz Nachschussverpflichtung gemäß § 735 BGB ein Auseinandersetzungsguthaben zustehen. Das gilt insbesondere, wenn er Sozial- oder Einlagenerstattungsansprüche gegen die Gesellschaft hat, die den ihm aufgrund seiner Verlustbeteiligung zugewiesenen Anteil am Fehlbetrag übersteigen, wie folgende Abwandlung des Beispiels zeigt:

Der Sachverhalt entspricht dem im Beispiel 9. Allerdings weist das Gericht die Klage der ARGE ab, da es den Honoraranspruch nicht für gegeben erachtet. Die ARGE muss daher die Verfahrenskosten des Bauherrn in Höhe von 3.352,50 € tragen. Auch diese Kosten streckt die AB GmbH vor. Die Gesellschaft schuldet ihr mithin Auslagenersatz in Höhe von 10.710,50 €. Vergütungsansprüche der AB GmbH und der EF AG bestehen dagegen mangels Umsatzes der ARGE nicht. Da ein Schaden und damit auch ein Schadensersatzanspruch der ARGE gegen die CD GmbH nicht in Betracht kommt, solange Ansprüche des Bauherrn wegen der verspäteten Fertigstellung des Rohbaus nicht festgestellt sind, hat die Gesellschaft kein Vermögen. Es besteht mithin ein Fehlbetrag in Höhe von 10.710,50 €, für den die Gesellschafter gemäß § 735 S. 1 BGB entsprechend ihrer Verlustbeteiligung nachschusspflichtig sind. Da ihr Auslagenerstattungsanspruch höher ist als ihr Anteil am Liquidationsverlust der ARGE, ergibt sich aus der Schlussabrechnung dennoch ein Auseinandersetzungsguthaben der AB GmbH:

Tabelle 8.

Gesellschafter	**AB GmbH**	**CD GmbH**	**EF AG**
Sozialverbindlichkeiten der Gesellschaft	10.710,50 €	-	-
Ansprüche auf Nachschuss	-3.213,15 €	-3.213,15 €	-4.284,20 €
Ergebnis	**7.497,35 €**	**-3.213,15 €**	**-4.284,20 €**

Der AB GmbH stehen also die 7.497,35 €, die die anderen beiden Gesellschafter nach § 735 S. 1 BGB in das Gesellschaftsvermögen einzahlen müssen, zu. Ein Auseinandersetzungsguthaben der AB GmbH in dieser Höhe besteht aber nur, solange die negativen Liquidationsanteile der CD GmbH und der EF AG realisiert werden können. Sonst greift § 735 S. 2 BGB ein. Kann etwa der auf die EF AG entfallende Betrag von 4.284,20 € aufgrund von Zahlungsunfähigkeit nicht erlangt werden, haben die AB GmbH und die CD GmbH den Ausfall aufgrund gleicher Verlustbeteiligung je zur Hälfte zu tragen. Das Auseinandersetzungsguthaben der AB GmbH betrüge dann nur noch 5.355,25 €, die Nachschusspflicht der CD GmbH würde sich entsprechend auf diesen Betrag erhöhen.

Das Beispiel verdeutlicht, dass die endgültige Schlussabrechnung letztlich davon abhängt, ob von den einzelnen Gesellschaftern Ausgleich für etwaige negative Liquidationsanteile erlangt werden kann. Es kann daher nicht richtig sein, zunächst das noch vorhandene Barvermögen der Gesellschaft zu verteilen[823]. Vorher muss die Einziehung eventueller nach Verrechnung der gegenseitigen Ansprüche verbleibenden Ausgleichsforderungen gegen die Gesellschafter betrieben werden. Das ist nach zutreffender neuerer Rechtsprechung des BGH[824] und herrschender Ansicht in der Literatur[825] Aufgabe der Liquidatoren. Gegebenenfalls müssen diese die ausgleichspflichtigen Gesellschafter verklagen.[826] Entgegen der früheren Rechtsprechung des BGH[827] in Bezug auf Kommanditgesellschaften gilt das auch insofern, als die Beträge nur noch zum Ausgleich unter den Gesellschaftern benötigt werden, und zwar nicht nur für Publikumsgesellschaften – wie inzwischen vom BGH entschieden[828] -, sondern generell für alle BGB-Gesellschaften[829]. Denn der Anspruch aus § 735 BGB steht allein der Gesellschaft zu[830] und zwar unabhängig davon, ob diese den Betrag zum Ausgleich von Drittschulden oder für die Auszahlung des Auseinandersetzungsguthabens an einen Gesellschafter benötigt. Die Gesellschafter sind freilich nicht gehindert, die Ausgleichsforderung im Wege der actio pro socio geltend zu

823 So aber BGH WM 1966, 706 in Bezug auf eine Kommanditgesellschaft.

824 BGHZ 191, 293, 309. Nach früherer Rechtsprechung des BGH zur Kommanditgesellschaft sollte die Durchführung des Ausgleichs zwischen den positiven und negativen Kapitalkonten der Gesellschafter vorbehaltlich entsprechender gesellschaftsvertraglicher Regelung nicht mehr Aufgabe der Liquidatoren sein, sodass etwaige Ausgleichsforderungen von den Gesellschaftern nach Abschluss der Liquidation persönlich geltend gemacht werden müssen, BGH WM 1966, 706; ZIP 1984, 49, 53.

825 Bamberger/Roth/*Schöne*, § 735 Rn. 5; jurisPK-BGB/*Trost*, § 735 Rn. 14; MüKo-BGB/*Schäfer*, § 735 Rn. 5; Soergel/*Hadding/Kießling*, § 735 Rn. 7; a. A. wohl NK-BGB/*Hanke*, § 735 Rn. 4; widersprüchlich RGRK/*v. Gamm*, § 735 Rn. 2.

826 BGHZ 191, 293, 309.

827 BGH WM 1966, 706 (KG); ZIP 1984, 49, 53 (KG).

828 BGHZ 191, 293, 309. Ob allgemein für die Gesellschaft bürgerlichen Rechts „daran festzuhalten ist, dass der Kontenausgleich zwischen den Gesellschaftern nicht mehr als Gegenstand der Abwicklung und damit nicht als Aufgabe der Abwickler anzusehen ist, wenn er ihnen nicht ausdrücklich im Gesellschaftsvertrag übertragen ist“, hat der BGH in dieser Entscheidung ausdrücklich offen gelassen.

829 MüKo-BGB/*Schäfer*, § 735 Rn. 5.

830 BGHZ 191, 293, 305; OLG Köln NZG 1999, 152; Bamberger/Roth/*Schöne*, § 735 Rn. 5; jurisPK-BGB/*Trost*, § 735 Rn. 11; *Leuthe*, S. 174; MüHdbGesR I/*Gummert*, § 21 Rn. 118; MüKo-BGB/*Schäfer*, § 735 Rn. 5; NK-BGB/*Hanke*, § 735 Rn. 4; *Schmidt*, ZHR 153 (1989), 270, 296; Soergel/*Hadding/Kießling*, § 735 Rn. 6; Staudinger/*Habermeier*, § 735 Rn. 4; *Wiedemann*, GesR II, § 6 III. S. 573.

machen.[831] Unmittelbare Zahlung an sich selbst kann ein Gesellschafter aber nur dann fordern, wenn das übrige Gesellschaftsvermögen bereits abgewickelt ist und die Nachzahlung lediglich zum Ausgleich unter den Gesellschaftern benötigt wird.[832] In diesem Fall wäre ein Beharren auf der alleinigen Aktivlegitimation der Gesellschaft sinnloser Formalismus.

Zu den Aufgaben der Liquidatoren im Rahmen der Schlussabrechnung gehört in der Regel auch die Einbeziehung etwaiger auf dem Gesellschaftsverhältnis beruhenden Ansprüche zwischen den Gesellschaftern untereinander.[833] Sofern nicht ohnehin ausdrücklich vereinbart, dürfte diese „Erweiterung der Abwicklerfunktionen“[834] regelmäßig dem Willen der Gesellschafter entsprechen und schon aus diesem Grund von den Abwicklern der BGB-Gesellschaft so gehandhabt werden[835]. Denn würden die Direktansprüche gegen die Mitgesellschafter nicht bei der Berechnung des auf jeden Gesellschafter entfallenden Guthabens bzw. Zahlbetrags berücksichtigt, würde das zu offensichtlich unsinnigen Ergebnissen führen:

Hätte etwa in der soeben erörterten Abwandlung des Beispiels 9 die CD GmbH noch einen Anspruch gegen die AB GmbH auf Zahlung von 3.000 € wegen Besorgung einer von dieser geschuldeten, aber aufgrund eines vorübergehenden finanziellen Engpasses nicht möglichen Gestellung von Geldmitteln an die ARGE, wäre es völlig widersinnig, ohne Berücksichtigung dieses Anspruchs von der CD GmbH zunächst den nach § 735 BGB geschuldeten Betrag einzuziehen und an die AB GmbH auszukehren, da diese 3.000 € davon gleich wieder an die CD GmbH zurückzahlen müsste. Stattdessen muss der Anspruch in die Schlussabrechnung einbezogen werden, so dass sich das Auseinandersetzungsguthaben der AB GmbH und die Nachzahlungspflicht der CD GmbH entsprechend um 3.000 € reduzieren. Ohnehin hat die CD GmbH gemäß §§ 731 S. 2, 756 BGB Anspruch auf Befriedigung ihres Individualanspruchs aus dem Auseinandersetzungsguthaben der AB GmbH.[836]

Sind alle zu berücksichtigenden Ansprüche von Gesellschaft und Gesellschaftern in die Schlussabrechnung eingestellt und verrechnet, etwaige

831 Bamberger/Roth/*Schöne*, § 735 Rn. 5; Erman/*Westermann*, § 735 Rn. 1; jurisPK-BGB/*Trost*, § 735 Rn. 14; Soergel/*Hadding/Kießling*, § 735 Rn. 6; Staudinger/*Habermeier*, § 735 Rn. 4.

832 OLG Köln NZG 1999, 152. Bei hinreichender Überschaubarkeit der tatsächlichen Verhältnisse soll es dann nicht einmal einer Schlussabrechnung bedürfen.

833 *Bunk*, S. 205 f.; MüKo-BGB/*Schäfer*, § 730 Rn. 4; Soergel/*Hadding/Kießling*, Vor § 730 Rn. 3.

834 MüKo-BGB/*Schäfer*, § 730 Rn. 4.

835 Soergel/*Hadding/Kießling*, Vor § 730 Rn. 3; Staudinger/*Habermeier*, § 730 Rn. 3.

836 Vgl. jurisPK-BGB/*Trost*, § 733 Rn. 9; Palandt/*Sprau*, § 733 Rn. 6.

Ausgleichszahlungen von den betreffenden Gesellschaftern eingefordert und eventuelle noch offene Drittschulden der Gesellschaft damit getilgt worden, hat als allerletzter Schritt der Liquidation nur noch die Auszahlung etwaiger Auseinandersetzungsguthaben an die anspruchsberechtigten Gesellschafter zu erfolgen[837]. Wie die Ausgleichspflicht bei negativem Liquidationsanteil entsteht der Anspruch auf das Auseinandersetzungsguthaben bereits mit Auflösung der Gesellschaft, wird – bis auf Einzelbeträge, die als Ausnahme zum Grundsatz der Durchsetzungssperre bereits vorab geltend gemacht werden können[838] – aber erst mit Feststellung der Schlussabrechnung durch die Gesellschafterversammlung fällig[839]. Dadurch billigen die Gesellschafter Ergebnis und Berechnungsgrundlagen der Schlussabrechnung und erkennen diese als verbindlich an.[840]

837 Der Anspruch auf das Auseinandersetzungsguthaben richtet sich gegen die Gesellschaft, kann aber auch unmittelbar gegenüber dem ausgleichspflichtigen Gesellschafter geltend gemacht werden, wenn sonstiges Gesellschaftsvermögen nicht vorhanden ist, insbesondere bei zweigliedrigen BGB-Gesellschaften, BGH NJW 1999, 1180 1181; WM 2006, 433 f.; Bamberger/Roth/*Schöne*, § 730 Rn. 33; jurisPK-BGB/*Trost*, § 730 Rn. 54; MüKo-BGB/*Schäfer*, § 730 Rn. 62; Palandt/*Sprau*, § 730 Rn. 5.

838 Siehe hierzu unter B. II. 2. b) cc) .

839 OLG Brandenburg, Urteil vom 10. Oktober 2007, Az. 7 U 36/07, Rn. 41 (juris); Bamberger/Roth/*Schöne*, § 730 Rn. 33, § 734 Rn. 2; *Bunk*, S. 216; Erman/*Westermann*, § 730 Rn. 15; *Grziwotz*, DStR 1992, 1365, 1366; jurisPK-BGB/*Trost*, § 730 Rn. 32 f.; MüKo-BGB/*Schäfer*, § 730 Rn. 61, § 734 Rn. 10; NK-BGB/*Hanke*, § 730 Rn. 20, § 734 Rn. 5; Palandt/*Sprau*, § 730 Rn. 5; Soergel/*Hadding/Kießling*, § 730 Rn. 28; Staudinger/*Habermeier*, § 730 Rn. 26, § 734 Rn. 5. Siehe in Bezug auf § 735 BGB auch BGHZ 191, 293, 301 f.; BGH, Urteil vom 20. November 2012, Az. II ZR 148/10, Rn. 37 (juris); OLG München, Urteil vom 2. Juli 2009, Az. 23 U 4240/08, Rn. 46 (juris); Bamberger/Roth/*Schöne*, § 735 Rn. 6; jurisPK-BGB/*Trost*, § 735 Rn. 13; MüKo-BGB/*Schäfer*, § 735 Rn. 5; NK-BGB/*Hanke*, § 735 Rn. 4; Palandt/*Sprau*, § 735 Rn. 2; Staudinger/*Habermeier*, § 735 Rn. 3. *Hadding/Kießling* und *Westermann* verweisen betreffend § 735 BGB dagegen auf die Entscheidung des BGH vom 19. Juli 2010, NJW-RR 2010, 1401 f., über einen Anspruch aus § 739 BGB, wonach das Fehlen einer Abfindungsbilanz den Eintritt der Fälligkeit nicht hindere, da eine unbezifferte Feststellungsklage erhoben werden könne, vgl. Erman/*Westermann*, § 735 Rn. 1; Soergel/*Hadding/Kießling*, § 735 Rn. 6. Wie *Schäfer*, MüKo-BGB/*Schäfer*, § 735 Fn. 9, zutreffend bemerkt, lässt sich die Entscheidung, der eine gesellschaftsvertragliche Fälligkeitsvereinbarung zugrunde lag, allerdings nicht verallgemeinern.

840 Soergel/*Hadding/Kießling*, § 730 Rn. 27. Sind entsprechend der gesetzlichen Regel in § 730 Abs. 2 S. 2 BGB alle Gesellschafter auch Abwickler, wird natürlich bereits durch die gemeinsame Aufstellung der Schlussabrechnung Einigkeit über deren Inhalt erzielt. Der Feststellung bedarf es dann nicht mehr.

Ist ein Gesellschafter nicht einverstanden, weil er meint, ein höheres Auseinandersetzungsguthaben beanspruchen zu können als in der Schlussabrechnung errechnet, muss er seinen vermeintlichen Anspruch mit der Leistungsklage geltend machen oder die gerichtliche Feststellung beantragen, dass einzelne Rechnungsposten in die Schlussabrechnung eingestellt bzw. außer Acht gelassen werden müssten[841]. Bei Streit über die Verteilung des restlichen Barvermögens der Gesellschaft können die Liquidatoren dieses gemäß § 372 BGB auch hinterlegen.[842] Hinterlegungsgrund ist dann die Ungewissheit über die Person des Gläubigers nach § 372 S. 2 BGB. Erklären die Abwickler dabei den Verzicht auf das Recht zur Rücknahme nach § 376 Abs. 2 Nr. 1 BGB, ist die Gesellschaft beendet.[843]

841 NK-BGB/*Hanke*, § 734 Rn. 6.

842 BayObLG WM 1979, 655 f. (OHG); Erman/*Westermann*, § 734 Rn. 3; MüHdbGesR I/*Gummert*, § 21 Rn. 115; MüKo-BGB/*Schäfer*, § 735 Rn. 11; Soergel/*Hadding/Kießling*, § 734 Rn. 6.

843 Vgl. MüHdbGesR I/*Gummert*, § 21 Rn 115; MüKo/*Schäfer*, § 735 Rn 11; Soergel/*Hadding/Kießling*, § 734 Rn 6.

D. Schlussbetrachtung und Stellungnahme

Bevor ich abschließend die aus den Fallbeispielen gewonnenen Erkenntnisse darlege und Defizite der Liquidationsvorschriften aufzeige, fasse ich zunächst noch einmal zusammen, wie die Auseinandersetzung einer BGB-Gesellschaft nach den gesetzlichen Regelungen ablaufen soll. Danach sind folgende Schritte durchzuführen:

I. 1. Die von den Gesellschaftern zur Nutzung (quoad usum) in die Gesellschaft eingebrachten und noch vorhandenen Vermögensgegenstände sind gemäß § 732 S. 1 BGB an die „Eigentümer-Gesellschafter" herauszugeben. Nach der Auflösung ist die Gesellschaft zur Weiternutzung solcher Gegenstände nur befugt, wenn das zur zügigen und sachgemäßen Durchführung der Auseinandersetzung erforderlich ist und die Beschaffung einer vergleichbaren anderweitigen Nutzungsmöglichkeit unverhältnismäßig aufwendig erscheint oder dies mit erheblichen wirtschaftlichen Nachteilen für das Gesellschaftsvermögen verbunden wäre. Dann ist der „Eigentümer-Gesellschafter" aufgrund seiner gesellschaftsrechtlichen Treuepflicht, die im Abwicklungsstadium einer Gesellschaft die Förderung einer zügigen und sachgemäßen Auseinandersetzung beinhaltet, zur weiteren Überlassung des Gegenstands gegenüber der Gesellschaft verpflichtet. Diese kann dem Rückgabeanspruch aus § 732 S. 1 BGB daher die dolo-agit-Einrede entgegenhalten. Ein – in diesem Fall aus dem Grundsatz der Durchsetzungssperre abzuleitendes – Zurückbehaltungsrecht an ihr zur Benutzung überlassenen Gegenständen kann die Gesellschaft auch geltend machen, wenn ihr mit großer Wahrscheinlichkeit noch Ansprüche gegen den „Eigentümer-Gesellschafter" zustehen. Da die Zulässigkeit der Zurückbehaltung durch die Maßstäbe des § 242 BGB bestimmt wird, ist weitere Voraussetzung, dass die Herausgabeverweigerung das sachgerechte Sicherungsmittel für die Realisierung der Gesellschaftsforderungen ist. Letzteres ist insbesondere dann anzunehmen, wenn der „Eigentümer-Gesellschafter" im Rahmen der Schlussabrechnung aller Voraussicht nach zu einer Ausgleichszahlung verpflichtet ist. Ein darauf gestütztes Zurückbehaltungsrecht der Gesellschaft kann allerdings nur solange bestehen, wie notwendig ist, um die Schussabrechnung zu erstellen und so endgültig Klarheit zu schaffen, ob der Gesellschafter tatsächlich nachzahlungsverpflichtet ist.

2. Das gleiche gilt in Bezug auf Vermögensgegenstände, die die Gesellschafter dem Werte nach (quoad sortem) in die Gesellschaft eingebracht haben. Diese Gegenstände müssen gemäß § 732 S. 1 BGB analog an die „Eigentümer-Gesellschafter" herausgegeben werden. Da ihr Wert während der Dauer der Einbringung der Gesellschaft zuzurechnen ist, sind etwaige Wertveränderungen aber im Rahmen der Schlussabrechnung zu berücksichtigen. Übersteigt der Wert bei Auflösung der Gesellschaft den Wert zum Zeitpunkt der Einbringung, hat die Gesellschaft einen Ausgleichsanspruch. Für den umgekehrten Fall eines Wertverlusts schuldet die Gesellschaft dem „Eigentümer-Gesellschafter" entsprechend § 733 Abs. 2 S. 2 BGB Wertersatz.
3. Vermögensgegenstände, die der Gesellschaft nicht beitragsweise, sondern im Zusammenhang mit einem Drittgeschäft, das nicht aufgrund gesellschaftsvertraglicher Verpflichtung getätigt wird und bei dem sich die beteiligten Rechtssubjekte im Grundsatz wie fremde Dritte gegenüberstehen, von einem Gesellschafter überlassen wurden, müssen dagegen nicht nach § 732 S. 1 BGB herausgegeben werden. Die Rückgabe solcher Gegenstände richtet sich allein nach dem jeweiligen Vertragsverhältnis und den dafür geltenden Kündigungsbestimmungen.

II. 1. Die Schulden der Gesellschaft gegenüber Dritten, gleich aus welchem Rechtsgrund, sind gemäß § 733 Abs. 1 S. 1 BGB vorab aus dem Gesellschaftsvermögen zu erfüllen. Das gilt auch für Drittverbindlichkeiten, die die Gesellschafter vereinbarungsgemäß im eigenen Namen, aber für Rechnung der Gesellschaft eingegangen sind. § 733 Abs. 1 BGB ordnet den Vorrang der Schuldentilgung vor der Rückerstattung der Gesellschaftereinlagen und der Überschussverteilung an, die Drittgläubiger der Gesellschaft können sich auf die wie alle Vorschriften zur Liquidation der Gesellschaft bürgerlichen Rechts nur im Innenverhältnis zwischen den Gesellschaftern wirkende Regelung allerdings nicht berufen. Anspruch auf die Einhaltung der Verteilungsreihenfolge aus §§ 733, 734 BGB haben nur die Gesellschafter. Jeder von ihnen kann also auf der vorrangigen Gläubigerbefriedigung bestehen. Welche Forderungen dabei zuerst beglichen werden, ist mangels Rechtspflicht zur Gleichbehandlung der Gläubiger im Prinzip egal. Nur Steuerschulden sollten die Abwickler wegen § 69 AO angemessen berücksichtigen, wenn die Gesellschaftsmittel voraussichtlich nicht zur Tilgung aller Verbindlichkeiten ausreichen.

Vor Befriedigung der Gläubiger müssen die Liquidatoren sorgfältig prüfen, ob und inwieweit deren Forderungen begründet sind und gegebenenfalls Einwendungen für die Gesellschaft erheben. Für streitige Schulden, die von der Gesellschaft auch bei vorsichtiger Prognose gegebenenfalls noch zu erfüllen sind, haben sie die erforderlichen Beträge gemäß § 733 Abs. 1 S. 2 BGB zurückzubehalten. Das gleiche gilt für noch nicht fällige Verbindlichkeiten wie betagte und bedingte Forderungen.

2. Auch die Verbindlichkeiten der Gesellschaft gegenüber den einzelnen Gesellschaftern fallen unter § 733 Abs. 1 BGB. Allerdings ist in diesem Zusammenhang der Grundsatz der Durchsetzungssperre zu beachten, wonach die auf dem Gesellschaftsverhältnis beruhenden Zahlungsansprüche zwischen Gesellschaft und Gesellschaftern mit der Auflösung liquidationsbefangen sind und nur noch im Rahmen der Schlussabrechnung berücksichtigt werden. Die Sozialansprüche der Gesellschafter gegen die Gesellschaft, die ihren Rechtsgrund im Gesellschaftsvertrag haben, sind daher entgegen § 733 Abs. 1 BGB nicht isoliert auszugleichen, es sei denn, die Gefahr von Hin- und Herzahlungen ist nicht gegeben. Insbesondere wenn bereits feststeht, dass der Betrag in keinem Fall zurückgezahlt werden muss, weil dem sozialanspruchsberechtigten Gesellschafter dieser im Rahmen der Schlussabrechnung mindestens zusteht, ist die Erfüllung vor Feststellung der Schlussabrechnung ausnahmsweise geboten. In jedem Fall gemäß § 733 Abs. 1 BGB vorab beglichen werden müssen die Forderungen der Gesellschafter aus Drittgeschäften mit der Gesellschaft sowie Ansprüche aus Geschäftsführung ohne Auftrag und Schadensersatzansprüche aus unerlaubter Handlung, die nicht zugleich eine gesellschaftsvertragliche Pflichtverletzung darstellt, da diese Ansprüche nicht den gesellschaftsrechtlichen Bindungen und damit auch nicht der Durchsetzungssperre unterliegen.
3. Nicht erfasst von § 733 Abs. 1 BGB werden die Individualansprüche eines Gesellschafters gegen einzelne Mitgesellschafter, auch wenn sie ihren Rechtsgrund im Gesellschaftsverhältnis haben, denn es handelt sich nicht um gemeinschaftliche Schulden, sodass ihre Erfüllung aus dem Gesellschaftsvermögen auch nicht verlangt werden kann.

III. 1. Aus dem nach Berichtigung der Gesellschaftsschulden verbleibenden Gesellschaftsvermögen sind gemäß § 733 Abs. 2 S. 1 BGB die Geldeinlagen der Gesellschafter zu erstatten. Für alle anderen zu voller Rechtsinhaberschaft (quoad dominium) in die Gesellschaft eingebrachten Vermögensgegenstände schuldet die Gesellschaft nach § 733 Abs. 2 S. 2 BGB Ersatz des objektiven wirtschaftlichen Wertes zum Zeitpunkt der Einbringung. Grundsätzlich sind allerdings auch die Ansprüche der Gesellschafter auf Einlagenrückgewähr aus § 733 Abs. 2 BGB liquidationsbefangen und daher erst im Rahmen der Schlussabrechnung zu berücksichtigen. Sie sind nur dann vorab zu erfüllen, wenn bereits feststeht, dass die Beträge von den Gesellschaftern in keinem Fall zurückgezahlt werden müssen, mithin keine Gefahr von Hin- und Herzahlungen besteht.

2. Für von den Gesellschaftern geleistete Dienste muss die Gesellschaft, ebenso wie für Gebrauchsüberlassungen, grundsätzlich keinen Wertersatz leisten. Das bestimmt § 733 Abs. 2 S. 3 BGB. Die gesetzliche Regelung betrifft nicht nur Dienstleistungen nach §§ 611 ff. BGB, sondern entgegen der herrschenden Meinung auch werkvertragliche Leistungen, denn es ist nicht einzusehen, warum für Dienst- und Werkleistung, die oftmals nur schwer voneinander abzugrenzen sind, unterschiedliche Maßstäbe gelten sollten. In beiden Fällen besteht eine Ersatzpflicht der Gesellschaft nur ausnahmsweise, wenn sich die Leistungen als fest umrissener und messbarer, dem Gesellschaftsvermögen verbleibender Vermögenswert niedergeschlagen haben und durch den Gewinnanteil des Gesellschafters nicht voll abgegolten sind. Die Höhe der Ausgleichsverpflichtung richtet sich nach dem erforderlichenfalls unter Heranziehung von § 612 Abs. 2 BGB bzw. § 632 Abs. 2 BGB zu ermittelnden tatsächlichen Wert der Gesellschafterleistung zum Einbringungszeitpunkt und nicht etwa nach dem Betrag, um den das Gesellschaftsvermögen aufgrund der Dienst- bzw. Werkleistung zum Zeitpunkt der Auflösung der Gesellschaft noch erhöht ist. Zu beachten ist allerdings auch hier der Grundsatz der Durchsetzungssperre. Solange die Gefahr von Hin- und Herzahlungen besteht, ist die Ersatzpflicht also nicht gesondert durchsetzbar, sondern nur noch im Rahmen der Schlussrechnung zu berücksichtigen.

IV. Soweit das zur Schuldenberichtigung und Einlagenerstattung erforderlich ist, weil das vorhandene Barvermögen der Gesellschaft dafür nicht ausreicht, muss das Gesellschaftsvermögen gemäß § 733 Abs. 3 BGB in Geld umgesetzt werden. Fällige Forderungen der Gesellschaft sind nach §§ 731 S. 2, 754 BGB einzuziehen, bewegliche Sachen gemäß §§ 731 S. 2, 753 Abs. 1 S. 1, 1235, 383 Abs. 3 BGB öffentlich zu versteigern, sofern nicht ein Gesellschafter über § 1246 Abs. 1 BGB eine nach billigem Ermessen besser geeignete Art der Versilberung, insbesondere den freihändigen Verkauf, fordert. Grundstücke und grundstücksgleiche Rechte sind nach §§ 731 S. 2, 753 Abs. 1 S. 1 BGB, 180 ff. ZVG zwangszuversteigern, nicht fällige Forderungen und andere Rechte gemäß §§ 731 S. 2, 753 Abs. 1 S. 1, 1277 BGB i . V. m. § 857 Abs. 5 ZPO zu veräußern.

Reicht das Gesellschaftsvermögen nicht zur Erfüllung der Verbindlichkeiten und Rückerstattung der Einlagen, hat die Gesellschaft also einen Fehlbetrag erwirtschaftet, muss ihr gesamtes Vermögen in Geld umgesetzt werden. Von diesem Fall abgesehen, hat nach § 733 Abs. 3 BGB aber nur eine begrenzte Vermögensversilberung stattzufinden. Veräußern die Abwickler mehr Vermögensgegenstände der Gesellschaft als für die Schuldenberichtigung und Einlagenrückgewähr notwendig, können sie Schadensersatzansprüchen ausgesetzt sein. Sie sollten daher vorrangig die unteilbaren Gegenstände versilbern, da diese im Rahmen der Schlussverteilung unter den Gesellschaftern gemäß §§ 734, 731 S. 2, 753 BGB letztlich ohnehin verkauft werden müssen. Im Übrigen haben sich die Abwickler bei der Auswahl der in Geld umzusetzenden Gegenstände am Grundsatz der Wirtschaftlichkeit zu orientieren. In der Regel müssen sie also der Einziehung fälliger Forderungen der Gesellschaft und dem Verkauf von Gegenständen, für die am schnellsten der beste Preis erzielt werden kann, den Vorzug geben.

V. Spätestens im Anschluss an die zur Schuldenberichtigung und Einlagenrückerstattung erforderliche Vermögensversilberung steht fest, ob die Gesellschaft einen Überschuss erzielt hat, also ob ihr Aktivvermögen samt etwaiger Sozialansprüche gegen die Gesellschafter die Verbindlichkeiten der Gesellschaft einschließlich ihrer Verpflichtung zur Einlagenrückgewähr übersteigt, und worin der Überschuss besteht. Gemäß § 734 BGB gebührt er den Gesellschaftern nach dem Verhältnis ihrer Anteile am Gewinn. Sofern kein spezieller Verteilungsschlüssel für die Auseinandersetzung vereinbart wurde, ist mithin der für den laufenden Gewinn der werbenden Gesellschaft geltende Gewinnverteilungsschlüssel maßgeblich. Im Zweifel steht der Überschuss den Gesellschaftern gemäß § 722 Abs. 1 BGB nach Köpfen zu.

Die Verteilung richtet sich gemäß § 731 S. 2 BGB nach den Vorschriften über die Gemeinschaft. Alle teilbaren Vermögensgegenstände sind mithin nach §§ 731 S. 2, 752 BGB durch tatsächliche Zerlegung und Übertragung der realen Anteile an die Gesellschafter zu teilen. Das gilt auch für Forderungen. Sind diese nicht teilbar und können sie mangels Fälligkeit auch nicht eingezogen werden, hat die Überschussverteilung dagegen wie grundsätzlich bei allen anderen unteilbaren Vermögensgegenständen nach §§ 731 S. 2, 753 Abs. 1 S. 1 BGB durch Verkauf – im Falle von Rechten und Forderungen gemäß § 1277 BGB i. V. m. § 857 Abs. 5 ZPO, bei Sachen im Wege der öffentlichen Versteigerung nach §§ 1235, 383 Abs. 3 BGB und bei Grundstücken mittels Zwangsversteigerung nach §§ 180 ff. ZVG – und Erlösverteilung unter den Gesellschaftern zu erfolgen. Nur im Falle eines Vorrats gleichartiger Sachen kommt auch bei unteilbaren Gegenständen eine Teilung in Natur in Betracht. Soweit möglich, ist eine solche

Sachgesamtheit gemäß § 752 BGB durch Zuweisung der einzelnen Sachen an die Gesellschafter zu teilen. Lediglich der verbleibende, weil nicht aufteilbare Bestand muss nach § 753 Abs. 1 BGB veräußert werden.
Gelingt der Verkauf eines unteilbaren Vermögensgegenstandes der Gesellschaft unter den Bedingungen des § 753 Abs. 1 BGB nicht beim ersten Versuch und ist der Erfolg weiterer Veräußerungsversuche völlig ungewiss oder beispielsweise mangels Veräußerungswerts des Gegenstands gar aussichtslos, dürfen die Abwickler eine Wiederholung ohne die Zustimmung aller Gesellschafter auch nicht unternehmen, es sei denn, ein Gesellschafter verlangt dies. Dann müssen die Liquidatoren gemäß § 753 Abs. 2 BGB die Veräußerung – bei erneutem Fehlschlagen auf Kosten des Gesellschafters – nochmals versuchen. Zwar ist ein zeitlich unbegrenztes Fortbestehen der Gesellschaft aufgrund mangelnder Verteilbarkeit des Gesellschaftsvermögens nach den §§ 752 ff. BGB nicht mit der Vertragsbeendigungsfreiheit der Gesellschafter vereinbar. Allerdings haben es die Gesellschafter in der Hand, den Gegenstand selbst zu ersteigern und so einen eventuellen Fehlschlag der Veräußerung und damit der Beendigung der Gesellschaft zu verhindern. Aus diesem Grund kann auch eine richterliche (Ver-)Teilung durch gestaltende Billigkeitsentscheidung, von der der Gesetzgeber bewusst abgesehen hat, nicht zugelassen werden. Hat sich lediglich kein Käufer für einen unteilbaren Vermögensgegenstand der Gesellschaft finden lassen, ist dieser analog § 753 Abs. 1 S. 2 BGB unter den Gesellschaftern zu versteigern, es sei denn, es ist absehbar, dass die Veräußerung an einen Dritten in überschaubarer Zeit gelingen wird. Dann müssen die Liquidatoren auch ohne das Verlangen eines Gesellschafters einen weiteren Veräußerungsversuch nach § 753 Abs. 1 S. 1 BGB vornehmen, allerdings erst, wenn dieser voraussichtlich Erfolg hat. An Gegenständen, die ihrer Natur nach weder nach § 752 BGB noch nach § 753 BGB verteilt werden können, weil sie nicht auf Dritte und nicht auf einzelne Gesellschafter übertragbar sind, bilden die Gesellschafter dagegen fortan eine unaufhebbare Bruchteilsgemeinschaft mit Gebrauchsrechten, aber ohne Gesellschafterpflichten.
Wie alle auf dem Gesellschaftsverhältnis beruhenden Zahlungsansprüche sind auch die Zahlungsansprüche der Gesellschafter nach § 734 BGB wegen der Durchsetzungssperre grundsätzlich erst im Rahmen der Schlussabrechnung zu berücksichtigen. Die Realteilung von Geld nach § 752 BGB sowie die Erlösverteilung nach § 753 BGB müssen die Abwickler vor Feststellung der Schlussabrechnung also nur vornehmen, wenn keine Gefahr von Hin- und Herzahlungen besteht. In jedem Fall vorab durchzuführen

ist dagegen die Realteilung und Übertragung der nicht in Geld bestehenden teilbaren Vermögensgegenstände der Gesellschaft, denn die Ansprüche der Gesellschafter hierauf unterliegen nicht der Durchsetzungssperre.

VI. 1. Besteht hingegen kein Überschuss, sondern ein Fehlbetrag, da die Verbindlichkeiten der Gesellschaft einschließlich der Sozial- und Einlagenrückgewähransprüche der Gesellschafter das Gesellschaftsvermögen auch nach dessen Versilberung noch übersteigen, hat die Gesellschaft gemäß § 735 S. 1 BGB Anspruch auf anteilige Nachschüsse der Gesellschafter in Höhe des für die Schuldenberichtigung und Vollrückerstattung der Einlagen erforderlichen Fehlbetrages. Natürlich darf es aber nicht dazu kommen, dass die Gesellschafter den Nachschuss im Zuge der Einlagenrückgewähr gleich wieder erstattet bekommen. Dafür sorgt der Grundsatz der Durchsetzungssperre, der auch für den Anspruch aus § 735 BGB gilt und bewirkt, dass Nachschuss- und Einlagenrückerstattungsansprüche grundsätzlich erst im Rahmen der Schlussabrechnung verrechnet werden. Für den Fehlbetrag haften die Gesellschafter gemäß § 735 S. 1 BGB entsprechend ihrer Verlustbeteiligung. Sie sind also nur dann nachschussverpflichtet, wenn sie am Verlust der werbenden Gesellschaft teilnehmen. Sind alle Gesellschafter von der Verlustbeteiligung ausgeschlossen, kommen auch im Rahmen der Auseinandersetzung grundsätzlich keine Nachschusspflichten in Betracht; § 735 S. 1 BGB ist wie das gesamte Liquidationsrecht der BGB-Gesellschaft vollständig dispositiv. Haben die Gesellschafter keine Vereinbarung zur Verlustbeteiligung getroffen, gilt nach § 722 Abs. 2 BGB im Zweifel der verabredete Gewinnverteilungsschlüssel. Wurde auch die Gewinnbeteiligung nicht geregelt, haben gemäß § 722 Abs. 1 BGB alle Gesellschafter gleiche Anteile am Verlust und damit auch am Fehlbetrag, selbst wenn sie unterschiedlich hohe Einlagen geleistet haben. Auf denjenigen Gesellschafter, der deutlich weniger als seine Mitgesellschafter in die Gesellschaft eingelegt hat, können im Falle eines Einlagenverlustes also hohe Nachschussverpflichtungen, die seine Einlage weit übersteigen, zukommen.

2. Kann die Nachschussforderung aus § 735 S. 1 BGB oder ein sonstiger Sozialanspruch der Gesellschaft gegen einen Gesellschafter nicht beigetrieben werden, müssen die übrigen Gesellschafter gemäß § 735 S. 2 BGB auf Nachweis der erfolglosen Zwangsvollstreckung oder anderer Tatsachen, die das erfolgreiche Belangen des Anspruchsverpflichteten ausschließen, wie dessen Zahlungsunfähigkeit, ein unbekannter Aufenthaltsort oder sonstige dauerhafte Unerreichbarkeit, im Verhältnis ihrer Verlustanteile für den Ausfall aufkommen. Ihre im Rahmen der Schlussabrechnung zu

berücksichtigenden Nachschussverpflichtungen erhöhen sich mithin entsprechend. Allerdings soll diese subsidiäre Ausfallhaftung der Gesellschafter natürlich keine endgültige Befreiung des ursprünglichen Schuldners herbeiführen. Wird dieser wieder greifbar bzw. kommt er zu Vermögen, können ihn die Gesellschafter, die für seine Schuld aufkommen mussten, innerhalb der geltenden Verjährungsfrist in Regress nehmen.

VII. Am Ende der Liquidation müssen die Abwickler nach allgemeiner Ansicht eine auf den Zeitpunkt der Vollbeendigung bezogene Auseinandersetzungsabrechnung aufstellen, aus der sich nach Verrechnung aller auf dem Gesellschaftsverhältnis beruhenden wechselseitigen Zahlungsansprüche zwischen Gesellschaft und Gesellschaftern letztlich ergibt, ob ein Gesellschafter noch etwas von der Gesellschaft fordern kann, er also ein Auseinandersetzungsguthaben hat, oder er im Gegenteil in das Gesellschaftsvermögen einzahlen muss. Dieser Schlussabrechnung bedarf es nur dann nicht, wenn die Verhältnisse der Gesellschaft so einfach gelagert sind, dass Zahlungsverpflichtungen zulasten oder Auseinandersetzungsguthaben zugunsten einzelner Gesellschafter sofort und eindeutig erkennbar sind.

In die Schlussabrechnung einbeziehen sollten die Liquidatoren auch etwaige auf dem Gesellschaftsverhältnis beruhende Ansprüche zwischen den Gesellschaftern untereinander. Das dürfte regelmäßig dem Willen der Gesellschafter entsprechen, da die Nichtberücksichtigung dieser ebenfalls der Durchsetzungssperre unterliegenden und damit vor Feststellung der Schlussabrechnung ohnehin nicht einziehbaren Forderungen zu unsinnigen Hin- und Herzahlungen führen kann. Jedenfalls können die Gesellschafter gemäß §§ 731 S. 2, 756 BGB von den Abwicklern die Begleichung ihrer Individualansprüche gegen einzelne Mitgesellschafter aus deren Auseinandersetzungsguthaben verlangen.

Nach Aufstellung der Schlussabrechnung muss diese von der Gesellschafterversammlung durch Feststellung gebilligt und als verbindlich anerkannt werden, es sei denn, alle Gesellschafter sind entsprechend der gesetzlichen Regel in § 730 Abs. 2 S. 2 BGB auch Abwickler. Dann wird natürlich bereits durch die gemeinsame Aufstellung der Schlussabrechnung Einigkeit über deren Inhalt erzielt. Mit der Feststellung der Schlussabrechnung werden die Ansprüche auf Ausgleich der positiven bzw. negativen Liquidationsanteile fällig. Bevor die Abwickler allerdings das Barvermögen der Gesellschaft an die Gesellschafter verteilen können, müssen sie die Einziehung etwaiger Ausgleichsforderungen nach der Schlussabrechnung betreiben. Denn aufgrund der subsidiären Ausfallhaftung aus § 735 S. 2 BGB hängt die endgültige Schlussabrechnung davon ab, ob die Ausgleichsansprüche gegen die Gesellschafter durchgesetzt werden können. Sind etwaige Ausgleichszahlungen von den betreffenden Gesellschaftern eingefordert und eventuelle noch offene Drittschulden der Gesellschaft damit getilgt worden, hat als allerletzter Schritt der Liquidation die Auszahlung etwaiger Auseinandersetzungsguthaben an die anspruchsberechtigten Gesellschafter zu erfolgen. Damit ist die Gesellschaft beendet. Besteht Streit über die Verteilung des restlichen Barvermögens der Gesellschaft können die Liquidatoren dieses gemäß § 372 BGB auch hinterlegen, den Verzicht auf das Recht zur Rücknahme nach § 376 Abs. 2 Nr. 1 BGB erklären und so die Beendigung der Gesellschaft herbeiführen.

Wie anhand einiger Fallbeispiele aufgezeigt wurde, führen nicht immer alle dieser nach den gesetzlichen Regelungen zur Auseinandersetzung einer BGB-Gesellschaft durchzuführenden Schritte auch zu optimalen Ergebnissen. Deshalb kann den Gesellschaftern einer BGB-Gesellschaft nur dringend geraten werden, sich bereits bei Gründung Gedanken darüber zu machen, wie man die früher oder später anstehende Auseinandersetzung der Gesellschaft in ihrem Fall am besten regeln sollte, und sich hierzu rechtlich beraten zu lassen, damit die Anwendung der gesetzlichen Liquidationsvorschriften mangels gesellschaftsvertraglicher Regelung nicht zu ungewollten, aber eben nicht bedachten Rechtsfolgen führt. Denn die Erfahrung zeigt, dass es nach Auflösung der Gesellschaft, wenn die Gesellschafter oftmals zerstritten sind und nur aus diesem Grund jede Einigung verweigern, jedenfalls aber entgegengesetzte Interessen haben, zumeist schwierig bis unmöglich ist, sich auf eine vom Gesetz abweichende Auseinandersetzung zu einigen. Bei einem Großteil der Beispielsfälle hätte eine frühzeitige Rechtsberatung für die Gesellschafter vermutlich einiges verbessert:

- So wäre in Beispiel 2 durch eine anwaltliche Begleitung des Gesellschaftsvertragsschlusses sicher vermieden worden, dass statt der gewollten Einbringung quoad dominium des Grundstücks aufgrund mangelnder Schriftform lediglich dessen Wert in die Gesellschaft eingebracht wurde. Möglicherweise hätten die Gesellschafter im Falle einer umsichtigen Rechtsberatung auch die Auflösung der Gesellschaft durch Tod eines von ihnen bedacht und die Rechtsfolgen abweichend vom Gesetz geregelt, etwa ein Übernahmerecht des jeweils anderen vereinbart.
- Eine frühzeitige rechtliche Beratung hätte in Beispiel 3 nicht nur die Aufklärung der Bandmitglieder über ihre rechtlichen Verhältnisse bewirkt, sondern auch für sinnvolle Regelungen in Bezug auf Ausscheiden und

Aufnahme von Bandmitgliedern sowie Umfang und Dauer von Nutzungsrechten der Gesellschaft an den von ihren Mitgliedern geschriebenen Songs während und nach der Mitgliedschaft sorgen können.

- Hätten A und B in Beispiel 5 bereits bei Übernahme der Werkstatt Rechtsrat eingeholt, hätten sie zur Auseinandersetzung, wenn schon kein Übernahmerecht, möglicherweise wenigstens die gegenüber der gesetzlich vorgesehenen begrenzten Vermögensversilberung wirtschaftlich viel vorteilhaftere Veräußerung des Unternehmens im Ganzen vereinbart.
- Auch die nur partielle Veräußerung von Vermögensgegenständen der Gesellschaft in der Abwandlung des Beispiels 6, während andere Gegenstände den Gesellschafterinnen nach § 752 BGB real zugeteilt werden müssen, ist natürlich nicht sinnvoll und kann nicht nur durch eine oftmals nicht zu erzielende nachträgliche Gesellschaftervereinbarung, sondern bereits durch vom Gesetz abweichende Gestaltung der Überschussverteilung im Gesellschaftsvertrag vermieden werden.
- Obwohl selbst Rechtsberater, haben sich auch die Gesellschafter in Beispiel 7 – wie so viele Anwälte[844] – bei Beginn ihrer gemeinsamen Tätigkeit offensichtlich keinerlei Gedanken über die Auseinandersetzung der Sozietät gemacht. Denn sonst hätten sie erkannt, dass die Überschussverteilung, wie sie in §§ 734, 731 S. 2, 752 ff. BGB vorgesehen ist, auf Freiberuflersozietäten, deren Vermögen im Wesentlichen in ihren Mandanten- bzw. Patientenbeziehungen besteht, ganz und gar nicht passt, da diese danach regelmäßig nicht real geteilt werden können, sondern veräußert werden müssen, und davon abweichende Regelungen zur Mandatsverteilung nach Auflösung der Gesellschaft getroffen. Möglicherweise hätten sie sogar den letztlich eingetretenen Fall der

844 Erstaunlicherweise fehlen gerade bei Rechtsanwaltssozietäten oftmals Regelungen zur Auseinandersetzung der Gesellschaft. Im Rahmen einer Untersuchung von Sozietätsverträgen ergab die Stichprobe von *Kilimann*, dass „verschiedene Anwaltssozietäten auf der Basis einer mündlichen Vereinbarung gebildet werden" oder nichts weiter als der gemeinsame Zweck und die Förderungspflichten festgelegt würden, *Kilimann*, S. 24 f. Nur 12 der letztlich von ihr untersuchten 44 schriftlichen Gesellschaftsverträge – das entspricht nicht einmal 30 % – regelten die Rechtsfolgen der Auflösung, wobei davon gerade einmal 9 Verträge Regelungen zur Mandantenaufteilung enthielten, einer davon nichts weiter als den Verweis auf eine gütliche Einigung, die den Liquidationsvorschriften ohnehin immer vorgeht, vgl. *Kilimann*, S. 155 ff.

Berufsaufgabe eines Gesellschafters bedacht und ein Übernahmerecht des jeweils anderen für diesen Fall vereinbart.
- In Beispiel 8 hätte eine rechtliche Beratung A jedenfalls davor bewahren können, sich finanziell so zu übernehmen. Wäre es A bewusst gewesen, dass er trotz fehlender Kapitalbeteiligung für die hohen Einlagenverluste seiner Mitgesellschafter anteilig aufkommen muss, hätte er sich die Gründung der Gesellschaft mit B und C sicher zumindest zweimal überlegt.

Es wäre allerdings zu kurzsichtig, die Lösung allein in rechtlicher Beratung im Vorfeld und der Vereinbarung von vom Gesetz abweichenden Auseinandersetzungsmodalitäten zu sehen. Muss man den Gesellschaftern einer BGB-Gesellschaft unabhängig von deren Zweck und dem konkreten Sachverhalt praktisch immer raten, von den gesetzlichen Liquidationsvorschriften abzuweichen, ist dies ein Zeichen dafür, dass Defizite des Gesetzes bestehen, die vom Gesetzgeber und nicht kautelarjuristisch behoben werden sollten. So ist in aller Regel die begrenzte Vermögensversilberung im Wege öffentlicher Versteigerung nach §§ 733 Abs. 3, 731 S. 2, 753 BGB, nur soweit die Umsetzung in Geld zur Schuldenberichtigung und Einlagenrückerstattung erforderlich ist, bei unternehmenstragenden Gesellschaften nicht sinnvoll. Denn wie im Beispiel 5 ist der freihändige Verkauf des Unternehmens im Ganzen für gewöhnlich wirtschaftlich vorteilhafter als die Zerschlagung und Versteigerung einzelner Vermögensgegenstände. Für unternehmerisch tätige Gesellschaften ist daher auch die gesetzlich vorgesehene Überschussverteilung, soweit möglich durch Teilung in Natur gemäß §§ 731 S. 2, 752 BGB und im Übrigen nach §§ 731 S. 2, 753 BGB durch Veräußerung nach den Vorschriften über den Pfandverkauf bzw. bei Grundstücken durch Zwangsversteigerung, nicht passend. Zweckmäßiger wäre eine Regelung wie in § 149 HGB, der zur Liquidation von offenen Handelsgesellschaften die Umsetzung des gesamten Gesellschaftsvermögens in Geld vorsieht, und zwar nach allgemeiner Ansicht bei Fehlen konkreter Gesellschaftervereinbarungen nach pflichtgemäßem, am Interesse der Gesellschafter an einer möglichst hohen Verteilungsmasse auszurichtendem Ermessen der Abwickler[845]. § 149 HGB ermöglicht den Liquidatoren einer OHG nicht nur die Veräußerung des Unternehmens im Ganzen, sondern gewährleistet – anders als die §§ 733 Abs. 3, 734, 731 S. 2, 752 ff. BGB – zudem die bestmögliche Verwertung des Gesellschaftsvermögens, da die Abwickler, abgesehen von einhelligen Weisungen der Gesellschafter, allein dem Grundsatz der Wirtschaftlichkeit verpflichtet sind. Sollte das tatsächlich

845 MüKo-HGB/*Schmidt*, § 149 Rn. 35; Staub/*Habersack*, § 149 Rn. 34.

einmal wirtschaftlich sinnvoller als der Unternehmensverkauf im Ganzen sein, müssten sie also die Vermögensgegenstände einzeln veräußern, gegebenenfalls auch im Wege öffentlicher Versteigerung, wenn so der beste Erlös zu erwarten wäre. Nur eine Realteilung des Gesellschaftsvermögens dürfen die Liquidatoren einer OHG ohne diesbezügliche Vereinbarung der Gesellschafter nicht vornehmen. Das können die GbR-Abwickler nach den §§ 734, 731 S. 2, 752 BGB allerdings zumeist auch nicht, jedenfalls nicht sinnvoll[846]. Denn danach sind lediglich einzelne Gegenstände der Gesellschaft zu (ver-)teilen, nämlich nur diejenigen, die sich in gleichartige, den Anteilen der Gesellschafter am Überschuss entsprechende Teile zerlegen lassen. Daran wird es häufig scheitern, gerade in den Fällen, in denen die Realteilung zumeist die sachgerechte Form der Auseinandersetzung ist, namentlich Freiberuflersozietäten, wie im Beispiel 7 behandelt. Und auch wenn nicht, führen die §§ 734, 731 S. 2, 752, 753 BGB regelmäßig nur zu so unsinnigen Ergebnissen wie in der Abwandlung zu Beispiel 6, in der die Gesellschafterinnen jeweils 1 Tisch, 4 Kinderstühle, 1 Lampe sowie 10 Teller und Becher aus dem überschüssigen Gesellschaftsvermögen erhalten, während 1 Tisch, 1 Kinderstuhl, 2 Teller und Becher sowie alle Einzelstücke wie Herd, Spülmaschine und Kühlschrank nach § 753 BGB veräußert werden müssen. Es gibt also keinen Grund für den Gesetzgeber, an der begrenzten Vermögensversilberung und dem Verweis in das Recht der Gemeinschaft zur Überschussverteilung festzuhalten, übrigens auch nicht in Bezug auf BGB-Gesellschaften, die nicht unternehmerisch tätig sind. Die Regelungen zur Aufhebung der Bruchteilsgemeinschaft, die stets nur an einem einzigen Rechtsgegenstand besteht,[847] passen schlicht nicht auf Gesellschaften bürgerlichen Rechts, deren Vermögen gewöhnlich eine Vielzahl von mehr oder weniger zusammengehörigen Gegenständen umfasst. Der Gesetzgeber sollte sich vielmehr an den gesetzlichen Auseinandersetzungsregelungen der OHG orientieren und auch für die BGB-Gesellschaft in Liquidation die vollständige Versilberung des Gesellschaftsvermögens nach pflichtgemäßem, allein am Grundsatz der Wirtschaftlichkeit auszurichtendem Ermessen der Abwickler vorschreiben. Ohnehin ist es oftmals gewissermaßen Zufall, weil nur vom Umfang der kaufmännischen Betätigung abhängig, ob eine Gesellschaft nach den §§ 145 ff. HGB auseinanderzusetzen ist oder allein das GbR-Liquidationsrecht anwendbar ist. Die unterschiedliche Behandlung ist dadurch nicht zu rechtfertigen.[848] Nochmals: Hier ist der Gesetzgeber gefragt.

846 Ebenso *Hellmann*, S. 37 f.; jurisPK-BGB/*Trost*, § 733 Rn. 21.
847 MüKo-BGB/*Schmidt*, § 741 Rn. 33.
848 *Groth*, S. 6.

Die begrenzte Vermögensversilberung und anschließende Überschussverteilung nach dem Recht der Bruchteilsgemeinschaft, wie sie in den §§ 733 Abs. 3, 734, 731 S. 2, 752 ff. BGB vorgesehen ist, ist für die BGB-Gesellschaft nicht die sachgerechte Form der Auseinandersetzung. Stattdessen sollte auch das Vermögen der Gesellschaft bürgerlichen Rechts nach dem Gesetz insgesamt in Geld umzusetzen sein.

Literaturverzeichnis

Aderhold, Lutz, Das Schuldmodell der BGB-Gesellschaft, Bonn 1981.

Bamberger, Heinz Georg/ Roth, Herbert (Hrsg.), Kommentar zum Bürgerlichen Gesetzbuch, Bd. 2: §§ 611–1296, 3. Aufl., München 2012 (zitiert: Bamberger/ Roth/*Bearbeiter*).

Baumbach, Adolf (Begr.)/ Hopt, Klaus J., Handelsgesetzbuch mit GmbH & Co., Handelsklauseln, Bank- und Börsenrecht, Transportrecht (ohne Seerecht), 37. Aufl., München 2016 (zitiert: Baumbach/Hopt/*Bearbeiter*).

Baumgärtel, Gottfried (Begr.)/ Laumen, Hans-Willi/ Prütting, Hanns (Hrsg.), Handbuch der Beweislast, Bürgerliches Gesetzbuch Schuldrecht Besonderer Teil II: §§ 611–811, 3. Aufl., München 2009 (zitiert: Baumgärtel/Laumen/ Prütting/*Bearbeiter*).

Beck'sches Formularbuch Bürgerliches, Handels- und Wirtschaftsrecht, 12. Aufl., München 2016 (zitiert: BeckFormBBHW/*Bearbeiter*).

Berninger, Axel, Die Societas Quoad Sortem: Eine Einbringungsform im Personengesellschaftsrecht, Baden-Baden 1994 (zitiert: *Berninger*, Societas).

Berninger, Axel, Vermögenszuordnung zwischen Gesellschaft und Gesellschafter bei der Einbringung quoad sortem (dem Werte nach), DStR 2010, 874 ff.

Boehme, Matthias, Kapitalaufbringung durch Sacheinlagen: Insbesondere obligatorische Nutzungsrechte, Köln 1999.

Bork, Reinhard, Die Einlagefähigkeit obligatorischer Nutzungsrechte, ZHR 154 (1990), 205 ff.

Brandani, Andrea, Die BGB-Gesellschaft in der Liquidation, Frankfurt am Main, Berlin, Bern, Bruxelles, New York, Oxford, Wien 2002.

Breuninger, Gottfried E., Die BGB-Gesellschaft als Rechtssubjekt im Wirtschaftsverkehr: Voraussetzungen und Grenzen, Köln 1991.

Bunk, Sarah, Vermögenszuordnung, Auseinandersetzung und Ausscheiden in Sozietät und Gemeinschaftspraxis, Bonn 2007.

Burchardt, Hans-Peter/ Pfülb, Wolfgang, ARGE-Kommentar: ARGE-Vertrag 2005 – Dach-ARGE-Vertrag 2005 – Bietergemeinschaftsvertrag 2003, 4. Aufl., Gütersloh 2006 (zitiert: Burchardt/Pfülb/*Bearbeiter*).

Damm, Reinhard, Neues Gesellschaftsrecht der Freien Berufe – Richterrechtliche Wende zur BGB-Gesellschaft und Sozietätsrecht -, in: Festschrift für Thomas Raiser zum 70. Geburtstag am 20. Februar 2005, Berlin 2005, S. 23 ff.

Das Bürgerliche Gesetzbuch mit besonderer Berücksichtigung der Rechtsprechung des Reichsgerichts und des Bundesgerichtshofs, Kommentar, herausgegeben von Mitgliedern des Bundesgerichtshofes, Bd. II, 4. Teil: §§ 631–811, 12. Aufl., Berlin, New York 1978 (zitiert: RGRK/*Bearbeiter*).

Dauner-Lieb, Barbara/ Langen, Werner (Hrsg.), NomosKommentar BGB Schuldrecht, Bd. 2/2: §§ 611–853, 3. Aufl., Baden-Baden 2016 (zitiert: NK-BGB/*Bearbeiter*).

Dietz, Gudrun, Offene Fragen und Perspektiven der Bruchteilsgemeinschaft, Frankfurt am Main, Berlin, Bern, Bruxelles, New York, Oxford, Wien 2002.

Dreier, Thomas/ Schulze, Gernot, Urheberrechtsgesetz – Urheberrechtswahrnehmungsgesetz – Kunsturhebergesetz, Kommentar, 5. Aufl., München 2015 (zitiert: Dreier/Schulze/*Bearbeiter*).

Eisenhardt, Ulrich, Gesellschaftsrecht, 14. Aufl., München 2009.

Ensthaler, Jürgen, Die Liquidation von Personengesellschaften: Gewinn- und Verlustverteilung bei der Liquidation der Gesellschaft und beim Ausscheiden eines Gesellschafters, Berlin 1985.

Erman, Walter (Begr.), Bürgerliches Gesetzbuch, Handkommentar mit AGG, EGBGB (Auszug), ErbbauRG, LPartG, ProdHaftG, UKlaG, VBVG, VersAusglG und WEG, Bd. I, 14. Aufl., Köln 2014.

Feuerich, Wilhelm (Begr.)/ Weyland, Dag, Bundesrechtsanwaltsordnung mit Berufsordnung, Fachanwaltsordnung, Partnerschaftsgesellschaftsgesetz, Recht für Anwälte aus dem Gebiet der Europäischen Union und Patentanwaltsordnung, Kommentar, 9. Aufl., München 2016 (zitiert: Feuerich/Weyland/*Bearbeiter*).

Fuhrmann, Lambertus J./ Wälzholz, Eckhard (Hrsg.), Formularbuch Gesellschaftsrecht: Muster und Erläuterungen für alle Rechtsformen, Konzerne und Umwandlungen mit Steuer- und Kostenanmerkungen, 2. Aufl., Köln 2015 (zitiert: Fuhrmann/Wälzholz/*Bearbeiter*).

Gädcke, Jörg-Christian, „Dem Werte nach" eingebrachte Grundstücke im Gesellschaftsvermögen, Frankfurt am Main, Bern, New York, Paris 1987.

Goette, Wulf, Anmerkung zu BGH DStR 2002, 228, ebenda S. 228 f.

Goette, Wulf, Anmerkung zu BGH DStR 2003, 518, ebenda S. 519.

Groth, Frank, Die analoge Anwendung von OHG-Recht auf BGB-Gesellschaften, Frankfurt am Main, Berlin, Bern, New York, Paris, Wien 1994.

Grunewald, Barbara, Gesellschaftsrecht, 9. Aufl., Tübingen 2014.

Grziwotz, Herbert, Die Liquidation von Personengesellschaften, DStR 1992, 1365 ff.

Hadding, Walther, Actio pro socio: Die Einzelklagebefugnis des Gesellschafters bei Gesamthandansprüchen aus dem Gesellschaftsverhältnis, Marburg 1966.

Hadding, Walther/ Häuser, Franz, Zum Rückgriff des haftenden Gesellschafters einer Gesellschaft des bürgerlichen Rechts, WM 1988, 1585 ff.

Heller, Matthes, Die Beendigung freiberuflicher Sozietätsverhältnisse, Köln 2000.

Hellmann, Katharina, Die Auseinandersetzung des Gesellschaftsvermögens nach Auflösung und Ausscheiden – Anspruchsermittlung und prozessuale Durchsetzung am Beispiel der Außengesellschaft bürgerlichen Rechts, Konstanz 2013, URI: http://nbn-resolving.de/urn:nbn:de:bsz:352-242684.

Herberger, Maximilian/ Martinek, Michael/ Rüßmann, Helmut/ Weth, Stephan (Hrsg.), juris PraxisKommentar BGB, Bd. 2.3: Schuldrecht (Teil 3: §§ 631 – 853), 7. Aufl., Saarbrücken 2015 (zitiert: jurisPK-BGB/*Bearbeiter*).

Hillers, Klaus, Personengesellschaft und Liquidation: Die Auswirkung der Liquidation auf die vermögensrechtliche Stellung der Gesellschafter, Köln, Berlin, Bonn, München 1988.

Hopt, Klaus J. (Hrsg.), Vertrags- und Formularbuch zum Handels-, Gesellschafts- und Bankrecht, 4. Aufl., München 2013 (zitiert: Hopt/*Bearbeiter*).

Huber, Ulrich, Vermögensanteil, Kapitalanteil und Gesellschaftsanteil an Personalgesellschaften des Handelsrechts, Heidelberg 1970.

Hüffer, Uwe (Begr.), Aktiengesetz, 12. Aufl., München 2016 (zitiert: Hüffer/*Bearbeiter*).

Jauernig, Othmar (Begr.), Bürgerliches Gesetzbuch mit Rom-I-, Rom-II-, Rom-III-VO, EG-UntVO/HUntProt und EuErbVO, Kommentar, 16. Aufl., München 2015 (zitiert: Jauernig/*Bearbeiter*).

Kellermann, Alfred, Rezension zu Klaus Hillers, Personengesellschaft und Liquidation: Die Auswirkung der Liquidation auf die vermögensrechtliche Stellung der Gesellschafter, AcP 190 (1990), 657 ff.

Kilimann, Bettina-Norma, Der Gesellschaftsvertrag der Anwaltssozietät: Eine rechtstatsächliche Untersuchung der Anwalts-GbR, Frankfurt am Main, Berlin, Bern, Bruxelles, New York, Wien 2000.

Kleine-Cosack, Michael, Bundesrechtsanwaltsordnung mit Berufs- und Fachanwaltsordnung, Kommentar, 7. Aufl., München 2015.

Kraft, Alfons/ Kreutz, Peter, Gesellschaftsrecht, 11. Aufl., Neuwied, Kriftel 2000.

Kübler, Friedrich/ Assmann, Heinz-Dieter, Gesellschaftsrecht: Die privatrechtlichen Ordnungsstrukturen und Regelungsprobleme von Verbänden und Unternehmen, 6. Aufl., Heidelberg 2006.

Lang, Fritz/ Mulansky, Katja/ Mulansky, Thomas, Die Gesellschaft bürgerlichen Rechts: Recht, Besteuerung, Gestaltungspraxis, Stuttgart 2010.

Leuthe, Klaus, Die gewerblich geprägte Gesellschaft bürgerlichen Rechts: Von der Gesellschaft bürgerlichen Rechts zur Kommanditgesellschaft bürgerlichen

Rechts? – zugleich ein Beitrag zu Schuld und Haftung der Gesellschafter einer Gesellschaft bürgerlichen Rechts –, Augsburg 1993.

Messer, Herbert, Gesellschaftsbezogene Forderungen als unselbständige Rechnungsposten in der Auseinandersetzungsrechnung der Gesellschaft, in: Festschrift für Walter Stimpel zum 68. Geburtstag am 29. November 1985, Berlin, New York 1985, S. 205 ff.

Möhring, Philipp/ Nicolini, Käte (Begr.), Urheberrecht: UrhG – KUG – UrhWahrnG – VerlG, Kommentar, 3. Aufl., München 2014 (zitiert: Möhring/ Nicolini/*Bearbeiter*).

Münchener Handbuch des Gesellschaftsrechts, Bd. 1: BGB-Gesellschaft – Offene Handelsgesellschaft – Partnerschaftsgesellschaft – Partenreederei – EWIV, 4. Aufl., München 2014 (zitiert: MüHdbGesR I/*Bearbeiter*); Bd. 4: Aktiengesellschaft, 4. Aufl., München 2015 (zitiert: MüHdbGesR IV/*Bearbeiter*).

Münchener Kommentar zum Aktiengesetz, Bd. 4: §§ 179–277, 4. Aufl., München 2016; Bd. 5: §§ 278–328, 4. Aufl., München 2015 (zitiert: MüKo-AktG/ *Bearbeiter*).

Münchener Kommentar zum Bürgerlichen Gesetzbuch, Bd. 2: Schuldrecht – Allgemeiner Teil: §§ 241–432, 7. Aufl., München 2016; Bd. 4: Schuldrecht – Besonderer Teil II: §§ 611–704, 6. Aufl., München 2012; Bd. 6: Schuldrecht – Besonderer Teil IV: §§ 705–853, 7. Aufl., München 2017 (zitiert: MüKo-BGB/*Bearbeiter*).

Münchener Kommentar zum Handelsgesetzbuch, Bd. 2: Zweites Buch. Handelsgesellschaften und stille Gesellschaft. Erster Abschnitt. Offene Handelsgesellschaft. §§ 105–160, 4. Aufl., München 2016 (zitiert: MüKo-HGB/*Bearbeiter*).

Münchener Vertragshandbuch, Bd. 1: Gesellschaftsrecht, 7. Aufl., München 2011 (zitiert: MüVertrhdb I/*Bearbeiter*).

Nicknig, Paul-Georg, Die Haftung der Mitglieder einer BGB-Gesellschaft für ihre Schulden, Köln, Berlin, Bonn, München 1972.

Palandt, Otto (Begr.), Bürgerliches Gesetzbuch mit Nebengesetzen, 76. Aufl., München 2017 (zitiert: Palandt/*Bearbeiter*).

Peres, Holger/ Senft, Klaus (Hrsg.), Sozietätsrecht: Handbuch für rechts-, steuer- und wirtschaftsberatende Gesellschaften, 3. Aufl., München 2015 (zitiert: Peres/Senft/*Bearbeiter*).

Piltz, Detlev Jürgen, Stichwort: Gesellschafterbeiträge (Einlagen) quoad dominium, quoad usum, quoad sortem, DStR 1991, 251 f.

Reimann, Wolfgang, Formerfordernisse beim Abschluß von Gesellschaftsverträgen, DStR 1991, 154 ff.

Reinhardt, Bärbel, Die Einlage quoad sortem und ihre Darstellung in der Handelsbilanz, DStR 1991, 588 ff.

Ruhkamp, Martin/ Gerlach, Joachim, Die Gesellschaft bürgerlichen Rechts: Umfassende Erläuterungen, Beispiele und Musterformulare für die Rechtspraxis, 6. Aufl., Freiburg, Berlin, München 2010.

Rupp, Christoph, Die Einbringung von Grundstücken „dem Werte nach“: Grunderwerbsteuerliche Aspekte bei Umstrukturierungsmaßnahmen, EStB 2007, 225 ff.

Schmidt, Karsten, Gesellschaft bürgerlichen Rechts: Welche Änderungen und Ergänzungen sind im Recht der BGB-Gesellschaft geboten?, in: Gutachten und Vorschläge zur Überarbeitung des Schuldrechts, Bd. 3, Köln 1983, S. 413 ff. (zitiert: *Schmidt*, Gutachten).

Schmidt, Karsten, Die Handels-Personengesellschaft in Liquidation: Ein neues Bild des Liquidationsrechts der Gesamthandsgesellschaften, ZHR 153 (1989), 270 ff.

Schmidt, Karsten, Obligatorische Nutzungsrechte als Sacheinlagen?, ZHR 154 (1990), 237, 241 ff.

Schmidt, Karsten, Gesellschaftsrecht, 4. Aufl., Köln, Berlin, Bonn, München 2002 (zitiert: *Schmidt*, GesR).

Schmidt, Karsten, Die Sozietät als Sonderform der BGB-Gesellschaft: Wandlung einer klassischen Rechtsform im Lichte der Rechtsprechung, NJW 2005, 2801 ff.

Schulze, Reiner/ Dörner, Heinrich/ Ebert, Ina/ Hoeren, Thomas/ Kemper, Rainer/ Saenger, Ingo/ Scheuch, Alexander/ Schreiber, Klaus/ Schulte-Nölke, Hans/ Staudinger, Ansgar/ Wiese, Volker, NomosKommentar Bürgerliches Gesetzbuch, Handkommentar, 9. Aufl., Baden-Baden 2017 (zitiert: Hk-BGB/*Bearbeiter*).

Schürmann, Felix, Zur Lehre von der societas quoad usum und quoad sortem, Münster 1889.

Schwab, Martin, Das Prozeßrecht gesellschaftsinterner Streitigkeiten, Tübingen 2005.

Sethe, Rolf, Die Satzungsautonomie in Bezug auf die Liquidation einer KGaA, ZIP 1998, 1138 ff.

Soergel, Hans Theodor (Begr.), Bürgerliches Gesetzbuch mit Einführungsgesetz und Nebengesetzen, Bd. 11/1: Schuldrecht 9/1 §§ 705–758, 13. Aufl., Stuttgart 2011 (zitiert: Soergel/*Bearbeiter*).

Spindler, Gerald/Stilz, Eberhard (Hrsg.), Kommentar zum Aktiengesetz, Bd. 2: §§ 150–410, 3. Aufl., München 2015 (zitiert: Spindler/Stilz/*Bearbeiter*).

Staub, Hermann (Begr.), Handelsgesetzbuch, Großkommentar, 3. Bd.: §§ 105–160, 5. Aufl., Berlin 2009 (zitiert: Staub/*Bearbeiter*).

von Staudinger, Julius (Begr.), Kommentar zum Bürgerlichen Gesetzbuch mit Einführungsgesetz und Nebengesetzen, 2. Buch: Recht der Schuldverhältnisse §§ 652–740, 12. Aufl., Berlin 1991 (zitiert: Staudinger[12]/*Bearbeiter*); Buch 2: Recht der Schuldverhältnisse §§ 705–740 (Gesellschaftsrecht), 13. Bearbeitung 2003, Berlin 2003; Buch 2: Recht der Schuldverhältnisse §§ 741–764 (Gemeinschaft, Leibrente, Spiel), Neubearbeitung 2015, Berlin 2015 (zitiert: Staudinger/*Bearbeiter*).

Steinkraus, Astrid, Anwaltliche Berufsordnung und Zivilrecht: Auswirkungen der BORA auf BGB und UWG, Bonn 2004.

Sudhoff, Heinrich, Kapitalbeteiligung und Einbringung bei der offenen Handelsgesellschaft und Kommanditgesellschaft, NJW 1956, 321 ff.

Sudhoff, Heinrich, Bilanzierung nur zur Benutzung eingebrachter betriebsnotwendiger Wirtschaftsgüter, DB 1974, 842 ff.

Sudhoff, Heinrich, Eigener Grundbesitz der Gesellschafter in der Bilanz der Personengesellschaft, NJW 1978, 1401 ff.

Thielmann, Georg, Bereicherung des Gesellschaftsvermögens und der Eigenvermögen der Gesellschafter, ZHR 136 (1972), 397 ff.

Ullrich, Klaus, Grundstücke im Gesellschafts- und im Betriebsvermögen einer Kommanditgesellschaft, NJW 1974, 1486 ff.

Westermann, Harry, Personengesellschaftsrecht: BGB-Gesellschaft – OHG – KG, 4. Aufl., Köln 1979.

Wiedemann, Herbert, Gesellschaftsrecht: Ein Lehrbuch des Unternehmens- und Verbandrechts, Bd. I: Grundlagen, München 1980 (zitiert: *Wiedemann*, GesR I); Bd. II: Recht der Personengesellschaften, München 2004 (zitiert: *Wiedemann*, GesR II).

Wiedemann, Herbert, Der Gesellschaftsvertrag der Personengesellschaften, WM 1990, Sonderbeilage Nr. 8.

Wiedemann, Herbert, Rechte und Pflichten des Personengesellschafters, WM 1992, Sonderbeilage Nr. 7.

Wiesner, Georg, Beurkundungspflicht und Heilungswirkung bei Gründung von Personengesellschaften und Unternehmensveräußerungen, NJW 1984, 95 ff.

Windbichler, Christine, Gesellschaftsrecht: Ein Studienbuch, 23. Aufl., München 2013.

Kolibri 360 GmbH
Ferdinand-Jühlke-Straße 7
99095 Erfurt, Deutschland
produktsicherheit@kolibri360.de